Robert Allertz

Die RAF und das MfS

Fakten und Fiktionen

In Zusammenarbeit mit Gerhard Neiber (†)

edition ost

ISBN 978-3-360-01090-2

© 2008 edition ost im Verlag Das Neue Berlin, Berlin

Umschlaggestaltung: www.buchgestalter.net
Illustrationen: Archiv Gerhard Neiber

Druck und Bindung: CPI Moravia Books GmbH

Ein Verlagsverzeichnis schicken wir Ihnen gern:
Das Neue Berlin Verlagsgesellschaft mbH
Neue Grünstr. 18, 10179 Berlin
Tel. 01805/30 99 99 (0,14 Euro/Min. aus dem deutschen Festnetz,
abweichende Preise von Mobilfunkteilnehmern)

Die Bücher des Verlags Das Neue Berlin und der edition ost
erscheinen in der Eulenspiegel Verlagsgruppe.

www.edition-ost.de

Inhalt

*Journalisten sind die besten Freunde der Terroristen, heißt es,
da sie ausführlich über deren Operationen berichten.
Das heißt nicht, daß Journalisten größere Sympathien
für den Terrorismus hätten als andere Berufsgruppen.
Es bedeutet einfach nur, daß Gewalt Schlagzeilen macht,
Frieden und Harmonie dagegen nicht.
Die Terroristen brauchen die Medien, und die Medien finden im
Terrorismus alle Zutaten für eine spannende Story.
Ihre Haltung reicht von übertriebenem Respekt
bis hin zu Speichelleckerei (etwa indem sie Terroristen
als Freiheitskämpfer, Patrioten, Militante oder Revolutionäre
bezeichnen). Diese Art der Berichterstattung gießt Wasser auf die
Mühlen des Terrorismus; sie hat die politische Bedeutung
des Phänomens maßlos übersteigert, ist in einigen Fällen sogar für
die Ermordung Unschuldiger verantwortlich gewesen
und hat komplizierte Rettungsaktionen verhindert.*

Walter Laqueur (*1921),
amerikanischer Historiker
und Publizist deutsch-jüdischer Herkunft.
Prof. Laqueur gilt als einer der Begründer
der wissenschaftlichen Beschäftigung
mit politischer Gewalt und dem Terrorismus

Vorwort

Der deutsche Herbst bringt nicht nur bunte Blätter, sondern auch manch Trübsinn hervor. Melancholie macht sich mancherorts breit, wenn die Tage kürzer und dunkler werden. Seelen werden von Schwermut und Trauer befallen und manche Hirne auch von Dumpfheit. Der *deutsche Herbst* gilt inzwischen aber auch als Metapher für terroristische Akte, die sich 1977 zutrugen, weshalb dreißig Jahre später massiv und multimedial daran erinnert wurde.

Melancholie kommt aus dem griechischen *melancholia*, was schwarze Galle bedeutet. Und diese konnte einem bei der Rezeption etlicher Beiträge zum Thema überlaufen, wenn etwa darauf Bezug genommen wurde, daß einige Aussteiger der Roten Armee Fraktion (RAF) in den 80er Jahren eine neue Existenz in der DDR fanden. Damit kam nämlich das Ministerium für Staatssicherheit ins Spiel.

Die *Frankfurter Allgemeine Zeitung* (FAZ) machte aus der passiven nicht nur eine aktive Rolle des MfS. Sie erklärte die RAF gleichsam zur Fünften Kolonne Ostberlins: »Ohne die Unterstützung durch die DDR wäre die RAF nie die Terrororganisation geworden, die sie in den siebziger und achtziger Jahren war«[1], behauptete das Blatt kühn. Und mit der üblichen Technik wurden bezeugte Fakten, Mutmaßungen sowie Gerüchte und deren Interpretation zu einer scheinbar schlüssigen und damit überzeugenden Beweiskette verknüpft, die am Ende keinen anderen Schluß gestattete als den behaupteten.

Bei dem rechtzeitig zum Jahrestag in der Birthler-Behörde aufgefundenen vermeintlichen Schlüsseldokument handelte es sich um ein handschriftliches Vernehmungsprotokoll. Diese 16 Seiten wurden in der Nacht vom 6. auf den 7. August 1970 von einem Unterleutnant des MfS mit unleserlichem Namen ausgefertigt. Er hatte den 31jährigen gelernten Grubenschlosser Jürgen Hans Bäcker vernommen. Dieser war am 6. August 1970 in Berlin-Schönefeld mit einem falschen Paß und mit einer Pistole festgenommen worden. Bäcker war 16.30 Uhr mit einer Linienmaschine der INTERFLUG aus Damaskus auf dem Zentralflughafen der DDR gelandet. Er kam aus einem Ausbildungslager der palästinesischen El Fatah in der Nähe von Amman. Israelische Flugzeuge hatten das Camp unweit der jordanischen Hauptstadt bombardiert, weshalb dort beschlossen worden war, die für acht Wochen konzipierte militärische Ausbildung der Deutschen abzubrechen. Jürgen Bäcker sollte nun faktisch als Minenhund erkunden, ob die Einreise nach Westberlin via Schönefeld sicher sei.

Die Gruppe, die ihm nachfolgen sollte, bestand ursprünglich aus Horst Mahler, Gudrun Ensslin, Ulrike Meinhof, Rosi Proll, Irene Goergens, Brigitte Asdonk, Eva Schubert, Manfred Grasshof, Monika Bärberich, Heinz Jansen, »Klaus Thomsen oder Thomas« sowie Grasshofs Freund »›Prinz‹ Schelm« und dem Studenten »Kurt«.[2] Letzterer war jedoch aus gesundheitlichen Gründen schon früher abgereist, »Kurt« sollte – so war verabredet – gegen 17.30 Uhr Bäcker am INTERSHOP im Untergrund des Bahnhofs Friedrichstraße treffen.

Zu jenem Zeitpunkt befand sich Jürgen Bäcker jedoch in der Obhut der DDR-Organe. Ab 23 Uhr wurde er vernommen. Das handschriftliche Protokoll[3], aus dem die *FAZ* zitiert, enthält auch die Antwort auf die Frage des Vernehmers des MfS: »Welche Aktionen waren nach Rückkehr der Gruppe Mahler in Westberlin geplant?« Bäcker korrigierte zunächst dessen Irrtum bezüglich der Führerschaft: »Voranstellend möchte ich bemerken, daß der eigentliche Initiator der Aktionen und Leiter der Gruppe nicht Mahler, sondern Andreas Baader ist. Rechtsanwalt Mahler sowie Gudrun Ensslin[4] und Ulrike Meinhoff gehören aber zum sogenannten Führungsgremium der Gruppe. Von Gudrun Ensslin stammt meines Erachtens auch der Vorschlag, die Gruppe ›Rote Armee‹ zu bezeichnen. Über meine Rolle in der Gruppe gab es noch keine Vorstellungen.«

Sodann geht Bäcker laut Protokoll auf den Kern der Frage ein: »Im Rahmen der beabsichtigten Tätigkeit der Gruppe in Westberlin war zunächst vorgesehen, weitere Mitglieder zu werben und die zur Zeit etwa 20 Personen umfassende Gruppe auf 50 bis 100 Personen zu verstärken. Danach sollte zur Begehung von Gewaltaktionen übergegangen werden.

Wie ich durch Gespräche mit Baader, Mahler und andere Gruppenmitglieder erfuhr, besteht die Absicht, einen Anschlag

Berlin, den *6.8.70*
Beginn *23.00 Uhr*
Ende *7.8.70*

Expl./ _____ Ausfertigung

BStU
000023

Vernehmungsprotokoll
~~der~~/des Beschuldigten

Familienname *Bäcker*   Vorname *Jürgen, Hans*

Geburtsname _____

geb. am *9. April 1939*   in *Gladbeck*

Kreis *Gladbeck*

Schulbildung *Abitur*   Land – Bezirk *Recklinghausen*

Beruf *Grubenschlosser*   zuletzt *ohne Tätigkeit*

Anschrift der Arbeitstelle _____

Monatliches Einkommen _____

Vermögensverhältnisse *Keine*

Wohnort *Berlin - ~~Wilmersdorf~~ Charlottenburg*

Kreis _____

Straße ████████   Bezirk _____

Letzter Aufenthalt _____   Fernruf _____

Staatsangehörigkeit *BRD*

Familienstand *~~geschieden~~ ledig*   Nationalität *deutsch*

Nummer und ausstellende Behörde von Personaldokumenten _____

Vor- und Familienname des Ehegatten _____

geb. am _____

Beruf _____   in _____

Wohnanschrift _____   zuletzt _____

Kinder/Anzahl _____

Vor- und Familienname des Vaters ████████   Alter _____

Beruf *Grubenelektriker*   zuletzt *als solcher* ████

Vor- und Familienname der Mutter ████████████

Beruf *ohne*   zuletzt *Hausfrau*

Wohnanschrift der Eltern *439 Gladbeck,* ████████

gegen das Hauptquartier der USA-Besatzungstruppen in der Clayallee, und zwar Spengstoffanschläge gegen dort stationierte Panzer, zu unternehmen. Des weiteren soll mittels Brandsätze ein Anschlag gegen ein Büro der USA-Fluggesellschaft ›Panam‹ in der Kantstraße durchgeführt werden, da die Gruppe vermutet, daß sich dort ein getarntes Büro des amerikanischen Geheimdienstes CIA befindet. Durch unsere Ausbildung im Kommandolager der

9

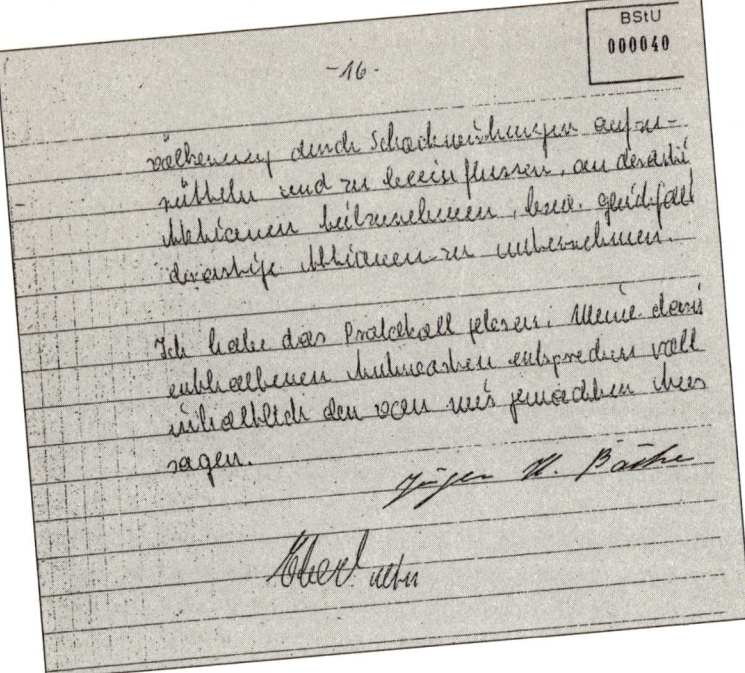

Letztes Blatt von Bäckers Vernehmungsprotokoll, 7. August 1970

El Fatah bei Amman waren wir in der selbständigen Herstellung von Spreng- und Brandsätzen unterrichtet worden und wollten die Kenntnisse bei den geplanten Aktionen anwenden. Außerdem ist vorgesehen, Spezialdruckmaschinen in der Druckerei des Springer-Verlages unbrauchbar zu machen. Darüber hinaus wurde erwogen, den Westberliner Innensenator Neubauer zu entführen und damit die Freilassung politischer Gefangener zu erzwingen.

Durch diese Aktionen wird das Ziel verfolgt, den Abzug der USA-Besatzungstruppen wegen ihres verbrecherischen Krieges in Indochina aus Westberlin zu erzwingen, den Willkürapparat der Westberliner Polizei und Justiz zu erschüttern und die Angestellten zu demoralisieren sowie die Ablösung des Innensenators herbeizuführen.

10

Unsere Aktionen sollen des weiteren darauf gerichtet sein, die Westberliner Bevölkerung durch Schockwirkungen aufzurütteln und zu beeinflussen, an derartigen Aktionen teilzunehmen bzw. gleichfalls derartige Aktionen zu unternehmen.«

Halten wir fest:

1. Wir schreiben Sommer 1970. In Vietnam führen die USA einen weltweit verurteilten Krieg. Im Frühjahr haben sie ihre militärischen Aktionen, insbesondere die verheerenden Bombardierungen, auf die Nachbarstaaten Kambodscha und Laos ausgedehnt. Das Pentagon setzt großflächig Entlaubungsmittel, etwa Agent Orange, ein. (Das führt zu Langzeitkontaminationen des Bodens und der Bevölkerung – sei es durch direkte Aufnahme der Gifte oder indirekt über die Nahrungskette. Noch im Jahr 2007 werden in Indochina eine Million Erwachsene und rund 150.000 Kinder von Krankheiten und Mißbildungen betroffen sein, was ursächlich auf den damaligen Gifteinsatz zurückzuführen ist.) Die offizielle Bundesrepublik, seit 1969 mit einem SPD-Kanzler an der Spitze, schweigt zu diesen Kriegsverbrechen. Egon Bahr dazu später: »Willy Brandt hat den Vietnam-Krieg kritisch verfolgt. Meine Frage, warum er Amerika nicht öffentlich kritisiert hat, was populär gewesen wäre, beantwortete er mit dem mir unvergeßlichen Satz: ›Einen Freund, der in Not ist, schont man.‹«[5]

Viele Menschen auch in der Bundesrepublik sehen wenig Anlaß für eine solche Schonung – die USA sind der Aggressor, nicht umgekehrt. Die deutschen Kriegsgegner sind keine Freunde der Washingtoner Administration. Sie streiten für den Frieden, indem sie sich folglich gegen die kriegführende Partei, ihre Verbündeten und Sympathisanten stellen. Zu jenen rechnen sie, und das schon seit Jahren, den Springer-Verlag als propagandistische Speersitze der »Falken« im Weißen Haus, der insbesondere in der »Frontstadt des Kalten Krieges« Front macht gegen Gammler, Chaoten und Langhaarige.

Zielscheibe des politischen Protestes ist auch Kurt Neubauer, eine Schlüssel- und Reizfigur der Westberliner Sozialdemokratie. Seit 1967 ist er Innensenator und Bürgermeister. Er bevorzugt eine harte Gangart gegenüber protestierenden Demokraten. So hatte er etwa am 11. Juni 1970 im Westberliner Abgeordnetenhaus das »Gesetz über die Anwendung unmittelbaren Zwanges bei der Ausübung öffentlicher Gewalt durch Vollzugsbeamte des Landes Berlin« durchgedrückt. Der vordergründige Anlaß für das Gesetz lag vier Wochen zurück. Am 9. Mai 1970 hatte es wegen der Ausweitung des US-Krieges auf Kambodscha eine Protestdemonstrationen gegeben, bei der es vor dem Amerikahaus in Westberlin zu Zusammenstößen gekommen war. Innensenator Neubauer drohte damals mit dem Einsatz von Handgranaten durch die Polizei. Das ließ er sich schon im nächsten Monat qua Gesetz (»Handgranatengesetz«) genehmigen, die Westberliner Polizei bekam Handgranaten, Maschinenpistolen und Maschinengewehre.

Gesetze wie dieses oder die Notstandsgesetze von 1968 führten zur nicht ganz abwegigen Feststellung, daß seit dem Eintritt der SPD in die Regierung 1966 die bürgerlichen Freiheiten und das Grundgesetz mehr eingeschränkt worden seien als in den siebzehn Jahren zuvor unter der Herrschaft der Konservativen. Übrigens eine Entwicklung, die seit Beginn der zweiten Großen Koalition 2005 durchaus eine gewisse Wiederholung erfährt.

2. Im Sommer 1970 weiß niemand – weder die Gruppe um Baader und Ensslin noch das MfS oder eine einschlägige Institution in der Bundesrepublik und in Westberlin –, wie und wohin sich die Antikriegs- und Protestbewegung entwickeln wird.

Unstreitig ist, daß die DDR nationale Befreiungsbewegungen in der Dritten Welt in ihrem antiimperialistischen Kampf unterstützt. Doch Westberlin und die Bundesrepublik sind nicht die Dritte Welt. Folglich betrachtet die DDR auch keine Gruppierung dort als eine *nationale Befreiungsbewegung*, die man wie eine solche unterstützen müßte. Schon gar nicht, wenn sie ihre Ziele mit Gewalt verfolgt. Die DDR und ihre politischen Institutionen lehnen Terror – ob in Gestalt von Staatsterror oder als individuellen Terror – prinzipiell ab. Man setzt auf Massenkampf, auf Überzeugung der Massen, und folgt darin Rosa Luxemburg, die sich bereits 1905 von der Gewalt in der Vergangenheit distanzierte. »Der Terror als System, als eine naturgemäß nur von einzelnen Individuen der aus Mitte der Revolutionäre und gegen einzelne Individuen unter den Trägern des absolutistischen Regimes betätigte Kampfmethode, war in seinem Wesen *als Gegensatz zum Massenkampf der Arbeiterklasse* gedacht, ob sich die terroristischen Kämpfer dessen bewußt waren oder nicht, ob sie es zugeben oder sich darüber selbst hinwegtäuschen wollten.«[6] Und Lenin bezeichnete den individuellen Terror gar als »Produkt der intelligenzlerischen Schwäche«.

Staatsdoktrin hingegen ist das Programm der Staatspartei SED, das sie sich auf ihrem VI. Parteitag 1963 gegeben hatte. Es gilt in jenem Sommer 1970 noch immer. Darin bekennt sich die Ostberliner Führung explizit zur Gewaltfreiheit, zur friedlichen Überwindung deutscher Teilung und politischer Konflikte sowie gegen die »Propaganda der Feindschaft und des Hasses«.

»Die Sozialistische Einheitspartei Deutschlands hält unverrückbar an ihrem Ziel, der Wiederherstellung der nationalen Einheit Deutschlands, an der Überwindung der von den imperialistischen Westmächten im Komplott mit dem westdeutschen Monopolkapital vollzogenen Spaltung, fest. [...] Ohne gesicherten Frieden ist die Überwindung der Spaltung Deutschlands nicht möglich. In diesem Sinne sind Frieden und nationale Einheit in der Politik der Sozialistischen Einheitspartei Deutschlands untrennbar miteinander verbunden. [...] Die Sozialistische Einheitspartei Deutschlands ist der Auffassung, daß die geeignetste Form der Verwirklichung der friedlichen Koexistenz in Deutschland eine Konföderation der beiden deutschen Staaten ist. [...] Sie strebt danach, daß alle Militärblocks aufgelöst, der kalte Krieg sowie die Propaganda der Feindschaft und des Hasses unter den Völkern eingestellt und alle fremden Luft-, Marine-, Raketen- und sonstigen Militärstützpunkte im Hoheitsgebiet anderer Staaten aufgelöst werden.«[7]

Ungeachtet des zeitgenössischen Pathos', welches diesem Dokument anhaftet, umreißen die wenigen Sätze das damalige politische Selbstverständnis der DDR. Wer auf der Basis friedlicher Koexistenz eine Konföderation anstrebt, läßt dort nicht Bomben hochgehen. Kein verantwortlicher politischer Funktionsträger in der DDR unterstützt militante Aktionen in anderen Staaten – selbst wenn er die Motive der Akteure versteht und deren Engagement in der Tiefe seines Herzens gar bewundert. Aber zwischen ideeller Sympathie und materieller Unterstützung liegt für die offizielle DDR der Rubikon. Sie hat ihn weder 1970 noch später überschritten.

3. Was mit Bäcker nach dieser Vernehmung geschieht, ist nirgends dokumentiert. Es ist heute auch niemand vom MfS auffindbar, der im August 1970 mit Jürgen Bäcker direkt oder indirekt zu tun hatte. Vermutlich wurde er abgeschoben wie andere auch, mit denen man nichts zu tun haben wollte. Zumal Bäcker ja nicht in die DDR *eingereist* war, sondern sie lediglich *im Transit* zu passieren wünschte. (Bezeichnend die Überschrift in der *Zeit* 26/1990 »Im

Transit zur PLO« und die dort getroffene Feststellung: »Dem Bundeskriminalamt liegt nicht ein einziger Hinweis auf eine aktive Unterstützung von terroristischen Aktionen durch den Staatssicherheitsdienst vor: keine Waffen, keine Gelder, keine Ausbildung für die RAF«.)

Bekannt ist lediglich, daß Bäcker nach einem Banküberfall in Westberlin im Februar 1971 festgenommen und im Juni 1974 wegen räuberischer Erpressung zu neun Jahren Haft verurteilt wird. Dann verliert sich seine Spur. In den meisten der seither erschienenen Bücher zum Thema RAF taucht nicht einmal sein Name auf.

Auch dies nährt den Verdacht, daß Colonel Oswald LeWinter von der CIA in der *BBC*-Sendung »Timewatch« am 30. April 1992 keineswegs heiße Luft redete. Der ehemalige Verbindungsoffizier zur NATO-Geheimorganisation »Gladio« behauptete, daß die westlichen Geheimdienste die europäischen Terrorgruppen im Griff hätten. »Die *Brigate Rosse* waren unterwandert. Die *Baader-Meinhof-Gruppe* war unterwandert, *Action directe* – viele dieser linken Terrorgruppen waren infiltriert und assoziiert.«

Der *Spiegel* (40/2007) meint, die RAF habe Bäcker seinerzeit des »Verrats« bezichtigt, und er selber solle gesagt haben, es wäre zweimal auf ihn geschossen worden. »Ich habe trotzdem nichts ausgesagt.«

Zur gängigen Praxis von Nachrichtendiensten gehört bekanntlich auch, Menschen mit fremder Identität verschwinden zu lassen, wenn ihnen dies nützlich erscheint. Schon möglich, daß dies auch auf Bäcker zutrifft, der sich in den 70er Jahren scheinbar in Luft aufgelöst hat.

Und man kennt sogenannte Zeugenschutzprogramme.

Im zitierten Beitrag der *FAZ* vom September 2007 wird der internationale und nationale Kontext jedoch gänzlich ausgeblendet. Stattdessen zieht man eine lineare Verbindung zwischen dem Vernehmungsprotokoll, also Bäckers MfS-Kontakt 1970, und den Anschlägen auf Stützpunkte der US-Army in Frankfurt am Main und Heidelberg 1972.

Es wird in diese »Beweiskette« ein IM »Erich« eingeführt, der als Dietrich Staritz zwischen 1968 und 1973 beim *Spiegel* als Redakteur angestellt war. Der hatte nämlich – von der Hamburger Redaktion im Dezember 1971 mit Recherchen zum Rauschgiftkonsum in der 7. US-Army beauftragt – nebenbei einiges auch fürs MfS ausgekundschaftet. Was verschwiegen wird: Staritz war ein klassischer

Doppelagent, der seit 1960 als »DDR-Forscher« sowohl für den Verfassungsschutz als auch für das MfS tätig war. Ungeachtet der Tatsache, daß er in Frankfurt wohl kaum für Ostberlin spionierte, ohne daß davon sein zweiter Auftraggeber wußte: Aus dem Zufall seiner Anwesenheit auf eine Verbindung zu schließen ist absurd.

»Es ist keineswegs unwahrscheinlich, daß die damals in Frankfurt agierende RAF-Gruppe um Baader und Ensslin bei der Vorbereitung ihrer Anschläge sich auf die Spionageergebnisse der Stasi gestützt hat.«[8]

Wohl wahr: Es ist keineswegs unwahrscheinlich, daß der Mond aus Käse ist.

»Aber nicht nur im MfS hegt man Sympathie für die RAF-Leute, auch in der SED. Der prominente DDR-Rechtsanwalt Friedrich-Karl Kaul wandte sich im Mai 1977 an das SED-Politbüromitglied Werner Lamberz und bat um die Genehmigung, dem Frankfurter Anwalt Karl-Heinz Weidenhammer bei der Verteidigung der Stammheimer RAF-Häftlinge helfen zu dürfen.«[9]

Der banale Umstand, daß seinerzeit Kauls Antrag von der DDR-Obrigkeit positiv beschieden wurde, gilt als weiteres Indiz für die These von einer innigen Liaison zwischen DDR und RAF. Mit Absicht plaziert die *FAZ* auf drei Spalten und 23 und einen halben Zentimeter hoch, und das auch noch in Farbe, die von Andreas Baader am 21. Juni 1977 unterzeichnete Prozeß-Vollmacht für den Rechtsanwalt F. K. Kaul. Auf die naheliegende Idee kommt der Autor des Beitrages offenkundig nicht, daß sich die DDR lediglich auf legale Weise und kurzem Wege in den Besitz der Prozeßakten bringen will: Kaul lädt zehn Ordner mit Verhandlungsprotokollen und Klageschriften in Frankfurt am Main in sein Auto und kehrt damit nach Berlin zurück. So macht man das. Im übrigen: Kaul hatte eine Zulassung für BRD-Gerichte – er mußte Lamberz überhaupt nicht um eine »Genehmigung« ersuchen. Er wird ihn wohl lediglich förmlich informiert haben, nachdem die Sache klar war.

Das hat weder was mit Sym- oder Antipathie für die RAF zu tun. Die DDR-Führung möchte lediglich in Erfahrung bringen, was in der Terrorszene läuft und worauf man im Interesse der Sicherheit des eigenen Staates künftig achten muß.

Zu Andreas Baader äußert sich dreißig Jahre später der Vorsitzende Richter in diesem Prozeß. Der 83jährige Theodor Prinzing erklärt in einem Interview, seinem ersten seit jenem Verfahren in

Stammheim, über den Wortführer der Angeklagten: »Er war ein außerordentlich führungsstarker Mann. Er war natürlich auch ein Faulpelz und Desperado, aber er hatte in seiner Rigorosität auch etwas Sympathisches. Ich hatte auch immer das Gefühl, Baader stelle sich mir gegenüber nur pflichtgemäß so grob an, im Grunde genommen respektiere er mich. Ich hätte wohl außerdienstlich mit ihm auskommen können. Wenn er vor dem Krieg geboren worden wäre, dann wäre er ein ganz brauchbarer Soldat geworden.«[10]

Vermutlich hat Baader, das nur nebenbei, diese Haltung des Richters damals gespürt und diesen als »faschistisches Arschloch« bezeichnet, worauf Prinzing ihn von der Verhandlung ausschloß.

Macht die postume Sympathiebekundung für Baader den Richter a. D. zu einem Handlanger der RAF?

Das ist so abwegig wie jener konstruierte Bezug zu Kaul.

Die vom *Spiegel* am 29. September 2007 lancierte Forderung, daß nach Auffinden des Bäcker-Protokolls die Geschichte der RAF neu geschrieben werden müsse, durcheilt umgehend die ganze Republik. Der *Stern* schreibt noch am gleichen Tage: »Das DDR-Ministerium für Staatssicherheit war offenbar über bis heute unbekannte Anschlagspläne der Rote-Armee-Fraktion gegen US-Einrichtungen in Westberlin informiert. Das geht nach einem Vorabbericht des Nachrichtenmagazins *Der Spiegel* aus einem jetzt aufgetauchten Vernehmungsprotokoll der Stasi nach der Festnahme des RAF-Mitglieds Jürgen Bäcker im August 1970 hervor.«

Die *Tagesschau* meldet ebenfalls: »Das DDR-Ministerium für Staatssicherheit war offenbar über bislang unbekannte Anschlagspläne der Rote-Armee-Fraktion gegen US-Einrichtungen in West-Berlin informiert«, und ergänzte diese Top-Nachricht mit der Botschaft: »Zudem soll die RAF nach einem Bericht des Magazins *Focus* jahrelang Informationen von der Stasi darüber erhalten haben, welche Überwachungsmaßnahmen im internationalen Flugverkehr der westdeutsche Verfassungsschutz plante. So konnten dem Bericht zufolge Mitglieder der RAF bei ihren Flugreisen geplanten Kontrollen und Razzien ausweichen. Ein früherer Terrorfahnder habe bestätigt, daß die Stasi ihre Erkenntnisse über palästinensische Terrororganisationen an die RAF weitergereicht hat.«

Und die BStU, die doch das Dokument besitzt, dies aber dezent verschweigt, stellt umgehend die *dpa*-Meldung auf ihre

Homepage: »Nach einem Bericht des Magazins *Der Spiegel* war die Stasi über Terrorpläne in den Anfangsjahren der RAF informiert. Demnach wollte eine Gruppe der RAF bereits im Frühjahr 1970 Anschläge gegen US-Einrichtungen in West-Berlin verüben. Das ginge aus dem Protokoll einer Vernehmung des RAF-Gründungsmitglieds Jürgen Bäcker durch die Stasi von 1970 hervor.«[11]

Die *FAZ* als das Flaggschiff der Vierten Gewalt in unserer Medienrepublik setzt nach Wochenfrist den Punkt auf das investigative i: »Eine deutsche Waffenbrüderschaft. Die Rote-Armee-Fraktion (RAF) und der Staatssicherheitsdienst der DDR waren in vielerlei Hinsicht Brüder im Geiste.«

Am 24. Oktober 2007, bei einer Gedenkveranstaltung in Berlin für 36 Menschen, die vermeintlich »durch den Terror der RAF« starben, nimmt Bundestagspräsident Norbert Lammert diesen Gedanken in seine Rede auf und spricht von einer »unrühmlichen, heimlichen wie unheimlichen Kooperation«.

So schließt sich der Kreis. Die üblichen Verdächtigen hatten sich, darauf trainiert, den Ball zugespielt und – sich gegenseitig als Quelle zitierend – flächendeckend der »Wahrheit« zum Durchbruch verholfen. Auch wenn man in den Details variabel ist. Passierte laut *FAZ* vom 5. Oktober 2007 Bäcker nach seiner Vernehmung »mit der Pistole im Gürtel die innerstädtische Grenze gen West-Berlin«, so hieß es im *Spiegel* 40/2007, daß Bäcker sich darüber beklagt habe, daß »die Stasi-Männer ihm die Pistole, die er in Amman gekauft hatte, und 25 Schuß Munition nicht zurückgegeben« hätten. Bekanntlich wissen *Spiegel*-Leser mehr.

In einer Studie des Plöner Max-Planck-Instituts für Evolutionsbiologie, die das US-Fachmagazin *Proceedings of the National Academy of Sciences* Mitte Oktober 2007 veröffentlicht, heißt es, daß Gerüchte »ein starkes manipulatives Potential« besäßen. Oder wie der Evolutionsbiologe und Leiter der Studie, Ralf Sommerfeld, meint: »Die Leute haben auf die Gerüchte gehört, obwohl sie alle früheren Entscheidungen der anderen kannten.«[12] Die Wissenschaftler hatten herauszufinden versucht, weshalb Menschen mehr den Einreden anderer als der eigenen Wahrnehmung und Überzeugung folgten. Denn daß es sich offenkundig so verhält, wissen wir seit über hundert Jahren. Das hatte bereits Gustav Le Bon 1895 in seinem Buch »Psychologie der Massen« formuliert: »Je größer und dreister die Lüge, desto eher wird sie von der Masse geglaubt.«

Der Volksmund formuliert es weniger psychologisch, aber nicht minder treffend: Die Lüge ist wie ein Schneeball – je länger man ihn wälzt, desto größer wird er.

So wälzt man denn seit anno 1990 die Schneebälle durchs Land. Sie passen inzwischen durch kein Tor mehr. Das verwundert beispielsweise den Leiter einer »Gedenkstätte« in Hohenschönhausen sehr. Im Zusammenhang mit der Installierung der Gauck-Behörde vor 15 Jahre erklärte er nämlich verwundert in eine Fernsehkamera, daß das »Wissen« über die Stasi nie so umfangreich gewesen wäre wie heute, dennoch sei das Bild über die DDR zumindest im Osten nie so positiv gewesen wie gegenwärtig.

»Schwarzer Kanal« in allen Medien und rund um die Uhr bewirkt eben das Gegenteil von dem, was man zu erreichen wünscht. Viel hilft eben nicht viel.

Da man offenkundig die Schlacht um die Köpfe schon fast verloren gibt, kämpft man besser um Herz und Bauch. Mit viel Pathos und künstlichen Gefühlen mimen attraktive Westschauspielerinnen widerständische Ostfrauen. Kinder, Pferde und Torpedos müssen die Volksseele zum Wallen bringen. Der Verstand bleibt völlig auf der Strecke. An die Stelle von Fakten werden Emotionen gesetzt, das heißt mit Kalkül inszeniert.

Halten wir uns also an die Tatsachen. Eine »RAF-Stasi-Connection«, eine Zusammenarbeit in dem behaupteten Sinne, hat es nie gegeben. Das ist auch die Meinung der höchsten Richter der Bundesrepublik Deutschland. Der BGH hob im März 1998 ein vor Jahresfrist vom Landgericht Berlin verhängtes Urteil wegen »Strafvereitelung« gegen Harry Dahl, Günter Jäckel und Gerd Zaumseil von der für die Terrorabwehr zuständigen Hauptabteilung (HA) XXII des MfS auf. Sie hatten an der Unterbringung ehemaliger RAF-Mitglieder in der DDR mitgewirkt.

Der Bundesgerichtshof sprach die MfS-Offiziere und im Nachgang auch Gerhard Neiber und Horst Franz in allen Anklagepunkten frei. »Der Senat verwies in seiner Begründung auf den völkerrechtlichen Gesichtspunkt – die DDR hatte als souveräner Staat das Recht, über eine Asylgewährung für Bundesbürger, die in ihrem Rechtsverständnis Ausländer waren, zu entscheiden. Auch die Tatsache, daß die später eingebürgerten RAF-Terroristen wegen ihrer zurückliegenden Taten strafrechtlich nicht verfolgt wurden, habe im Ermessen der DDR-Führung gelegen. Zwar sei für die Nichtverfolgung ein Einverständnis des DDR-General-staatswaltes notwendig gewesen – daß diese Einwilligung nicht eingeholt wurde, sei jedoch nicht den Stasi-Offizieren anzulasten, sondern habe dem politischen Machtsystem der DDR entsprochen.«[13] So die Auffassung des BGH.

In einem Rechtsstaat kann man eigentlich erwarten, daß höchstrichterliche Feststellungen Gemeingut werden.

Fußnoten

1 Dr. Jochen Staadt, Projektleiter im Forschungsverbund SED-Staat der Freien Universität Berlin, in: *FAZ*, »Eine deutsche Waffenbrüderschaft«, 5. Oktober 2007, S. 12

2 Die neun Tickets für den Flug nach Beirut, so erwähnt Dr. Butz Peters in seinem 1991 bei der DVA erschienen Publikation (»RAF. Terrorismus in Deutschland«), habe der damals 23jährige Palästinenser Said Dudin im West-berliner Reisebüro Karim, Mehringdamm 81, besorgt. Verschiedentlich wurde Dudin eine Zusammenarbeit mit der CIA nachgesagt, so von Jürgen Cain Külbel. Dagegen ging Dudin, der heute als Politologe im Westteil Berlins die »unabhängige« palästinensische Presseagentur »One World Media« betreibt, mit einer Einstweiligen Verfügung vor. Diese wurde vom Berliner Landgericht am 23. Oktober 2007 bestätigt. Dudin hatte sich gegen Buchzitate von Stefan Aust, Wolfgang Kraushaar und Butz Peters, welche Külbel übernommen hatte, gewehrt. So bestritt Dudin, im Sommer 1970 die bekannten Terroristen der ersten RAF-Generation nach Jordanien geschleust zu haben. Er sei zur fraglichen Zeit bereits im Libanon gewesen und habe dort auf den ARD-Journalisten Franz Alt gewartet, weil dieser seine Dienste als Dolmetscher in Anspruch nehmen wollte, erklärte Dudin in der Verhandlung. Mit dem gesamten RAF-Vorgang hätte er lediglich deshalb etwas zu tun bekommen, weil ihn die Deutsche Botschaft wegen eines Rechtsanwaltes (Horst Mahler) angerufen habe, da dieser keine Einreiseerlaubnis erhalten hätte. Die Behauptung von Wolfgang Kraushaar, er sei ein Doppelagent gewesen, wies er ebenfalls als unwahr zurück. Dudins Darstellung kann richtig, sie kann aber auch falsch sein. Solange nicht bewiesen ist, daß Dudin für die CIA arbeitete und mit deren Wissen oder gar Unterstützung z. B. Angehörige der RAF betreute und dem Palästinenser-Präsidenten Mahmud Abbas als Ghostwriter die Doktorarbeit schrieb, darf dies zurecht nicht behauptet werden: Es bleibt ein Gerücht, dessen Verbreitung strafbewehrt ist.

3 *Spiegel-online* hatte bereits am 29. September 2007 von »einem jetzt aufgetauchten Vernehmungsprotokoll der Stasi« berichtet, »das dem SPIEGEL vorliegt«. Wie knapp zwei Monate zuvor, als pünktlich zum Jahrestag des Mau-

19

erbaus ein sensationeller »Schießbefehl« in der Birthler-Behörde entdeckt worden war, welchen diese selbst bereits vor zehn Jahre publiziert hatte, fand man dort nun rechtzeitig vorm 30. Jahrestag des »deutschen Herbstes« dieses Dokument.

4 Der MfS-Protokollant schreibt grundsätzlich »Enzlien«, was darauf hindeutet, daß ihm diese Person unbekannt ist.

5 Egon Bahr in »Verständnis für Deutschland«, Heft 10 der Schriftenreihe der Bundeskanzler-Willy-Brandt-Stiftung, Berlin 2003

6 Rosa Luxemburg in »Terror«, Gesammelte Werke 1/2, S. 520, Berlin 1980

7 Programm der SED, angenommen auf dem VI. Parteitag im Januar 1963, zitiert nach: »Revolutionäre deutsche Parteiprogramme«, Berlin 1967

8 Dr. Jochen Staadt, in: *FAZ*, »Eine deutsche Waffenbrüderschaft«, 5. Oktober 2007, S. 12

9 ebenda

10 Theodor Prinzing in: »Baader wäre als Soldat ganz brauchbar gewesen«, *Tagesspiegel*, 14. Oktober 2007

11 www.bstu.bund.de/nn_715182/DE/Presse/Presseschau/Presseschauarchiv-2007/september__29__2007__c.html__nnn=true

12 www.diepresse.com/home/leben/mode/337227/index.do?_vl_backlink=/home/leben/index.do

13 *Berliner Zeitung*, 6. März 1998

Wir wollten den Terror von der DDR fernhalten

Gespräch mit Major a. D. Y., langjähriger Mitarbeiter der HA XXII des MfS, die mit der Terrorabwehr beschäftigt war. Der Interview-partner, in Berlin lebend, ist berufstätig und fürchtet Konsequenzen durch seinen Arbeitgeber. Deshalb möchte er anonym bleiben.

Dem Vernehmen nach – sieht man einmal vom zufälligen Zusam-mentreffen mit Jürgen Bäcker bei dessen Einreise in die DDR im August 1970 ab, was jetzt erst bekannt wurde – hat es den ersten richtigen Kontakt zwischen der RAF und dem MfS sehr viel später, nämlich 1978, gegeben.

Das trifft zu, als seinerzeit Inge Viett, wie ich erfuhr, ihr erstes Gespräch mit Oberst Harry Dahl, dem Leiter der Abteilung XXII des MfS, hatte. Es ist nicht ganz richtig insofern, als Inge Viett der »Bewegung 2. Juni« angehörte. Diese wird zwar in der Regel in einem Atemzug mit der »Rote Armee Fraktion« genannt, was aber falsch ist. Ihre Mitglieder verstanden sich als linke Stadtguerilla, als deren proletarischer Arm, wie Gründungsmitglied Till Meyer sagte. Und sie waren vornehmlich in Westberlin aktiv, wie es ja der Name bereits vermuten ließ: Am 2. Juni 1967 hatte der Westberliner Kriminalobermeister Karl-Heinz Kurras bei einer Demonstration den Studenten Benno Ohnesorg erschossen. Knapp fünf Jahre spä-ter formierten sich militante Oppositionelle unter diesem Namen als Gruppe. Am 2. Juni 1980 erklärte die »Bewegung 2. Juni« ihre Selbstauflösung, und einige Mitglieder schlossen sich der RAF an. Aber wir reden hier vom Ende der 70er Jahre.

Genau. Zurück also zu jenem Erstkontakt. Wie kam der zustande?
Ich weiß auch nicht mehr, ob wir einen Hinweis von den tsche-chischen Genossen erhalten und Inge Viett am Grenzübergang Bad

Schandau festgenommen hatten, oder ob sie bei der Einreise in Berlin-Schönefeld identifiziert worden war. Tatsache ist, daß sie sich nicht freiwillig gestellt hatte, als Dahl im Frühjahr 1978 sie in Berlin erstmals traf.

Es war also eine eher zufällige Begegnung zwischen MfS und RAF.
Das würde ich so sehen.

Nun sprach der Leiter der Abteilung XXII mit ihr.
Warum gerade er?
Die Abteilung XXII beschäftigte sich mit dem Terrorismus und seiner Abwehr im weitesten Sinne. Im Frühjahr 1988 wurde diese mit der Abteilung XXIII, welche aus der AGM/S (Arbeits-Gruppe beim Minister/Sonderaufgaben) hervorgegangen war, zusammengelegt. Diese Hauptabteilung XXII zählte am Ende etwa 880 Mitarbeiter. 1978/79 waren wir vielleicht 30 Mann. Und warum spricht der Leiter mit ihr? Ich bitte Sie: Inge Viett war doch kein unbeschriebenes Blatt. Sie saß 1972 und 1975 in Westberlin ein, brach zweimal aus, sie war in der BRD zur Fahndung ausgeschrieben … In diesem Sinne war das kein kleiner Fisch, mit dem sich ein einfacher Mitarbeiter beschäftigte.

Und, was kam bei diesem Gespräch heraus?
Inge Viett war damals Mitte 30 und und dem Vernehmen nach psychisch ziemlich fertig, auch wenn man es ihr nicht ansah. Sie wollte, wie es schien, aussteigen, zumindest aber klären, ob sie mit anderen durchreisen könne, ohne festgenommen zu werden. Doch diese Tatsache hätte sie nicht vor der Strafverfolgung in der Bundesrepublik geschützt. Also …

Sie hat also um eine Art Asyl in der DDR nachgesucht?
Ich weiß nicht, ob man das so formulieren kann. Als sie im Juni 1978 mit Regina Nicolai und Ingrid Siepmann in Prag festgenommen worden war – ihnen war das BKA in Bulgarien auf der Spur, wohin sie sich nach der Befreiung Till Meyers aus der JVA Moabit am 27. Mai 1978 via Schönefeld abgesetzt hatten –, ließen sich Inge Viett und die beiden Frauen in die DDR überstellen. Mielke war mit Sicherheit von der Abteilung X (Internationale Verbindungen) informiert worden. Er beauftragte Dahl, nach Prag zu reisen, die

Sache zu klären und die Frauen in die DDR zu holen. Danach sollte entschieden werden, wie weiter zu verfahren sei.

Um sie dann doch wieder laufen zu lassen?

Es gab einige, die aussteigen wollten, und mit denen wollte Inge Viett noch reden. Darum gab es zwischen 1978 und 1980 mehrere Kontakte. In Frankreich diskutierten sie, wohin sie gehen sollten. Einige von den Aussteigern wollten nach Angola, andere nach Mocambique. Einige präferierten den Nahen Osten. Inge Viett fragte beim MfS an, ob man ihnen beim Untertauchen im Ausland helfen könne. Afrika wäre keine gute Idee, da würden sie immer als Weiße auffallen, sagten wir. Warum kommt ihr nicht in die DDR? Hier spricht man auch eure Sprache.

Einfach so? Spontan und ungefragt? Ich denke mir: Dahl wird schon früher zu Generaloberst Bruno Beater, dem für die Abt. XXII zuständigen Stellvertreter Erich Mielkes, marschiert sein und Rücksprache genommen haben. Und Beater wird den Minister informiert und dieser wiederum es Honecker erzählt haben: ›Uns ist da ein bunter Vogel zugeflattert ...‹

Vermutlich wird es so gewesen sein. Beater, Mielke und Honecker sind tot, die können wir nicht mehr fragen.

Wir sollten also von der Annahme ausgehen, daß der Minister und der Staatsratsvorsitzende ziemlich früh im Bilde waren. Exklusive Kontakte dieser Art wurden auf Kapitänsebene besprochen.

Richtig. Wenn man von der im MfS herrschenden Ordnung ausgeht, kann man das so annehmen. Man muß das auch vor folgendem Hintergrund sehen. Alle Geschichten haben eine Vorgeschichte, auch diese hier. Nämlich: Die DDR war spätestens seit den Olympischen Sommerspielen 1972 ...

... als in München acht junge Palästinenser israelische Sportler als Geisel nahmen; bei der Aktion verloren am Ende 17 Menschen das Leben ...

... seit jenem Massaker in München war die DDR-Führung sehr sensibel. Schließlich sollten im Jahr darauf die X. Weltfestspiele der Jugend und Studenten in Berlin stattfinden. Ein Großereignis dieser Qualität ist immer eine Weltbühne, die politische Gruppierungen bevorzugt zur Selbstdarstellung und zur Durchsetzung ihrer Forderungen nutzen. Ich muß jetzt nicht die Beispiele, auch nicht das aktuelle, nämlich Tibet, aufzählen, um dies zu beweisen.

Eine solche Aktion konnten wir nicht gebrauchen.

Man wollte also, um es salopp zu formulieren, den eigenen Laden sauberhalten?

Ja, sicher. Aber es ging nicht nur darum zu demonstrieren, daß es in der DDR so was nicht gab, das wir alles im Griff haben. Terror-Aktionen trafen immer auch Unschuldige. Vor allem aber: Die DDR war für die Sicherheit der ausländischen Vetretungen verantwortlich. Ein Anschlag wäre folgerichtig ihr angelastet, wenn nicht gar in die Schuhe geschoben worden.

War es das allein? Gab es da nicht auch einen Zwiespalt, in welchem sich die offizielle DDR befand? Wenn irgendwo in der Welt im Rahmen eines nationalen Befreiungskampfes eine amerikanische Einrichtung attackiert wurde, richtete sich das gegen den Imperialismus, was Solidarität und Zustimmung fand. Wäre jedoch an der US-Botschaft in der DDR-Hauptstadt eine Bombe hochgegangen, hätte die DDR die Bombenleger festnehmen und verurteilen müssen.

Genau hier lag das Problem, ja. Zumindest sah es auf den ersten Blick so aus. Tatsache ist: Wir konzentrierten uns zunächst vorrangig darauf, Schaden von der DDR fernzuhalten und abzuwenden.

Wie sah die konkrete Reaktion nach dem Blutbad von München in der MfS-Zentrale aus?

Es wurde – auf Weisung und unter direkter Anleitung von Generalleutnant Bruno Beaters, des 1. Stellvertreters des Ministers – eine Arbeitsgruppe gebildet. Deren Aufgabe bestand darin, Pläne und Absichten möglicher Terroranschläge auf die Weltfestspiele 1973 festzustellen und deren Ausführung zu verhindern. Dieser Gruppe gehörten rund 20 Mitarbeiter des MfS an. Daraus wurde 1975 schließlich die Abteilung XXII. Und diese wuchs rasch an.

Warum? In der DDR war es doch ruhig?

Natürlich. Aber es gab Vorfälle, die durchaus Anlaß zur Beunruhigung gaben. Davon stand, wie manch anderes auch, nur nichts in der Zeitung. Es gab in den 70er Jahren beispielsweise etliche Überfälle auf Stützpunkte der Gesellschaft für Sport und Technik (GST), insbesondere dort, wo es Sektionen von Sportschützen gab. Es wurden Gewehre und Munition gestohlen.

Kleinkalibergewehre, ich bitte Sie!
Auch mit KK-Waffen kann man Menschen bedrohen. Die Alarmglocken läuteten in Berlin doch nicht wegen des Kalibers, sondern erstens wegen der Zunahme gewaltsamer Aktionen in der DDR und zweitens wegen der Vorgänge in der Bundesrepublik: Vergessen Sie nicht – 1972 hatte es mehrere Anschläge auf US-Einrichtungen in der Bundesrepublik gegeben, 1975 war die BRD-Botschaft in Stockholm überfallen, 1977 Schleyer gekidnappt und ermordet worden, es gab die Entführung einer Lufthansa-Maschine mit den daraus folgenden blutigen Konsequenzen in Mogadischu … Wir waren der Annahme, daß diese Vorgänge wie andere »Moden« zuvor auch in der DDR ein Echo finden könnten. Wenn Sie die Geschichte der BRD und der DDR vergleichen, werden Sie feststellen, daß alles, was sich im Westen irgendwann entwickelt hatte, schon bald auch den Osten erreichte und hier kopiert wurde: von Ringelsocken und Schmalztolle in den 50er Jahren bis hin zu Punks, Skins und Hooligans in den 80ern. Weshalb sollte die gewaltsame Auflehnung gegen die Herrschaftsverhältnisse in der BRD nicht auch Nachahmung in der DDR finden?

Weil ja wohl die RAF oder die »Bewegung 2. Juni« sich explizit gegen den Imperialismus wandte!
Es gab bekanntlich auch bei uns Menschen, die die DDR nicht unbedingt als fortschrittlich, sozialistisch und antiimperialistisch verstanden. Am 9. März 1980 verübte beispielsweise Josef K. in Karl-Marx-Stadt auf ein Denkmal mit einem sowjetischen Panzer einen Sprengstoffanschlag. Er habe damit, wie er nach seiner Verhaftung erklärte, ein »Fanal des Widerstandes« setzen wollen. Oder in Arnstadt nahm man eine Gruppe von Jugendlichen fest, die sich auch RAF nannten. Sie planten diverse Sprengstoffanschläge, wollten das Trinkwasser von Erfurt mit Zyankali vergiften und einen sowjetischen General ermorden. Die Armee für die Befreiung Armeniens (ASALA) plante einen Anschlag auf eine INTERFLUG-

Maschine. Ins Fadenkreuz gerieten der Botschafter Syriens und der Neffe von Präsident Assad, der in Leipzig studierte: Auch sie sollten ermordet werden. Die Botschaften der USA und der Türkei standen im Fokus terroristischer Kräfte, und innerpalästinensische Konflikte griffen auch auf die DDR über. Es gab Morddrohungen gegen Palästinenser in Leipzig, Nordhausen und Weimar sowie gegen den Botschafter der PLO in der DDR ...

Also unterstellt, die innenpolitische Sicherheitslage in der DDR hatte sich Ende der 70er Jahre verschärft. Was folgte daraus?
Eine erhöhte Aufmerksamkeit für die Terrorszene im Ausland und eine Verstärkung sowie Qualifizierung der Abteilung XXII. Dazu diente die Aktion »Expreß«. Unter dieser Bezeichnung lief die Rekrutierung von Mitarbeitern aus den Bezirksverwaltungen (BV) für die Abt. XXII. In zwei »Wellen« wurden jeweils rund 15 Mitarbeiter nach Berlin geholt.

Das lief aber unabhängig von dieser eher zufällig zustandegekommenen Verbindung des MfS zu Inge Viett?
So ist es. Aber mit der RAF hatte das schon zu tun, weil die DDR und die BRD ein symbiotisches Verhältnis hatten.

Und weshalb holte man sich die Verstärkung aus der Provinz?
Dafür gibt es eine offizielle und eine inoffizielle Begründung. Die erste: Es wäre angeblich leichter gewesen, Mitarbeiter aus den Bezirksverwaltungen nach Berlin zu kommandieren und später auch zu übernehmen, als welche aus den Diensteinheiten der Zentrale zu gewinnen und umzusetzen. Die andere: Weil die Genossen in Berlin unbekannt waren. Man ging davon aus, auch wenn die Führung es stets in Abrede stellte, daß viele der in der Zentrale des MfS tätigen Mitarbeiter »verbrannt« waren, wie es im Nachrichtendienst-Jargon heißt. Vermutlich waren nicht wenige, die jemals ein Tor in der Rusche-, Normannen-, Samariter und Magdalenen-Straße passiert hatte, von fremden Diensten erfaßt und identifiziert worden. Und was die wußten, wußten auch andere. Das ist doch am Platz der Luftbrücke ...

... dort sitzt der Polizeiliche Staatsschutz, das LKA 5 ...
... oder in der Berliner Mauerstraße ...

... wo sich nach 1990 das Bundesamt für Verfassungsschutz niederge-lassen hat ...

... nicht anders. Und die auswärtigen Nachrichtendienste den-ken schon heute darüber nach, wo sie in der Chaussee- und in der Habersaath-Straße ihre Kameras unterbringen werden. Dabei sind noch nicht einmal die Fundamente der künftigen BND-Zentrale im ehemaligen Stadion der Weltjugend gegossen.

Aus Gründen der Konspiration holte man sich also rund 30 Mitar-beiter zur Verstärkung der Abteilung XXII in die MfS-Zentrale. Die Führung fürchtete ein Überschwappen der RAF und der »Bewegung 2. Juni« auf die DDR. Schließlich bekam man erstmals direkten Kontakt zu einer Vertreterin einer terroristischen Vereinigung, die man nur aus der Ferne kannte. Wie ging man damit um?

Schwer zu sagen, die Verantwortlichen sind nicht mehr oder schweigen wie etwa die beiden Leiter Horst Franz und Harry Dahl.

Aber Sie werden doch wissen, wie zumindest die involvierten Mitar-beiter darüber dachten?

In unseren Augen ging es in erster Linie um nachrichtendienst-liche Kontrolle und Abschöpfung.

Wenn Inge Viett und andere in der DDR blieben: Was sollte das für einen Sinn machen? Sie hätten darüber berichten können, was war. Was sein würde, schon nicht mehr. Denn das war ja wohl der Preis: totale Kontaktsperre mit den aktiven Kräften im Westen.

Richtig. Aber auch, was war, interessierte. Und manches ist bis heute noch nicht aufgeklärt. Über die bei uns Abgetauchten ver-suchten wir unser Wissen über die Terrorszene zu erweitern.

Mit welcher Absicht? Ist das nicht genau der Punkt, der dem MfS vorgehalten wird: Es hätte mit Terroristen paktiert?

Ich verhehle ja nicht, daß Leute wie Mielke oder Beater in gewis-ser Hinsicht revolutionäre Romantiker waren. Beater (1914-1982) hatte gegen die Faschisten gekämpft und war zur Roten Armee übergelaufen, als Mitglied im Nationalkomitees »Freies Deutsch-lands« arbeitete er an der Front. Mielke (1907-2000) war Interbri-gadist in Spanien und in Frankreich in der illegalen KPD-Leitung tätig. Das waren überzeugte Antifaschisten durch die Bank und gleich Marx der Auffassung, daß ein Schritt wirklicher Bewegung mehr wert sei als hundert Programme, wobei sicherlich die Auffassungen auseinandergehen, was unter einem »Schritt wirklicher Bewegung« zu verstehn war. Ihre Sympathie gehörte ausnahmslos jenen, die sich aktiv gegen den Imperialismus, aus dem ja der Faschismus hervorgegangen war, auflehnten, die Widerstand leisteten, ihn bekämpften. In dieser Hinsicht wird auch ein gewisses Verständnis für jene Westdeutschen und Westberliner mit im Spiel gewesen sein, die kämpften und nicht nur die Faust in der Tasche ballten. Dennoch wurde jede Forderung von dort nach einer aktiven Unterstützung abgelehnt. Uns wurde stets befohlen: weiter bearbeiten und aufklären. Mehr nicht.

Die DDR lehnte in der Tat jede Form des individuellen Terrors qua Weltanschauung ab. Für Lenin war das eine »typisch intellektualistische Kampfmethode«. Zwar könne niemand den Terror schlechthin verwerfen, der die Grausamkeit des Gegners kenne, mit dem er es zu tun habe, aber entscheidend für die notwendige Umgestaltung der gesellschaftlichen Verhältnisse sei die Aufklärung und Mobilisierung der Massen. Eben in jenem Sinne, wie ihn beispielsweise auch Rudi Dutschke in einem Leserbrief an den Spiegel *artikulierte, nachdem man ihn selbst angegriffen hatte, weil er 1974 am Grab von Holger Meins (RAF) mit erhobener Faust gerufen hatte: »Holger, der Kampf geht weiter!« In jenem Brief schrieb Dutschke, der bekanntlich selbst Opfer individuellen Terrors geworden war – 1968 war auf ihn geschossen worden, nachdem die* Bild *zum »Ergreifen« der »Rädelsführer« aufgefordert hatte –: »Der Klassenkampf ist ein Lernprozeß. Der Terror aber behindert jeden Lernprozeß der Unterdrückten und Beleidigten.«*
Das heißt: Auch in der DDR war klar, daß Gewalt gegen Menschen sich immer gegen die Täter kehrte – selbst wenn die Aktionen Ausdruck ihrer Ohnmacht und Hilflosigkeit waren.

Dessen waren wir uns im MfS durchaus bewußt. Deshalb war mit dem Viett-Kontakt nicht die Erwartung verbunden, eine militante Kampforganisation im westdeutschen Untergrund zum Verbündeten zu gewinnen, sondern diese Menschen in unserem Sinne beeinflussen zu können, diese vom Terror abzubringen.

Wozu und zu welchem Ende?

Um prophylaktisch Schaden von der DDR abzuwenden. Und damit auch von der Bundesrepublik. Sehen Sie: Das verhielt sich doch wie mit den Atomraketen. Diese waren im Westen mit Zielen in der DDR und in Osteuropa programmiert, und im Osten hatten sie westeuropäische Koordinaten. Aber nicht eine einzige zielte auf Berlin, wie es später hieß. Warum wohl? Jene, die Westberlin treffen würden, hätten auch Ostberlin in Mitleidenschaft gezogen – und umgekehrt. Diese Tatsache half beiden Stadthälften. Das galt im Prinzip auch für den grenzüberschreitenden, internationalen Terrorismus: Indem das MfS die DDR schützte, sicherten wir die Bundesrepublik mit.

Ist diese Überlegung nicht ein wenig konstruiert?
Finde ich nicht. Ein ehemaliges Mitglied der »Bewegung 2. Juni« oder der RAF, der mit neuer Identität ins bürgerliche Leben zurückkehrte, war demobilisiert.

Einverstanden. Und wie viele wurden auf diese friedliche Weise aus dem Verkehr gezogen?
Zunächst acht Aussteiger, die in drei Gruppen 1980 in die DDR einreisten. Sie wurden am 8. Oktober 1980, am Tag nach dem Republikgeburtstag, offiziell eingebürgert. Henning Beer kam im Frühjahr 1982 und Inge Viett Ende 1982 oder Anfang 1983. Die Integration erfolgte dezentral, d. h. heißt jeder kam mit einer neuen Identität an einen anderen Ort.

Weil man Angst hatte, daß sie sich als Gruppe formierten?
Quatsch. Einzeln konnte man sie besser in ihr Umfeld integrieren, und auch die Legendierung war leichter. Ein neuer Nachbar oder eine neue Nachbarin zog ein, nahm in einem Betrieb eine Arbeit ein. Das passierte doch täglich und überall und war darum sehr normal. Eine Gruppe wäre aufgefallen. Außerdem erleichterte uns dies ihre Sicherung und Kontrolle.

Und das funktionierte?
Ja, natürlich. Nur 1986 gab es mal ein Problem. Eine regulär in die BRD ausgereiste DDR-Bürgerin erkannte drüben auf einem Fahndungsblatt des Bundeskriminalamtes ihre frühere Arbeitskollegin aus der DDR, die hier als Silke Maier-Witt gesucht wurde und

auf deren Ergreifung 50.000 DM ausgesetzt worden waren. Wir erhielten diesen Hinweis über unsere sowjetischen Kollegen, daß das BKA/Abt. Terrorismus am 26. Mai 1986 unter dem Aktenzeichen TE 33-170 030/77 einen Hinweis auf die »Zielperson Silke Maier-Witt«, erhalten habe. Es hieß dort, die examinierte Krankenschwester sei an der Medizinischen Akademie in Erfurt/DDR und an der Fachschule »Walter Krämer« in Weimar/DDR unter dem Namen »Angela Gerlach« gewesen. Man wollte das nicht glauben, da das BKA die RAF-Aussteiger im Nahen Osten vermutete.

Das berührt die spannende Frage, ob Bonn von der Unterbringung der Aussteiger in der DDR wußte oder nicht. Wenn die Führung es

Auf diesem Fahndungsplakat entdeckte eine ausgereiste DDR-Bürgerin eine frühere Arbeitskollegin aus Erfurt. Die ihr als Angela Gerlach bekannte Person wurde in der BRD als Terroristin Silke Maier-Witt gesucht. Gefahr war im Verzuge

wußte, hat sie es für sich behalten, sonst hätte sich beispielsweise das
Bundeskriminalamt nicht derart unwissend gezeigt. Oder man
wußte es wirklich nicht.

Ob es Bonn bekannt war oder nicht, können die Altbundes-
kanzler Helmut Schmidt und Helmut Kohl beantworten. Aber
selbst wenn sie Auskunft gäben: Ob das auch stimmte?

Auskunft geben könnten auch jene, die es ihnen übermittelten. So es
denn geschehen ist. Wie ernst sind denn in diesem Kontext Erklä-
rungen etwa von Hans-Ludwig Zachert zu nehmen, der dreißig
Jahre beim BKA war und von 1990 bis 1996 dessen Präsident?

Ja, ich weiß, der hat nach seinem Rücktritt erklärt, die Bundesregierung hatte in den 80er Jahren »vage Informationen« erhalten, daß gesuchte RAF-Terroristen in der DDR Unterschlupf
gefunden hätten. Doch dies habe die Bundesregierung als störend
empfunden, weil man gegenüber Ostberlin ein Klima der Annäherung habe schaffen wollen. Dabei wären wohl Fragen nach
dem Verbleib der Gesuchten peinlich gewesen. Das BKA habe
aber über informelle Kanäle weitere Nachforschungen betrieben.
So habe man bei Honeckers Staatsbesuch 1987 in Bonn einem
hohen Offizier aus der Begleitmannschaft den RAF-Verdacht mitgeteilt und um Informationen gebeten. Es habe aber keine Rück-
meldung gegeben.

Natürlich nicht. – Interessant ist doch aber, daß zur gleichen Zeit,
im Februar 1997, als Zachert das sagte, und in der gleichen Aus-
gabe des Focus *(10/1997) behauptet wird, »der israelische Geheim-*
dienst Mossad hat die westdeutschen Sicherheitsbehörden schon
Anfang der 80er Jahre über den Aufenthalt mehrerer gesuchter Ter-
roristen in der DDR informiert«, Bundesregierung, Verfassungs-
schutz und Bundeskriminalamt bekräftigten, daß ihnen konkrete
Hinweise über den Aufenthalt der steckbrieflich Gesuchten erst
1990 vorgelegen haben. Also klares Dementi.

Ach, so unverständlich sind die widersprüchlichen Erklärungen
doch nicht. Sie wurden im Vorfeld des Prozesses gegen vier leitende
Mitarbeiter der HA XXII abgegeben. Im Februar 1997 wurden
Oberst Harry Dahl, Oberst Günter Jäckel, Oberstleutnant Hans-
Hermann Petzold und Hauptmann Gerd Zaumseil wegen »Straf-
vereitelung« angeklagt, nachdem im August 1996 das Verfahren

gegen Generalleutnant Gerhard Neiber und Oberst Horst Franz abgetrennt worden war.

Strafvereitelung?
Ja, ihnen wurde vorgeworfen, wissentlich die Verfolgung von in der Bundesrepublik steckbrieflich gesuchte Personen verhindert zu haben.

Man brachte also rückwirkend BRD-Recht auf Vorgänge in der DDR zur Anwendung.
Ja, aber die DDR war nicht verpflichtet, für die Bundesrepublik strafverfolgend tätig zu werden. Trotzdem wurden Dahl, Jäckel und Zaumseil vom Berliner Landgericht zu Geldstrafen bis zu 5.000 DM verurteilt. Aber der Bundesgerichtshof hob dieses Urteil im März 1998 auf und sprach die drei in allen Anklagepunkten frei.

Allerdings wollten im Vorfeld des Verfahrens vorm Landgericht die in der Alt-BRD Zuständigen nichts gesehen und gehört haben – vom zitierten Zachert vielleicht abgesehen, der ohne Amt und nur noch Professor in Trier war. Denn die logische Folge wäre doch gewesen, den amtierenden Kanzler und seinen Vorgänger als Zeugen zum Prozeß zu laden. Und dann wären sie echt in der Klemme gewesen. Entweder hätten sie alles bestritten wie bisher, womit sie möglicherweise in Gefahr gerieten, einen Meineid zu leisten, oder sie hätten eingeräumt, daß sie es wußten. Sowohl das eine wie das andere wäre aus Sicht der Bundesrepublik im Zusammenhang mit der Delegitimierung der DDR und der Kriminalisierung ihrer Institutionen verheerend gewesen. Hätten Schmidt und Kohl nämlich ihre Mitwisserschaft eingestanden, hätte man sie wegen Unterstützung einer terroristischen Vereinigung ebenfalls anklagen müssen.

Also mußte aus Gründen der Staatsräson vorher die Sache gedeckt werden.

Harry Dahl hat immer erklärt, auch im Prozeß, es habe Absprachen mit Bonn gegeben.
Für uns war das damals klar. Generaloberst Beater gab Dahl zu verstehen und dieser dann uns, daß die Aufnahme der RAF-Aussteiger »ganz oben« befohlen worden sei.

»Ganz oben« hieß Honecker?

Ja, sicher. Und Dahl will Beaters Ausführungen auch entnommen haben, daß es eine diesbezügliche Verständigung zwischen Honecker und Schmidt gegeben habe. Die Nachricht soll Hans-Jürgen Wischnewski …

… im 2. Weltkrieg Oberleutnant der Wehrmacht wie Helmut Schmidt und von Dezember 1976 bis Dezember 1979 Staatsminister im Bundeskanzleramt und zugleich Bevollmächtigter der Bundesregierung in Berlin, im Oktober 1977 in die RAF-Aktion in Mogadischu involviert …

… also »Ben Wisch«, der inzwischen ebenfalls tot ist, soll der reitende Bote gewesen sein.

Und es gibt zwei weitere Indizien, daß die Sache kein DDR-Geheimnis geblieben ist. Zum einen erklärte auch Wilhelm Nöbel (1936-2006), zwischen 1976 und 1990 Mitglied des Innenausschusses des Deutschen Bundestages, daß die Bundesregierung spätestens seit 1986 wußte, daß sich die Aussteiger in der DDR befanden.

George A. Carter, der in den 80er Jahren die Mission der CIA in Bonn leitete erklärte 1992 gegenüber der Presse, die Bundesregierung sei von der CIA unterrichtet worden, aber habe nicht reagiert. »Wir waren geneigt, die Kooperation zwischen der Staatssicherheit und der RAF mehr oder weniger als Gegebenheit in der Gleichung zu akzeptieren.« Um den Erfolg der Ostpolitik nicht zu gefährden, habe Bonn möglicherweise in Kauf genommen, daß sich RAF-Leute im Osten zur Ruhe setzten.

Die Interpretation der Gründe, weshalb Bonn nicht reagierte, mal beiseite gestellt: Es kann also angenommen werden, daß Bonn im Bilde war. Die vermeintliche Sensation, die DDR-Innenminister Peter-Michael Diestel im Frühsommer 1990 auf einer Pressekonferenz verkündete und damit weltweit für Schlagzeilen sorgte, daß es nämlich seinen Kriminalisten gelungen sei, acht in der DDR untergetauchte Terroristen zu verhaften, womit die Verbindung von MfS und RAF bezeugt sei, war folglich in Bonn für Eingeweihte kalter Kaffee?

So könnte man es nennen. Im übrigen bestätigte auch Mielkes Stellvertreter Gerhard Neiber gegenüber *Neues Deutschland* am 23./24. Juni 1990 – nachdem das Blatt kurz zuvor Neibers angebliche Flucht in die BRD vermeldet hatte –, daß die Unterbringung der Aussteiger keine Sache des MfS allein gewesen sei. Damit widersprach der Generalleutnant a. D. der Darstellung Honeckers, der in jener Zeit über seinen Anwalt hatte mitteilen lassen, er habe von der Einbürgerung der RAF-Aussteiger erst aus der Presse erfahren.

Ja, vermutlich wie 1987 der Postminister vom Verbot des »Sputnik«, das er erlassen haben sollte.

Ich weiß auch nicht, was das sollte. Neiber hatte völlig recht, als er in jenem Interview sagte, daß Mielke selbst weitaus weniger Wichtiges sich »oben« absegnen ließ. Und auch Wolfgang Schwanitz, Erich Mielkes kurzzeitiger Nachfolger, bestätigte dies zur selben Zeit in einem Gespräch mit der Hamburger *Zeit*. Nein: Die Spitzenpolitiker der beiden deutschen Staaten waren in den 80er Jahren im Bilde, wo sich die Aussteiger aufhielten.

Ich möchte noch einmal auf die Enttarnung von Silke Maier-Witt durch einen ehemaligen Arbeitskollegen zu sprechen kommen, von der Sie über russische Kanäle informiert wurden. Was passierte, als Sie das gemeldet bekamen?

Maier-Witt war unser Sorgenkind – sie fand einfach keinen Lebenspartner in der DDR. In Erfurt machte sie als »Angelika Gerlach« eine Ausbildung als Krankenpflegerin, sie stand kurz vor dem Abschluß, als im Frühjahr 1986 die Meldung kam. Im Sommer haben wir sie »spurlos« verschwinden lassen, alle Akten und Einträge im Melderegister wurden getilgt. Wir streuten unter den Kollegen das Gerücht, sie habe sich Hals über Kopf verliebt und wäre zum neuen Freund in einen anderen Bezirk gegangen. So richtig geglaubt hat das kaum einer, der sie kannte. Wir haben sie zunächst in Berlin, dann als Sylvia Beyer in Neubrandenburg untergebracht.

Hauptmann a. D. Walter Lindner von der HA XXII, der Betreuer von Silke Maier-Witt, hat in seiner Vernehmung dem BKA am 23./24. Januar 1991 sehr freimütig erklärt, am 19. September 1980 seien Inge Viett, Helmut Pohl, Adelheid Schulz, Henning Beer und Christian Klar in die DDR gekommen. Man habe sie in das Objekt

74 gebracht, das »Forsthaus an der Flut« in Briesen. Hatte das MfS eigens für diesen Zweck das Objekt angemietet?

Nein, natürlich nicht. Unsere Abteilung hatte strukturmäßig zwei, drei sogenannte Ferien-Objekte. Eins lag in Börnicke bei Bernau mit Sport- und einem Schießplatz, wo insbesondere die zeitweise rund 40 Genossen der XXII/5 trainierten. Sie wurden an Hand- und Schnellfeuerwaffen ausgebildet, im Nahkampf, an Nachtsicht- und Laser-Zieleinrichtungen, Beobachtungsgeräten und an Technik zum Entschärfen von Sprengstoffladungen. Sie saßen beispielsweise in den Fahrzeugen, die die Busse der US-Army schützten.

Wie bitte?

Im April 1986 hatte es den Bombenanschlag auf die überwiegend von US-Soldaten besuchte Diskothek *La Belle* in Westberlin gegeben. Danach ersuchte der Botschafter der USA die DDR um besonderen Schutz der in Westberlin stationierten Militärangehörigen. Man habe – so hieß es von offizieller US-Seite – Informationen, daß gegen ihre Busse Terroranschläge geplant seien. Man sprach von Haftladungen. Nun kamen die Amerikaner häufig mit solchen Fahrzeugen nach Ostberlin, oder sie fuhren nach Potsdam. Daraufhin befahl der Minister die Aktion »Bus«. Ein Jahr lang sicherte das MfS die Fahrzeuge und die US-Soldaten, die zu Shoppen und Sightseeing in die DDR einreisten, rund um die Uhr.

Über alles, was wir taten, wurde genau Buch geführt. Die Abteilung XXII des MfS schützte in jenem Jahr etwa 37.000 US-Soldaten und rund 36.000 Zivilisten.

Das Objekt Börnicke erwähnten Sie bereits. Darauf komme ich später noch einmal zurück. Was war mit dem Forsthaus in Briesen?

Nichts besonderes. Die potentiellen Aussteiger wurden dort zwei Wochen gleichsam hochgepäppelt. Sie waren physisch und psychisch in keiner guten Verfassung und wurden auch medizinisch versorgt. Wir sprachen mit ihnen über Gott und die Welt, über politische Grundfragen, über unsere Haltung zum Terrorismus, über ihre Eingliederung in der DDR.

Es soll auch geschossen worden sein, in Börnicke und auf dem NVA-Truppenübungsplatz bei Rüthnick. Und genau da gibt es die Vorhal-

tung, das MfS habe Terroristen ausgebildet, mithin eine »Waffen-brüderschaft« begründet. Konkret wird von der Ausbildung an der sowjetischen Panzerabwehrrakete RPG-7 gesprochen, was in einen unmittelbaren Zusammenhang gesetzt wird mit dem Anschlag auf Kroesen in Heidelberg am 15. September 1981. Die gepanzerte Limousine des Kommandierenden Generals der 7. US-Armee, zugleich Kommandierender General der Central Army Group der NATO, war von Christian Klar mit einer RPG-7 beschossen worden. Der Viersterne-General kam mit dem Schrecken davon, aber das MfS nicht vom Verdacht frei, Klar darauf vorbereitet zu haben.

In diesem Kontext wurde ja auch behauptet, der Sprengstoff-anschlag auf den US-Luftwaffenstützpunkt in Ramstein am 31. August 1981 käme auf unser Konto.

Und, gibt es eine Verbindung zum Schießen in Rüthnick und diesen beiden Anschlägen?

Nein, natürlich nicht. Zunächst, von einer Schießausbildung in Börnicke weiß ich nichts, und ich kenne auch niemanden aus meinem Umfeld, der dies bestätigt. Das scheint eine Ente zu sein, die durch die Medien flattert.

Die »Übung« in Rüthnick, ein einmaliger Vorgang im Rahmen vertrauensbildender Maßnahmen, fand mit Christian Klar, Adelheid Schulz, Inge Viett und Helmut Pohl und nachweislich im Frühjahr 1982 statt, also *nach* den beiden Anschlägen am 31. August und 15. September 1981. Aus eben diesem Grunde mußte die Anklage wegen Beihilfe zum Mord und zur Herbeiführung einer Sprengstoffexplosion in Tateinheit mit Unterstützung einer terroristischen Vereinigung fallengelassen werden. Diesen Vorwurf hatte die Bundesanwaltschaft 1991 gegen sieben Personen erhoben, darunter auch Erich Mielke.

Am Dienstag vor Ostern 1991 wurden Gerhard Neiber, Gerhard Plomann, Günter Jäckel, Harry Dahl und Gerd Zaumseil verhaftet und per Hubschrauber nach Karlsruhe gebracht. Sie saßen ein halbes Jahr in Stammheim im Hochsicherheitstrakt und in anderen Justizvollzuganstalten ein – und mußten entlassen werden. Generalbundesanwalt Alexander von Stahl – er machte sich nach seiner Versetzung in den Ruhestand 1993 einen Namen als Anwalt der rechtsextremen *Jungen Freiheit* und als deren Werbeträger – fand keine Belege für seine Anschuldigungen, die eine

Anklage gerechtfertigt hätten. Neiber und Genossen mußten entlassen und ihnen eine Haftentschädigung von 20 D-Mark pro Tag gezahlt werden.

Aber mit dem Wissen von heute würden Sie einräumen, daß es ziemlich dämlich war, diese Leute in Rüthnick schießen zu lassen?

Natürlich. Inge Viett und die anderen hatten ihre Pistolen abgegeben, und eine Zusage über eine militärische Ausbildung oder Bereitstellung war von unserer Seite definitiv nicht gegeben worden. Doch wir konnten nicht immer »Nein« sagen, wenn wir wollten, daß sie uns vertrauten. Im übrigen vermag ich nicht zu sagen, von wem die Idee kam oder die Initiative ausging, und was der Grund war. Offenkundig aber verstanden die Beteiligten es als Vertrauensbeweis.

Es gibt Erklärungen in einer anderen Quelle.

Nämlich?

Gerhard Wisnewski, Wolfgang Landgraeber und Ekkehard Sieker zitieren in ihrem 1992 erschienenen Buch »Das RAF-Phantom« einen namentlich nicht benannten, nur ihnen bekannten NVA-Major, der zu jenem Schießen abkommandiert gewesen war. Der konnte mit seinen Tagebuchaufzeichnungen bezeugen, daß im »Frühjahr 1982« auf einen PKW mit vier Strohpuppen und einem lebenden Schäferhund gefeuert worden war. Und wozu? »Zweck der ›Übung‹ sei nicht gewesen, die RAF-Aktivisten mit Schieß-Knowhow zu versorgen, sondern einen Anlaß zu finden, mit ihnen ins Gespräch zu kommen und über diesen Kontakt weitere aussteigewillige Terroristen zu sondieren«, wird jener Major im Buch zitiert. Und Helmut Pohl, der ebenfalls dabei war, erklärte am 2. Juli 1991 in einem Interview mit der Frankfurter Rundschau, *die MfS-Leute seien daran interessiert gewesen, das Kroesen-Attentat nachzustellen. Für sie, die aktiven RAF-Mitglieder hingegen, »hatte es den Zweck, Fragen zur Spreng- und Schießtechnik zu klären«. Was mich aber irritiert: Das waren doch nicht nur Aussteiger, die dort 1982 schossen.*

Wir hofften aber, sie dazu zu bewegen. Wir müssen in der Tat unterscheiden. Es gab den Operativvorgang »Stern I«, in welchem wir die noch aktiven Mitglieder und potentiellen Aussteiger, die in der Szene steckten, im Blick behalten wollten, also Klar, Pohl usw. Der OV »Stern II« umfaßte Betreuung, Kontrolle und Absicherung der neun Aussteiger, die bereits bei uns waren

Der 30jährige Christian Klar wurde am 16. November 1982 im Sachsenwald bei Hamburg verhaftet, der neun Jahre ältere Helmut Pohl am 2. Juli 1984 in Frankfurt am Main. Die Kontakte des MfS mit RAF-Mitgliedern endeten in jener Zeit; danach hat es keine mehr gegeben.

Warum?

Ich kann nur zwei prominente Fachleute aus dem Westen zitieren. Richard Meier, von 1975 bis 1983 Präsident des Bundesamtes für Verfassungsschutz, erklärte gegenüber Wolfgang Landgraeber: »Es kann auch nicht davon gesprochen werden, daß das MfS dauernd eine Patenschaft übernommen hätte oder gar über den Zeitraum der 80er Jahre hinaus generell die RAF unterstützte. Es hätte auch der RAF entschieden widersprochen, die wollte immer eigenständig sein. Sie hat den orthodoxen Kommunismus verachtet. Sie hat letztlich auch die Staatsform und die Staatsführung der DDR verachtet, und sie wollte nur ausnützen, was möglich war zur vorübergehenden Unterkunft, zur Passage ohne Kontrollen, all das – aber es gibt keine Identifikation mit der DDR.«

In dieser Absolutheit würde ich das nicht unterschreiben, die Personen waren sehr unterschiedlich gestrickt, charakterlich und auch intellektuell sehr verschieden. Aber in der Tendenz würde ich Meier recht geben. Und auf die Nachfrage des Fernsehreporters: »Das heißt, eine Steuerung oder gar Mittäterschaft durch das MfS erscheint Ihnen ausgeschlossen?« antwortete der einstige BfV-Präsident: »Absolut ausgeschlossen.«

Und der zweite prominente Zeitzeuge?

Heribert Hellenbroich, bis 1985 Nachfolger Meiers an der Spitze des Bundesamtes für Verfassungsschutz und danach Präsident des Bundesnachrichtendienstes. In einem Interview mit dem *Saarländischen Rundfunk* am 16. Juni 1990 schloß er eine direkte Unterstützung der RAF durch die DDR definitiv aus, »schon deswegen, weil die RAF es total ablehnte, mit Nachrichtendiensten oder sonstigen Behörden von kommunistischen Staaten zusammenzuarbeiten«.

Und wie sahen die ehemaligen RAF-Mitglieder das selbst? Stützen
sie diese These?

Inge Viett, möglicherweise die klügste unter den Aussteigern, thematisierte einmal in einer Gastkolumne im *Neuen Deutschland* am 1. März 1997 dieses Problem auf sehr dialektische Weise. »Die bewaffneten Organisationen im Westen und im Nahen Osten waren für die DDR ein Unsicherheitsfaktor, weil sie autonom handelten und sich der defensiven Koexistenzpolitik nicht unterwarfen.« Das MfS, so Viett weiter, habe in seiner Antiterrorismus-Strategie zwei Linien verfolgt: »Kontrolle durch Einbindung der Aktiven, Asyl/Einbürgerung der ermüdeten oder aus anderen Gründen Ausgestiegenen. Dies entsprach den zwei Grundmotiven für unsere Aufnahme: Sicherheit, Störfreiheit in ihrer BRD-Politik und grundsätzliche Solidarität mit uns als antiimperialistische Kämpfer.« Damit ist alles gesagt.

Ich kann mir gut vorstellen, daß Ihnen dies schmeichelt. Ich kenne allerdings auch die Kritik Inge Vietts an die Adresse jener ehemaligen Tschekisten, die den Beitrag des MfS zur Befriedung der RAF meinten besonders herausstellen zu müssen. »Was bewegt diese Männer heute, ihr zweites – antiimperialistisches – Motiv zu vertuschen? [...] Warum drängt es ehemalige Offiziere eines sozialistischen Geheimdienstes, sich in ihrer Unterlegenheit mit den Interessen des ehemaligen Gegners gemein zu machen?« Wer manche Erklärung höre, »muß sich unwillkürlich fragen: Sozialismus, Kapitalismus – gab's überhaupt mal einen Unterschied?«
Mich stört auch die gelegentlich zu beobachtende Neigung, die Auseinandersetzung der Geheimdienste auf einen kollegialen Wettstreit zu reduzieren. Als habe man, nur unter verschiedenen Fahnen, das Gleiche getan. Nein, das war es eben nicht: Die einen machten ihren Job als Diener eines imperialistischen Staates – die anderen leisteten mit innerer Überzeugung, mit Enthusiasmus und Leidenschaft und unter Hintanstellung persönlicher Interessen ihren spezifischen Beitrag zur Befreiung der Menschheit von Ausbeutung und Unterdrückung, zur Abschaffung von Krieg und Terror. Zugegeben, von diesem Ideal entfernten sich viele immer mehr, auch der Staat in Gänze, aber die ursprünglichen Intentionen sollte man schon einmal erwähnen, zumal nicht alle diese über Bord warfen.

Kein Widerspruch. – Inge Viett hat uns intellektuell herausgefordert. Wie auch insgesamt die Diskussionsrunden, die oft bis nach Mitternacht gingen. Inge Viett und die anderen kannten sich in der Literatur bestens aus, sie debattierten mit uns über weißen und roten Terror. Sie hatten selbst Stalin gelesen, was mich veranlaßte, im Antiquariat einige der von ihnen zitierten Werke zu besorgen. Wir suchten vor allem nach Argumenten *gegen* den individuellen Terror. Sie aber waren in der Klassenfrage immer sehr prinzipiell und warfen uns gelegentlich Naivität und Kungelei mit dem Klassenfeind vor. Da hatten sie wohl, auch mit dem Wissen von heute, nicht ganz unrecht.

Ich will, bei aller berechtigten Kritik an die Adresse einiger Mitarbeiter der MfS und an der DDR, die Inge Viett im Nachgang äußerte, aus ihrem Interview zitieren, das am 15. September 2000 im Freitag *erschien. Das scheint durchaus repräsentativ für die Wahrnehmung der DDR durch die RAF-Aussteiger. Ihr Blick von außen kann uns vielleicht helfen, in selbstkritischer Einkehr nicht den gleichen Fehler zu begehen, den sie sich eingangs vorwarf.*
»Plötzlich erkannte ich, wie sehr wir nur mit uns selbst beschäftigt waren. Wie sehr wir nur das, was wir gemacht hatten, als richtig und gültig ansahen. Mit anderen Formen des Gesellschaftskampfes hatten wir uns kaum befaßt. Wir hatten keinen blassen Schimmer, daß andere Kämpfe auch etwas bewegen, vor allem eine andere Bewußtseinsform hervorbringen können, etwa ein solidarisches, antikapitalistisches Bewußtsein.
Angenehm in der DDR war, daß man dort nicht erst um ein Grundverständnis von Solidarität kämpfen mußte. Ich habe mich mit den gesellschaftlichen, mit den moralischen Werten sehr identifiziert. Wie diese dann praktisch umgesetzt wurden, das ist noch mal etwas ganz anderes. Natürlich war alles nicht mehr so bunt und auch nicht mehr so intellektuell. Aber es war unheimlich bodenständig. Es gab einen gemeinsamen Boden, der angenehm war. Und ich lebte in einem gesellschaftlichen Konsens, der mir viel näher war als der im Westen.«

Es war richtig, daß wir
die Aussteiger aufnahmen

Dr. jur. Gerhard Neiber, Jahrgang 1929, Volkspolizist mit 19, beim MfS von 1949 bis 1990, in den 50er Jahren bei der Spionageabwehr, von 1959 bis 1979 Chef der Bezirksverwaltung des MfS in Frankfurt/Oder. Danach versetzt in die Zentrale nach Berlin, Berufung zum Stellvertretenden Minister und dort zuständig unter anderem für die Terrorabwehr, letzter Dienstgrad Generalleutnant. Verstorben am 13. Februar 2008 unmittelbar nach Fertigstellung dieses Buches.

Als Sie 1979 in Ihre neue Funktion kamen und auch für die Terrorismusabwehr verantwortlich gemacht wurden, hatte es bereits Kontakte der Abt. XXII mit Inge Viett gegeben. Hat Sie Ihr Vorgänger im Amte, Generaloberst Bruno Beater, in diese Verbindung eingeweiht?

Nicht im Detail. Aber im Zuge der Einarbeitung in meine neue Funktion nahm ich auch diesen Vorgang zur Kenntnis.

In Prag fand Anfang April 1979, wie es offiziell hieß, eine Beratung der Bruderorgane zu Problemen des Terrorismus statt. Sie leiteten damals in Vertretung des erkrankten Beater die MfS-Delegation und hielten dort eine Rede zum Thema.

Das stimmt. Es war im übrigen nicht die einzige Zusammenkunft dieser Art und nicht das einzige Mal, daß ich mich in diesem Kreis dazu äußerte. Im November 1987 trafen wir uns in Varna erneut in dieser Runde. Auch dort referierte ich.

Auf dieses zweite Treffen in Bulgarien komme ich noch zu sprechen, weil nach meinem Eindruck auf den 34 Seiten, die Sie dort vortrugen, sehr deutlich beschrieben ist, wie die Haltung des MfS zum Terror war. Zunächst aber zu Ihrer Jungfernrede im April 1979 in Prag: Gleich zu Beginn erklärten Sie grundsätzlich, »daß der Terro-

rismus als Kampfform zur Verfolgung politischer Ziele dem Marxis-
mus-Leninismus zutiefst wesensfremd ist«. Und nach einer kurzen
Replik zu den Rechtsterroristen äußerten Sie sich auch zu den linken.
Können Sie sich noch erinnern.

Ja, aber ich kann mich auch selbst zitieren: »Dabei übersehen
wir natürlich nicht, daß von den sogenannten Linken, die unter
pseudorevolutionären Losungen auftreten und dabei vorgeben,
gegen das Ausbeutersystem zu kämpfen, ebenfalls erhebliche Gefahren für den Sozialismus, für die Kräfte des gesellschaftlichen Fort-
schritts ausgehen.«

Hatten Sie bzw. das MfS bei dieser prinzipiell kritischen Wertung
auch die RAF im Auge?

Natürlich, aber nicht nur sie. Wir waren uns durchaus der
Ambivalenz im Umgang mit diesem Personenkreis bewußt. Das
ist keine nachträgliche Interpretation. Man kann meine damaligen Ausführungen in der Birthler-Behörde nachlesen, sie entsprachen der Haltung des MfS und der DDR. »Wir sind bestrebt,
politisch und operativ gut durchdachte, alle möglichen Auswirkungen berücksichtigende Entscheidungen zu treffen, um den
Eintritt politischen Schadens für die DDR und unsere Bruder-
staaten zu vermeiden«, erklärte ich damals in Prag. »Davon wird
beispielsweise auch unser Vorgehen bestimmt, wenn im grenzüberschreitenden Reiseverkehr und auf dem Territorium der DDR
Personen aus nichtsozialistischen Ländern erkannt werden, die an
terroristischen Handlungen teilgenommen haben bzw. entsprechenden Organisationen oder Gruppierungen angehören. Wir lassen uns in einem solchen Fall davon leiten – und damit haben wir
positive Erfahrungen gemacht –, einerseits alles zu vermeiden, was
vom Gegner zum Anlaß genommen werden könnte, die DDR zu
beschuldigen, sie würde offiziell des Terrorismus Verdächtige
begünstigen.

Andererseits wird unser Handeln davon bestimmt, alles zu tun,
um zu verhindern, daß solche Personen auf Grund einzelner
unkluger Entscheidungen direkt oder indirekt zu Vergeltungs-
maßnahmen gegen uns angeregt werden bzw. im weitaus stärkeren
Maße als bisher oder überhaupt terroristische Aktionen gegen die
sozialistischen Staaten und ihre Bürger unternehmen.«

Ihnen war also bewußt, daß Sie damals gleichsam auf einer Rasier-
klinge balancierten. Es mußten internationale Verpflichtungen
berücksichtigt und zugleich nationale Interessen durchgesetzt werden,
was für jeden Staat naturgemäß keineswegs frei von inneren Span-
nungen ist. Und Sie wollten diese Personen nicht provozieren, damit
sie nicht auch gegen die DDR vorgingen. Das ist logisch. Allerdings
fällt mir in Ihrem Beitrag auf, daß Sie selbst zwischen »linken« Terro-
risten differenzieren. Darf ich Sie zitieren?
Bitte.

Bei Ihnen heißt es an einer Stelle im Referat: »Natürlich, Genossen,
unterschätzen wir auch keinesfalls die von linksextremistischen Orga-
nisationen, Gruppierungen und Kräften ausgehenden terroristischen
Gefahren. Wie unsere bisherigen Erfahrungen jedoch zeigen, richteten
bestimmte linksextremistische Kräfte der BRD, z. B. die anarchistisch-
terroristischen Gruppen unter der Bezeichnung ›Rote Armee Fraktion‹,
›Revolutionäre Zellen‹, ›Bewegung 2. Juni‹ ihren mit terroristischen
Mitteln vorgetragenen Hauptstoß bisher vor allem gegen führende
Politiker und andere prominente Vertreter des Imperialismus sowie
gegen bestimmte Einrichtungen und Objekte des Staatsapparates.«
Daraus könnte man auf eine gewisse Sympathie schließen, zumal
Sie im gleichen Atemzug davor warnten, daß »von anderen pseudo-
revolutionären Linksextremisten« – Sie nennen unter anderen
neotrotzkistische Käfte in der BRD und in Westberlin – »unter dem
Gesichtspunkt terroristischer Angriffe potentielle Gefahren für die
sozialistischen Staaten« ausgingen. Eine solche Warnung sprachen
Sie in bezug auf die RAF nicht aus. War dort die Nachsicht oder
das Verständnis größer?
Nein, das würde ich keineswegs als Sympathiebekundung für
die RAF oder die »Bewegung 2. Juni« verstehen. Die DDR war in
zweifacher Hinsicht Transitland. Es gab den Verkehr zwischen dem
Bundesgebiet und Westberlin, und Bundesbürger und Westberliner passierten auf dem Wege in Drittländer oder auf dem Rückweg
das Territorium der DDR. Personen mit terroristischen Hintergrund wurden von uns gründlich aufgeklärt. Nahmen sie bei uns
Kontakt auf und zu wem? Wie verhielten sie sich? Wann kamen sie
wieder? ... Wir haben mit allen uns zur Verfügung stehenden nachrichtendienstlichen Mitteln jeden Schritt bei relevanten Personen
kontrolliert, mithin genau das getan, was heutzutage jeder Staat tut,

der seine Bürger vor Terroranschlägen schützen will. Wir wollten auch verhindern, daß die DDR als Hinterland für Terroranschläge in anderen Staaten genutzt wurde, und daß sich hierzulande ähnliche Gruppierungen bildeten, die sich mit den auswärtigen verbündeten. Bei dieser Aufklärungsarbeit war deutlich geworden, daß die RAF und die »Bewegung 2. Juni« die DDR in Ruhe ließen, für sie waren wir anfänglich politisch uninteressant. Anders die KPD/ML oder die »Gruppe Internationale Marxisten«, die subversiv gegen uns tätig waren. Die Sektion DDR der KPD/ML entwickelte in den 70er und 80er Jahren eine ungewöhnliche Militanz und konspirative Energie gegen die DDR und deren Führung. Dagegen gingen wir in und außerhalb unseres Landes vor. Erfolgreich.

In einem Interview mit dem Neuen Deutschland *am 23./24. Juni 1990 antworteten Sie auf die Frage, ob es »konspirative Wohnungen, Waffenlager, irgendwelche Strukturen der RAF in der DDR gab«: »Nach unserer Kenntnis nicht. Aber es gab immer wieder Versuche, Fuß zu fassen. Uns beunruhigte natürlich die Entwicklung in der*

Das »Objekt 74« in Briesen, das ehemalige Forsthaus an der Spree, in der die Aussteiger zunächst untergebracht wurden, ehe sie mit neuer Identität in verschiedene Gegenden der DDR gingen

BRD. RAF schon der Name – ›Rote Armee Fraktion‹. Alle Aktivitä-
ten, die Verbrechen, die begangen wurden, widersprachen doch unse-
rer politischen Auffassungen.«

Ja, und? Was wollen Sie damit sagen?

Daß es trotz der deutlichen Distanzierung, die ja wohl nicht nur Ihre
private Meinung war, dennoch Kontakte gab. Daß also das MfS,
konkret: der von Ihnen geführte Bereich, aus der passiven Rolle des
Beobachters gelegentlich in eine aktive Rolle wechselte.

Wir sahen im Kontakt eine Möglichkeit, diese Leute von ihrer
irrigen Ideologie abzubringen. Schon im Interesse der Sicherheit der
DDR. Es haben sich ja auch zehn Aktivisten von der RAF gelöst.
Und wir hofften darauf, daß dieses Beispiel Schule machte. Es gab
bei uns allerdings einige, die meinten, wir sollten solche Leute besser inhaftieren oder abschieben. Letzteres schied aber auch deshalb
aus, weil es kein Rechtshilfeabkommen zwischen der BRD und der
DDR gab. Bonn weigerte sich aus politischen Gründen bis zum
Ende der DDR, ein solches mit uns abzuschließen.

Insofern war die DDR fein raus. Die Antwort auf die Frage, ob die
Aussteiger oder andere RAF-Mitglieder, die in die DDR kamen oder
diese passierten, auf Anfrage an die Bundesrepublik ausgeliefert wor-
den wären, ist also nur hypothetischer Natur.

Wir hätten und haben nicht ausgeliefert. Das ist erst im Juni
1990 unter der letzten DDR-Regierung de Maizière geschehen. Wir
vom MfS haben unser gegebenes Wort gehalten.

Aus Prinzip?

Aus Prinzip, per Verfassungsauftrag und mit Kalkül. Ich denke,
daß sich eine Menge Haßpotential dann auch gegen die DDR
gekehrt hätte, wären wir wortbrüchig geworden. Die aktiven RAF-
Mitglieder hätten dann gewiß nicht mehr zwischen uns und der
BRD unterschieden, was sie immer taten.

Aber ihre Auslieferung stand wirklich nie zur Disposition: Die
RAF-Aussteiger hatten 1980 die DDR-Staatsbürgerschaft erhalten.
Und im Art. 33, Abs. 2 unserer Verfassung hieß es klar: »Kein Bür-
ger der Deutschen Demokratischen Republik darf einer auswärti-
gen Macht ausgeliefert werden.« Die Bundesrepublik war für uns
Ausland.

*Die Übergabe der verhafteten Aussteiger an die Bundesrepublik im
Juni 1990 war somit ein Verfassungsbruch, denn die DDR-Verfassung galt bis zum 2. Oktober?*

Er war nicht der einzige in jenem letzten Jahr der DDR.

*Sie haben von Anfang an bestritten, dokumentiert auch in Interviews,
die Sie im Juni 1990 gaben, daß es »Geschäftsbeziehungen« zwischen
dem MfS und der RAF gegeben hätte.*

Richtig. Die hat es nie gegeben. Wir haben die RAF nicht
gesteuert, ihren aktiven Mitgliedern weder Aufträge erteilt noch
irgendwelche Vorhaben mit ihnen abgesprochen. Und über ihre
Pläne haben sie uns auch nie informiert. Wir gaben den Aussteigern
die Möglichkeit, ohne Strafverfolgung sich vom Terrorismus loszu-
sagen und ein normales Leben als DDR-Bürger zu führen.

Auf diese Weise schützten wir die DDR und bekundeten antiimperialistische Solidarität.

Solidarität mit Mördern und Attentätern?

Das ist sicher eine schwierige ethisch-moralische Frage, ich
bestreite es nicht. Aber kennt der christliche Glaube nicht auch die
Vergebung?

Ja, in Verbindung mit Buße.

Die betreffenden Personen waren weder in der DDR noch gegen
uns straffällig geworden: Weshalb sollten wir sie büßen lassen? Nein,

Das »Objekt 74« aus einer anderen Perspektive

46

jetzt mal ohne Anleihe bei der Religion. Wir wollten diesen Kreislauf durchbrechen: Untergrund, Anschlag, Haft, Freipressung, Untergrund … Dieser zwangsläufige Automatismus, den wir seit Jahren in der Bundesrepublik beobachteten, sollte unterbunden werden. Unser Ziel war: heraus aus dem Untergrund und ruhigstellen. Das haben wir auch geschafft. Die Geschichte gab uns recht. Im übrigen sollten wir auch bei dieser Diskussion uns weniger von Emotionen oder abstrakten, idealisierten Vorstellungen leiten lassen. Politik folgt pragmatischen Prinzipien, das wußte schon Bismarck: Politik ist die Kunst des Möglichen. Wir hatten mit den Gegebenheiten umzugehen, nicht mit Fiktionen.

Und womit bezahlte die RAF Ihr Wohlverhalten?
Sie bezahlte uns nicht. Wir erwarteten von den Aussteigern, daß sie sich von ihrer Organisation lösten, keinerlei Verbindung aufbauten und sich als DDR-Bürger ruhig und loyal verhielten.

Und: Haben sie sich daran gehalten?
Ausnahmslos.

Woher wollen Sie das wissen?
Sie wurden von uns betreut.

Halten wir fest: Die Verabredung lautete: Tut ihr uns nichts, lassen auch wir euch in Ruhe. Und Berlin hat nicht ausgeliefert, weil es erstens wegen eines fehlenden Rechtshilfeabkommens mit Bonn keine entsprechende Anfrage gab und weil zweitens ein solches Auslieferungsansinnen ohnehin nicht wegen der DDR-Verfassung hätte bedient werden können. Allerdings wäre die DDR strafverfolgend aktiv geworden, wenn die Aussteiger oder die Durchreisenden gegen die Gesetze der DDR verstoßen hätten.
Davon können Sie ausgehen.

Aber verstieß nicht auch der Waffenbesitz gegen geltendes Recht? Bei einigen Transitpassagieren wurden Waffen und Sprengstoff festgestellt.
Sie sagten richtig: im Transit. Wir verhielten uns nicht als Kumpan oder Handlanger des Imperialismus, sondern agierten vorsichtig. Vom Prinzip her haben wir Waffen und gefährliche Dinge bei der Einreise abgenommen und sichergestellt. Allerdings hatten wir

auch den Diplomaten-Status zu beachten, bei diesen Personen konnten wir keine Kontrolle ohne dringenden und hinreichenden Verdacht vornehmen.

Das lag auf der Linie, die Sie damals in Prag skizzierten. In bezug auf die RAF-Leute sagten Sie: Ihr Fanatismus und der Hang, sich als Märtyrer zu stilisieren, lassen »es uns als zweckmäßig erscheinen, die Aktivitäten, Pläne, Absichten, Bewegungen usw. genauestens zu verfolgen, um jederzeit auf mögliche Gewalthandlungen seitens dieser Kräfte eingestellt zu sein«. Sie trauten ihnen also nicht, ließen aber zugleich manches durchgehen.

Wir wollten sie nicht provozieren. Und wir trauten ihnen nicht blind. Das im übrigen auch noch aus einem anderen als dem bereits genannten Grunde. Uns war bekannt, daß besonders linke Gruppen von imperialistischen Geheimdiensten bevorzugt unterwandert wurden. Wußten wir wirklich genau, wem wir Zuflucht und Obdach gewährten? Und wer unser Land passierte? Andreas von Bülow, von 1976 bis 1980 Staatssekretär im Bundesverteidigungsministerium und danach, bis 1982, Bundesminister für Forschung und Technologie, berichtete in seinem 2000 erschienenen Buch »Im Namen des Staates«, daß die westdeutschen Terroristen, die damals regelmäßig über Berlin reisten, nicht nur von der Staatssicherheit überwacht, sondern »zum Teil auch von V-Männern des Verfassungsschutzes oder des Bundeskriminalamtes, möglicherweise auch des BND, begleitet« wurden. Wir ahnten das und blieben darum wachsam. In jedem einzelnen Falle und solange wir für die Sicherheit der DDR verantwortlich waren. Wir handelten nach dem bewährten Prinzip: Vertrauen ist gut – Kontrolle ist besser.[1]

Im November 1987, Sie erwähnten es bereits, trafen sich die Terrorabwehrspezialisten des Ostblocks in Varna, oder wie es im amtlichen Sprachgebrauch hieß: die für die Terrorabwehr zuständigen stellvertretenden Minister der Sicherheitsorgane der sozialistischen Länder. Dort führten Sie aus: »Seit über einem Jahrzehnt beobachten wir aufmerksam die Entwicklung ›linker‹ terroristischer Potentiale im Operationsgebiet, die führende Vertreter und Objekte der imperialistischen Staaten angreifen und glauben, so den Imperialismus beseitigen oder verwunden zu können.«

Was ein Irrtum und ein falscher politischer Ansatz war und ist.

Ja, das sagten Sie damals auch. Zugleich erklärten Sie, daß einzelne dieser Kräfte »die sozialistischen Länder als natürliche Verbündete im Kampf gegen den Imperialismus« betrachteten. Indirekt auf die RAF-Aussteiger eingehend (»Bestimmte Kräfte versuchen, die sozialistischen Länder [...] als Basis und Ruheraum zu nutzen«) warnten Sie aber auch: »Damit könnten objektiv Anlässe zum Abbruch der Dialogpolitik geschaffen werden.«

Das war unsere Sorge, stimmt, zumal in diesen Kreisen auch ein gewisses Unverständnis herrschte in bezug auf unsere Dialogpolitik. ›Wie könnt ihr euch mit diesen Imperialisten einlassen?‹, lautete der Vorwurf. Daraus entwickelte sich eine ablehnende Haltung gegenüber der DDR.

Mit dem Wissen von heute könnte man sagen, daß diese kritische Einschätzung der DDR-Politik unter Erich Honecker vielleicht zutreffender war als die Ihre. Natürlich mußte miteinander gesprochen werden: So lange man verhandelte, wurde nicht geschossen. Aber wenn man dabei bestimmte Prinzipien aufgab, entwaffnete man sich selbst. Der »Wandel durch Annäherung« war im Gange

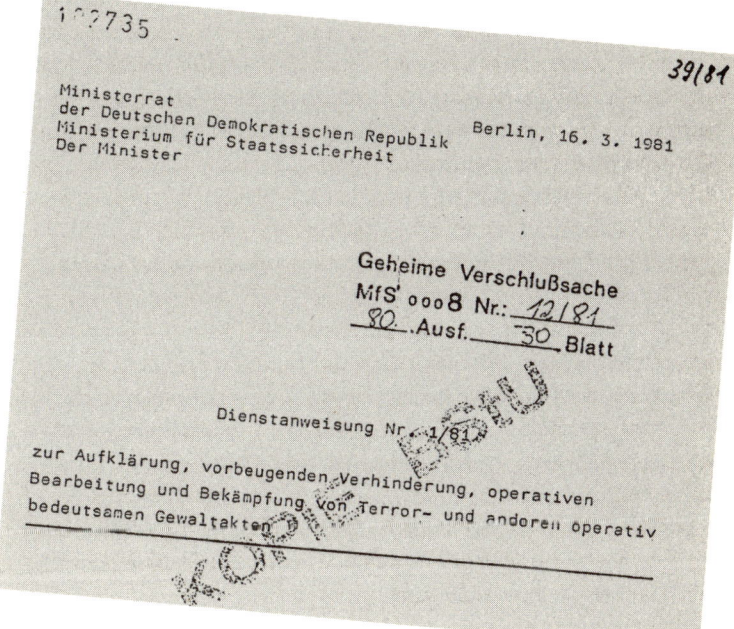

und führte mit zu jener gesellschaftlichen Erosion mit den bekann-
ten Folgen.

Mit dem Wissen von heute haben Sie recht.

Unter Ihrer Federführung entstand die Dienstanweisung zur »Auf-
klärung, vorbeugenden Verhinderung, operativen Bearbeitung und
Bekämpfung von Terror und anderen bedeutsamen Gewaltakten«,
die der Minister am 16. März 1981 unter der Nr. 1/81 erließ.
Es folgten einige Durchführungsbestimmungen, die andere Dienst-
einheiten in die Terrorabwehr einbanden. Dieses Papier war ein
Schlüsseldokument.

So kann man es nennen. Es führte alle Kräfte der Terrorabwehr
zusammen, die Bündelung fand mit der Bildung der HA XXII ihren
Abschluß. Das war das strukturelle Problem. Weitaus wichtiger war
die Tatsache, daß die Terrorabwehr dadurch endlich jene Aufmerksamkeit und Unterstützung erhielt, die sie benötigte.

Ich denke, daß wir in der Analyse der Entwicklung des internationalen Terrorismus ziemlich gut waren. Wir haben beizeiten
die richtigen Schlußfolgerungen gezogen und leiteten erfolgreiche
Abwehrmaßnahmen ein. Es tut mir leid, daß ich nun ausgerechnet den US-Präsidenten als Zeugen aufrufen muß, und das auch
noch im Zusammenhang mit dem 11. September 2001. Lassen
wir aber einmal die propagandistische Inszenierung vom »Krieg
gegen den Terror« und die damit verbundene eigentliche Absicht
der US-Administration beiseite und richten wir unser ausschließ-
liches Augenmerk auf die Tatsache, daß Bush 2002 angesichts der
Geheimdienstpannen sich genötigt sah, ein »Ministerium für Hei-
matschutz« zu bilden. Vom Wesen her war das nichts anderes als
der Versuch einer Konzentration der Terrorabwehr. Am 6. Juni
2002 erklärte Bush vor dem US-Kongreß: »Das Ministerium für
innere Sicherheit wird mit vier Hauptaufgaben betraut. Dieses
neue Amt wird unsere Grenzen kontrollieren und verhindern, daß
Terroristen und Sprengstoff in unser Land gelangen. Es wird mit
bundesstaatlichen und kommunalen Behörden zusammenarbei-
ten, um schnell und effektiv auf Notfälle zu reagieren. Es wird
unsere besten Wissenschaftler zur Entwicklung von Technologien
zusammenführen, die biologische, chemische und atomare Waffen aufspüren sowie die Medikamente und Behandlungsmetho-
den ausmachen, die unsere Bürger am besten schützen. Und die-

ses neue Ministerium wird Informationen der Nachrichtendienste und Strafverfolgungsbehörden aus allen Regierungsämtern prüfen und täglich ein einziges Bild der Bedrohungen unserer inneren Sicherheit erstellen.«

Das MfS hat nichts anderes getan, und das schon zwanzig Jahre früher. Wir haben Erfahrungen im Umgang mit und bei der

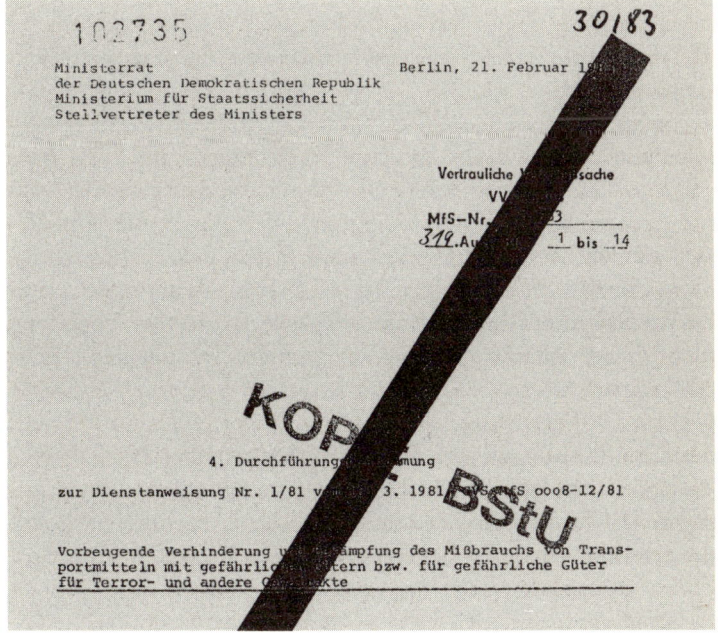

Gerhard Neiber erließ als Stellvertretender Minister eine Reihe Durchführungsbestimmungen zur Dienstanweisung Nr 1/81, so auch diese vom 21. Februar 1983 »Vorbeugende Verhinderung und Bekämpfung des Mißbrauchs von Transportmitteln mit gefährlichen Gütern bzw. für gefährliche Güter für Terror- und andere Gewaltakte«. Einen Anschlag mit Flugzeugen wie am 11. September 2001 in New York auf die Twin Towers hätte es in der DDR Dank Neibers Weitsicht nicht geben können

Zurückdrängung und Bekämpfung des internationalen Terrorismus gesammelt. Wir haben Erkenntnisse über Gruppierungen und Personen ausgewertet, die auch nach 1990 relevant waren. Aber wie alle DDR-Erfahrungen wurden auch diese nicht zur Kenntnis genommen. Wobei ich dabei keineswegs ignoriere, daß unser Herangehen an das Problem natürlich prinzipiell unter anderen politischen und ideologischen Prämissen erfolgte. Insofern gab es natürlich schon wesentliche Unterschiede.

Welche unmittelbaren Konsequenzen hatte die erwähnte Dienstanweisung 1/81?

Neben anderen jene, daß die Zuständigkeit für die politisch-operative und die militärisch-operative Terrorbekämpfung klarer geregelt, die Federführung bestimmt und auch in den Bezirksverwaltungen Arbeitsgruppen XXII mit anfänglich bis zu vier Mitarbeitern gebildet wurden. Sie waren als operative Spezialisten für die Terrorabwehr auf Bezirksebene beratend und auch mit eigenen operativen Vorgängen tätig. Einige erreichten später eine Stärke von mehr als vier Mitarbeitern. Und es entstanden zum Teil auch nichtstrukturelle Arbeitsgruppen, das heißt ein Teil der Mitarbeiter gehörte zu anderen Diensteinheiten und wurde nur nach Bedarf und operativer Lage in der Arbeitsgruppe tätig.

Und wir bildeten Personal aus, das etwa Geiselbefreiungen trainierte. Bekanntlich mehrten sich im Ausland die Anzeichen, daß diese Art der politischen Erpressung zunahm.

Geiselnahmen in der DDR?

Anfang der 80er Jahre gab es beispielsweise einen Ausbruch aus einer U-Haftanstalt des MdI in Frankfurt/Oder. Mehrere Inhaftierte überwältigten die Schließer, brachen die Waffenkammer auf, nahmen einige Personen als Geisel und verschanzten sich in einem Hochhaus. Sie wurden von eben jenen speziellen Kräften der militärisch-operativen Terrorabwehr überwältigt.

Sie würden darum sagen, daß die 1995 in einer Publikation der BStU verbreitete Behauptung, es habe für die DDR keine Gefahr des Überschwappens des westlichen Terrorismus gegeben, falsch sei? Die BStU hatte damals erklärt, diese Erklärung sei dem paranoiden Sicherheitsdenken des MfS entsprungen, was einen überzogenen

52

personellen und materiellen Aufwand zur Folge gehabt hätte. Es sei zwar »auch innerhalb der DDR bisweilen zu politisch motivierter Gewalt« gekommen, doch das sei nicht vergleichbar gewesen »mit der terroristischen Bedrohung, der sich die westliche Welt zu erwehren hatte«.

Ich lasse mal die Frage nach den Ursachen der »terroristischen Bedrohung« der westlichen Welt beiseite, denn diese wurzeln bekanntlich auch in deren Umgang mit der restlichen Welt, und egal, ob dem MfS in der Terrorabwehr »paranoides Sicherheitsdenken« und »übersteigerter personeller und materieller Aufwand« unterstellt wird – wir können für uns in Anspruch nehmen, daß die Terrorabwehr der DDR erfolgreich war. Es gab jährlich in der DDR beispielsweise etwa 400 bis 500 mündliche und schriftliche Androhungen von Gewaltakten. Sie wurden federführend von der Abteilung XXII bearbeitet.

Terrorismus beschäftigte aber nicht nur das MfS und die DDR. Wir tauschten, da es auch ein Bündnisproblem war, im Rahmen des »Systems der vereinigten Erfassung von Daten über den Gegner« (SOUD) mit den Sicherheitsorganen sozialistischer Staaten Informationen über Mitglieder von Terrororganisationen und einzelne Terroristen aus, über Geiselnehmer, Flugzeug- und Schiffsentführer und Diversanten sowie über Personen, die in Verdacht standen, in Verbindung mit Terrororganisationen zu stehen oder diese zu unterstützen. In dieser Personenkategorie PK 3 standen Ende 1989 rund 2.730 Namen.

Welche zum Beispiel?

Aus der Bundesrepublik waren dort gespeichert: Aktionsfront Nationaler Sozialisten/FAP (87 Personen), Baader-Meinhof-Gruppe (9 Personen), Bewegung 2. Juni (24 Personen), Kampfgruppe gegen Unmenschlichkeit (53 Personen), NPD (93 Personen), Revolutionäre Zellen (38 Personen), RAF (141 Personen), Wehrsportgruppe Hoffmann (133 Personen), Wiking-Jugend (97 Personen) sowie 503 Einzelterroristen. Aus anderen Ländern waren erfaßt: Abu-Nidal-Organisation, Action Directe, algerische und tunesische Tätergruppen, Brigate Rosse, Carlos Gruppe, ETA, »Graue Wolfe«, IRA, jugoslawische Gruppen, kubanische Gruppen, libysche Terrorgruppen, LTTE Sri Lanka, Moslem-Bruderschaft, PLO, Schwarzer September, Rote Armee Japan.

Sie hatten also die wichtigsten international operierenden Terroristen
im Blick. Und trotzdem knallte es beispielsweise in Westberlin. 1983
gab es dort den Anschlag auf das Kulturzentrum Maison de France,
1986 in der Diskothek La Belle ...

Es trifft zu: Trotz unserer kollektiven Bemühungen wurden
einige Unternehmen von uns nicht rechtzeitig erkannt – ohne
damit zu bewerten, ob wir überhaupt die Möglichkeit gehabt hätten, diese Anschläge zu verhindern. »Im Blick zu haben« heißt
doch nicht, auch die Pläne der Terroristen zu kennen. Das wurde
uns später aber unterstellt und damit mehr als nur eine vermeintliche Billigung dieser Anschläge, die grundsätzlich als gegeben vorausgesetzt wurde. Der *Spiegel* zitierte einen namenlosen Fahnder
(des BKA, des Staatsschutzes, des Verfassungsschutzes?) in seiner
Ausgabe vom 1. April 1991, um die gewünschte Schlagzeile zu
kriegen: »Denen trauen wir jetzt alles zu«.

Das MfS hat nirgendwo auf der Welt Terroranschläge unterstützt, schon gar nicht vor unserer Haustür. Halten Sie uns wirklich
für so dämlich?

Ich meine nur, daß auch die Terrorabwehr des MfS einige handwerk-
liche Schnitzer machte, die ihr später auf die Füße fielen:
Im Mai 1982 reiste der observierte Terrorist Johannes Weinrich mit
25 Kilo Sprengstoff in Berlin-Schönefeld ein. Weinrich rechnete zu
den »Revolutionären Zellen« und stand mit der »Carlos«-Gruppie-
rung in Verbindung. »Carlos« war vom MfS indiziert, seit August
1980 wurde ihm die Einreise in die DDR verweigert. Die DDR
befürchtete, er und seine Leute könnten das Land zur Basis für Ter-
roranschläge im Westen machen, was unbedingt verhindert werden
sollte. Da hätten bei Weinrichs Festnahme und der Feststellung eines
halben Zentners Sprengstoff in seinem Gepäck doch die Alarmglocken
läuten müssen?

Taten sie ja auch. Der Sprengstoff wurde im Mai 1982 beschlag-
nahmt.

Aber nach etwa 15 Monaten, im August 1983, wieder ausgehändigt.

Weinrich forderte die Herausgabe, weil er angeblich den Sprengstoff nach Syrien zurückbringen mußte. Diesem Drängen hätte
nicht nachgegeben werden dürfen, ganz gleich, welche Begründung
Weinrich vorgebracht hätte. Das stimmt.

Hatten Sie davon Kenntnis?

Nein, ich war nicht im Dienst und befand mich im Auslandsurlaub. Ich wurde im Nachgang informiert.

Kam nicht schon damals die Befürchtung auf, man könne dem MfS unterstellen, die Finger mit im Spiel gehabt zu haben?

Nein. Eigentlich hatten wir darauf vertraut, daß sowohl Weinrich als auch die syrische Botschaft sich daran hielten, keine terroristischen Aktivitäten vom Territorium der DDR aus zu unternehmen. Wir wurden also hintergangen. Aber die Unterstellung, wir hätten die Finger im Spiel gehabt, kam erst nach dem Ende der DDR auf. Damals keineswegs. Unsere Zielsetzung im Operativen Vorgang »Separat« – der betraf »Carlos« und seine Leute – bestand darin, keine terroristischen Handlungen in der DDR und vom Territorium der DDR aus zuzulassen. »Carlos« sollte also daran gehindert werden, bei uns und von hier aus aktiv zu werden. Das war recht schwierig. Die DDR unterhielt seinerzeit gute Beziehungen zu Syrien, und da die »Carlos«-Leute immer mit offiziellen syrischen Diplomatenpässen reisten, verhielten wir von der Terrorabwehr uns ihnen gegenüber zurückhaltend, wie eben zu Diplomaten, um nicht die Beziehungen DDR-Syrien zu belasten. Wir wiesen, wenn diese Personen in Berlin abstiegen, ihnen Hotelzimmer zu. Bedingung war, daß sie sich unauffällig verhielten und keinerlei Aktivitäten gegen die DDR und andere Staaten unternahmen. Wir haben sie natürlich abgeschöpft, um Informationen über den internationalen Terrorismus zu gewinnen. Gleichzeitig versuchten wir, durch operative Maßnahmen und mit Hilfe der PLO (*Palestine Liberation Organisation*) Handlungsspielraum und -fähigkeit der Gruppe ständig zu reduzieren. Es gelang, sie weitgehend zu isolieren, die Gruppe aus der DDR und mit Hilfe des ungarischen Bruderorgans auch aus Zentraleuropa herauszudrängen.

Bleiben wir bei Weinrich: Was geschah, nachdem er sein Paket wieder bekommen hatte?

Er trug verabredungsgemäß den Sprengstoff – von uns kontrolliert – zur syrischen Botschaft und gab ihn dort ab. Damit hielten wir die Sache für erledigt.

Am 25. August ging am Ku'damm im *Maison de France* die Bombe hoch. Es gab einen Toten und 23 Verletzte. Dafür wurde

Weinrich im Januar 2000 zu lebenslänglicher Haft verurteilt. In dieser Sache wurde am 11. April 1994 Helmut V., ein Mitarbeiter der HA XXII, vom Landgericht Berlin wegen Beihilfe zu einer Sprengstoffexplosion und zum Mord zu einer Freiheitsstrafe von vier Jahren verurteilt. Er sollte dafür verantwortlich gewesen sein, daß Weinrich den Sprengstoff wieder erhalten hatte. Allerdings konnte im Verfahren nicht geklärt werden, ob er es in eigener Verantwortung tat oder auf Weisung bzw. mit Zustimmung höherer Vorgesetzter handelte.

In diesem Verfahren wie auch in jenem gegen Weinrich im Jahre 2000 konnte im übrigen nicht einmal zweifelsfrei geklärt werden, ob der an Weinrich ausgehändigte und von ihm in der syrischen Botschaft abgegebene Sprengstoff für den Anschlag verwandt worden war. Tatortuntersuchung und Spurenauswertung erbrachten keine eindeutigen Erkenntnisse. Ungeklärt blieben die Fragen, woher der Sprengstoff eigentlich stammte, und wenn es der aus der syrischen Botschaft gewesen sein wollte, wer in und auf welchem Wege nach Westberlin gebracht hatte?

Noch einmal: Obgleich kein unmittelbarer Zusammenhang zwischen der Rückgabe des Sprengstoffs an Weinrich und dem im *Maison de France* detonierten bewiesen werden konnte, befand man den angeklagten MfS-Mitarbeiter dennoch für schuldig.

Der 3. Sekretär der syrischen Botschaft hingegen, der nach eigenen Angaben den Sprengstoff Weinrich übergeben haben wollte und, was anzunehmen ist, auch über dessen Verwendung informiert war, erhielt wegen Beihilfe zwei Jahre Haft auf Bewährung.

Helmut V. war Zeuge im 2000er Verfahren gegen Weinrich. Er sagte dort unter anderem aus, daß das Ministerium des Innern der DDR 1990 dem Bundesinnenministerium 15 bis 20 Bände des OV »Separat« übergeben habe. Die Staatsanwaltschaft verfügte in seinem und in dem Weinrich-Verfahren aber lediglich über ganze vier Ordner. Das hieß: Im Bermuda-Dreieck von Bundesinnenministerium, BKA und Verfassungsschutz, wo überall unsere OV-Akten gesichtet worden waren, ist deren größter Teil zu Beginn der 90er Jahre offenkundig »verschwunden«. Doch niemand bei Gericht fragte nach. Weinrichs Verteidiger blieb es vorbehalten zu erklären, daß das vorgelegte MfS-Material aus dem OV »Separat« nicht auf rechtsstaatlichem Wege zustande gekommen sei, weshalb es nicht als Beweismittel zugelassen werden könnte.

Wenn es beispielsweise gegen ehemalige Mitarbeiter des MfS ging, galten solche Papiere durchaus als Beweismittel. Aber der Hinweis auf die vermutlich verschwundenen Akten ist nicht uninteressant. Er korrespondiert mit dem immer wieder von verschiedener Seite geäußerten Verdacht, daß an vielen Terroranschlägen Geheimdienste beteiligt gewesen seien.

Westliche Geheimdienste.

Westliche Geheimdienste, natürlich. Andreas von Bülow erwähnten Sie bereits. 1992 äußerten Gerhard Wisnewski, Wolfgang Landgraeber und Ekkehard Sieker in ihrem Buch »Das RAF-Phantom« sogar den Verdacht, daß die Terroranschläge seit 1984, für die die RAF verantwortlich gemacht wurde, vielleicht nicht einmal von dieser verübt worden sind. Ohne selbst eine entsprechende Analogie herzustellen, drängte sich aber diese geradezu auf. Wisnewski dazu in einem Interview mit der Berliner Zeitung *am 19./20. Dezember 1992: »Bei jedem Anschlag gibt es einen Riesenskandal. Als Täter wird sehr schnell die RAF benannt. Eine große Sonderkommission sammelt Hinweise. Aber bald heißt es dann, die Hinweise hätten nichts ergeben. Die Kommission wird aufgelöst. Meist gibt es ein Jahr nach dem Attentat eine Erklärung der Bundesanwaltschaft: keine neuen Spuren im Fall.«*

Es handelte sich zweifellos immer um das gleiche Muster. Wenn nach 1990 irgendetwas angeblich Kriminelles oder Unsauberes aus der DDR »entdeckt« wurde, hieß es sofort »Stasi«. Das begann mit den Skeletten bei Leipzig, die sich später als Tote der Völkerschlacht von 1813 herausstellten, und endete nicht mit den »Killerkommandos«. Erinnert sich noch einer an den 53jährigen Klempner Jürgen G., der in Rheinsberg im September 2003 mit großem Propaganda-Getöse verhaftet worden war, weil er – so Generalbundesanwalt Kay Nehm – als »Angehöriger eines im Staatsapparat der ehemaligen DDR angesiedelten Kommandos« zwischen 1976 und 1987 angeblich 22 Personen im Auftrag erschossen haben sollte? »Er ist der Stasi-Killer«, schlagzeilte es in der *Bild*.

Es lief auch hier wie beim »RAF-Phantom«: heiße Luft und anschließend ein laues Dementi. Kein Wort des Bedauerns, der Entschuldigung gar gegenüber jenen, die fälschlich angeprangert worden waren.

Dementi? Ich kann mich an keine Erklärung des Generalbundesan-
walts oder einer Zeitung erinnern des Inhalts: Wir haben uns geirrt,
die Verdacht erwies sich als falsch.

Wir haben es also beim Umgang mit Terroristen …

Im September 2007 wurden drei junge Männer im Sauerland
verhaftet. »Deutschen Ermittlern ist ein Schlag gegen den islamistischen Terror gelungen«, hieß es in den Medien, »Das Al-Quaida-
Netzwerk ist in Deutschland angekommen«. BKA und Bundesanwaltschaft werteten den Vorgang gar als einen der größten Fahn-
dungserfolge in der Geschichte der Bundesrepublik. Generalbun-
desanwältin Monika Harms erklärte auf einer Pressekonferenz: »Die
Beschuldigten sind verdächtig, Mitglieder der terroristischen *Islamischen Jihad Union* im Ausland und zugleich einer deutschen Zelle
dieser Gruppierung zu sein.«

Journalisten recherchierten und fanden heraus, daß diese angeblich von Usbekistan operierende *Islamischen Jihad Union* offenbar
nur im Internet und in den Vorstellungen einiger Ermittler existierte. Craig Murray, einst britischer Botschafter in Usbekistan,
erklärte gegenüber dem ARD-Magazin *Monitor* am 4. Oktober
2007: »Es gibt keinen wirklichen Beweis dafür, daß die *Islamische
Jihad Union* existiert. Zum ersten Mal haben wir den Namen
gehört, als die usbekische Regierung sie für Bombenanschläge in
Taschkent verantwortlich machte. Ich war da, ich habe die Beweise
selbst gesehen. Minuten nach der angeblichen Explosion. Und da
waren keine Bomben. Das waren meiner Meinung nach Erschie-
ßungen von Dissidenten. Insofern ist die *Islamische Jihad Union* das
erste Mal als Propaganda aufgetaucht. Es war die Rede von Bomben, die es nicht gab.« Und weiter sagte er: »Ich persönlich glaube,
daß die *Islamische Jihad Union* höchstwahrscheinlich von den usbe-
kischen Geheimdiensten erschaffen wurde. Entweder dadurch, daß
sie Anschläge wie in Taschkent selbst inszeniert haben oder indem
agents provocateur naive Menschen dazu verleitet haben, Terroranschläge zu verüben.«

Zwei der drei vermeintlichen Al-Quaida-Terroristen unter der
Flagge der *Islamischen Jihad Union* wurden schon bald aus der
Untersuchungshaft entlassen. Doch ein Sprecher des Bundesinnen-
ministeriums behauptete am 5. Oktober trotzig: Die Bundessicher-
heitsbehörden hätten »gesicherte Erkenntnisse darüber, daß diese
Organisation real besteht«. Mal sehen, wie das endet.

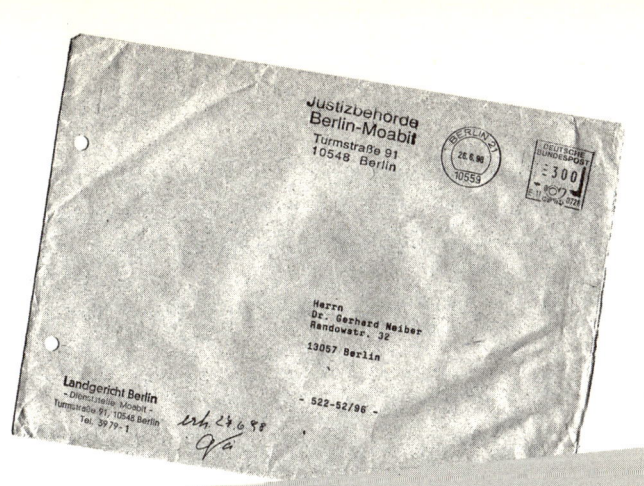

LANDGERICHT BERLIN

Beschluß

Geschäftsnummer: 522-52/96
in 522-21/95

In der Strafsache gegen Dr. Neiber u.a., hier nur

1. Dr. Gerhard N e i b e r ,
   geboren am 20. April 1929 in Neutitschein/CSSR,
   wohnhaft: straße 32,   Berlin,

   Verteidiger: Rechtsanwalt Jürgen Strahl,
                            Straße 64,   Barth,

2. Dr. Horst F r a n z ,
   geboren am 21. September 1933 in Braschen/Polen,
   wohnhaft: Straße 1,   Eichwalde,

   Verteidigerin: Rechtsanwältin Dr. Friederike Schulenburg,
                            straße 2,   Berlin,

w e g e n   Strafvereitelung

wird die Eröffnung des Hauptverfahrens aus tatsächlichen und rechtlichen Gründen gemäß
§ 204 StPO abgelehnt.

Die Landeskasse Berlin trägt die notwendigen Auslagen der Angeschuldigten.

Das juristische Finale, 18. Juni 1998

Noch mal: Wir haben es beim Umgang mit vermeintlichen Terroristen und ehemaligen Mitarbeitern des MfS offenbar mit analogen Reflexen und Behandlungsszenarien zu tun. Es galt und gilt einer Erwartungshaltung der Öffentlichkeit zu entsprechen, diese zu bedienen. Eben im Sinne eines gewissen Populismus: Ihr verlangt die Täter – wir haben sie! Allerdings: Diese Erwartungshaltung hat man erst selbst und mit Hilfe der Medien erzeugt. Man lese Bölls Erzählung »Die verlorene Ehre der Katharina Blum« aus den frühen 70er Jahren oder sehe sich Faßbinders Verfilmung an, wie eine »Volksmeinung« hergestellt wird. Die öffentliche Meinung ist nichts anderes als die veröffentlichte Meinung.

Das trifft zu. Allerdings stellt sich natürlich auch die Frage, *warum* bestimmte Bilder und Vorurteile erzeugt werden. Das Problem hat ja nicht nur eine medientechnische, massenpsychologische Seite, sondern eine politische. Das war und ist doch die wesentliche Seite.

Die »wehrhafte Demokratie« bekämpfte die RAF nicht nur wegen ihrer Verbrechen und Gesetzbrüche, die, das will ich deutlich sagen, auch in der DDR in aller Schärfe verfolgt worden wären, wenn sie sich hier zugetragen hätten. Der flächendeckende Feldzug in der Bundesrepublik gegen Mitglieder, Unterstützer und vor allem Sympathisanten diente insbesondere der Einschüchterung und dem legalen Ausbau des Polizeistaates. Es war eine Kampfansage an alle, die das politische System, die kapitalistische Ausbeuter- und Unterdrückungsordnung grundsätzlich infrage stellten. Die Mitglieder der RAF taten das radikal, und sie taten es mit unzulässigen Mitteln, die nicht die unseren waren. Darin bestand der Hauptschaden, den sie anrichteten: Sie trafen die Idee, für die sie doch angeblich kämpften.

Ich habe das auch noch einmal in Varna im November 1987 auf der multilateralen Beratung der Bruderorgane gesagt: »Wir lehnen den Terrorismus als Mittel zur Herbeiführung revolutionärer Veränderung, zur Lösung von Problemen jeglicher Art ab. Wir stehen voll und ganz hinter dem Bestreben unserer Staatengemeinschaft, Terrorismus mit den Wurzeln auszutilgen und den Kampf gegen den Terrorismus zum Bestandteil eines allumfassenden internationalen Sicherheitssystems werden zu lassen. Dem Terrorismus entschieden entgegenzutreten gehört für die Deutsche Demokratische Republik zum Kampf für Frieden und Menschenrechte, für das

Generalleutnant Gerhard Neiber

Recht aller Völker, sich frei und unabhängig zu entwickeln. Vor allem staatsterroristische Aktivitäten betrachten wir als Schlag gegen Grundpfeiler der internationalen Stabilität und gegen die Menschenrechte.

Wir gehen weiterhin davon aus, daß die Lage auf dem Gebiet des Terrorismus ernst ist. Sie ist gekennzeichnet durch brutale terroristische Anschläge mit hohen Personen- und Sachschäden sowie politischen Auswirkungen in fast allen Regionen der Erde. Es ist nicht übertrieben festzustellen, daß der Terrorismus im nuklearen Zeitalter geeignet ist, die Fackel zu sein, die unser gemeinsames Haus in Brand stecken könnte, wenn ihm nicht entschieden begegnet wird.«

Was sagen Sie jenen, die diese Feststellung nur für Propaganda halten?
Das habe ich auf einer internen Konferenz vor leitenden Mitarbeitern der Terrorabwehr der Bruderorgane erklärt. Davon ist kein Wort nach draußen gedrungen. Worin sollte also der propagandistische Wert meiner Ausführungen bestanden haben? Nein, diese Einschätzung entsprach der Haltung des MfS. Es war die Staatsdoktrin der DDR. Wort und Tat stimmten völlig überein.

Im März 1991 waren Sie unter der Anschuldigung verhaftet wor-
den, Beihilfe zum Mord und der Herbeiführung einer Sprengstoff-
explosion geleistet zu haben. Der Aufhebung des Haftbefehls im
August 1991 folgte drei Jahre später die Einstellung des Ermitt-
lungsverfahrens. Die Bundesanwaltschaft mußte zugeben, über
keine Beweise zu verfügen.
Zwischendurch, im Mai 1993, waren Sie jedoch erneut verhaftet
worden. Diesmal beschuldigte Sie die Staatsanwaltschaft, Sie hätten
die Ermordung bzw. Entführung des 1975 in die Bundesrepublik
desertierten Doppelmörders Werner Weinhold geplant. Im Januar
1994 hob das Berliner Kammergericht den Haftbefehl auf: Es gebe
keinen dringenden Tatverdacht. Mit der gleichen Begründung
lehnte das Berliner Landgericht im April 1994 die Eröffnung eines
Hauptverfahrens ab.
Und nachdem der Bundesgerichtshof am 5. März 1997 das
Urteil des Landgerichts wegen Strafvereitelung gegen Harry Dahl,
Günter Jäckel und Gerd Zaumseil verworfen hatte, lehnte dieses
am 18. Juni 1998 es ab, in dieser Sache ein Hauptverfahren gegen
Sie und Horst Franz überhaupt zu eröffnen. Das war das Ende der
Bemühungen der BRD-Justiz, ehemalige MfS-Mitarbeiter wegen
der Betreuung von RAF-Aussteigern in der DDR juristisch zu ver-
folgen. – Haben Sie seither Ruhe?

Die juristische Verfolgung hatte ein Ende, ja. Die Diffamie-
rung geht bis zum heutigen Tage ungebrochen weiter. Das wissen
Sie doch selbst.

Fußnote

1 Die *Frankfurter Allgemeinen Zeitung* vom 5. April 2008 bestätigte den von Gerhard Neiber und anderen geäußerten Verdacht, daß es eine Verbindung zwischen
Mitgliedern der RAF und den Nachrichtendiensten der Bundesrepublik gab. Ulf
G. Stuberger, ein seit 35 Jahren beim Generalbundesanwalt akkreditierter Justiz-
journalist und Autor mehrerer Publikationen über die Strafverfolgung von Terroristen, machte in einem Beitrag (»Vertuschen und vernichten«) auf ein von ihm
festgestelltes Phänomen aufmerksam: »Es verschwinden nicht nur Terroristen
spurlos, sondern auch deren Akten.«
Wörtlich heißt es bei Stuberger: »Das Attentat auf Generalbundesanwalt Siegfried Buback und seine beiden Begleiter [...] am 7. April 1977 ist bis heute
unaufgeklärt. Wer geschossen hat, konnte gerichtlich nicht festgestellt werden.

Die in höchstem Grad dafür tatverdächtige Verena Becker, bei deren Festnahme man die Tatwaffe fand, ist angeblich spurlos verschwunden. Die Behörden können nicht mehr verheimlichen, daß diese Terroristin mit dem Verfassungsschutz zusammengearbeitet hat, auf welche Art auch immer.

Akten, die diesen Vorgang betreffen, sind bei der höchsten deutschen Anklagebehörde in Sachen Terrorismus, dem Generalbundesanwalt (GBA), angeblich verlorengegangen. Als Kopien beim Verfassungsschutz auftauchten, hat der Bundesinnenminister für diese Dokumente schnell einen Sperrvermerk verfügt. Würden sie bekannt, so die Begründung, wäre das Staatswohl gefährdet.

Ähnlich verhält es sich bei weiteren Fällen, die RAF-Verbrechen betreffen. An einem brisanten Vorgang läßt sich das im Detail aufzeigen. Es betrifft die Akten über den RAF-Terroristen Gerhard Müller.

Er wurde gemeinsam mit Ulrike Meinhof festgenommen. Angeblich soll die Polizei im Juni 1975 über einen Hinweisgeber, der geheim gehalten wird, erfahren haben, wo die Terroristin wohnte. Ein Lehrer hatte den Unterschlupf in Hannover-Langenhagen zur Verfügung gestellt. Ulrike Meinhof wurde in der Wohnung verhaftet und wehrte sich dabei heftig. Unten auf der Straße ließ sich ihr Begleiter Gerhard Müller dagegen völlig widerstandslos festnehmen; er soll angeblich zufällig nicht in der Wohnung gewesen sein, sondern harmlos an einer Telefonzelle gewartet und die anfahrenden Polizisten nicht bemerkt haben.

Müller erklärte sich dazu bereit, als Zeuge der Anklage gegen seine RAF-Komplizen auszusagen. Obwohl es damals kein Kronzeugengesetz in Deutschland gab, wurde ihm möglicherweise als Gegenleistung für seine Aussagen zugesagt, ihn nicht wegen Mordes anzuklagen. Müller ist höchst verdächtig, 1971 einen Polizeibeamten bei einer Kontrolle erschossen zu haben.

Es ist bekannt, daß es über die Aussagen Müllers gegenüber der Polizei eine sehr umfangreiche Akte gab, in der mit größter Wahrscheinlichkeit nachzulesen sein würde, daß Müller den Polizistenmord zugegeben hat. Seit mehr als dreißig Jahren versuchen Anwälte, Historiker und Journalisten vergeblich, Einsicht in diese Akte zu bekommen, die das Zeichen 3 ARP 74/75 I trägt.

Damit selbst Richter nicht erfuhren, was dort stand, wurde der gesamte Vorgang zur geheimen Staatssache erklärt und mit einem Sperrvermerk versehen. Nur Teile des Dokuments wurden auf Druck zögerlich freigegeben. Müller selbst ist nach einer sehr milden Verurteilung unter Aussparung des Mordvorwurfs und seiner vorzeitigen Freilassung angeblich spurlos verschwunden. Es besteht kein Zweifel daran, daß er eine neue Identität und andere unbekannte Hilfe erhalten hat, um sich zu verbergen.«

Der Autor des *FAZ*-Artikels, so berichtet er weiter, habe selber Akteneinsicht beantragt und im Oktober 2007 vom Generalbundesanwalt mitgeteilt bekommen, daß der Vorgang geheim sei. Nach Hinweis darauf, daß der Bundesjustizminister den Sperrvermerk bereits am 31. Juli 2007 aufgehoben habe, teilte man Stuberger am 25. März 2008 mit, man habe ihm »aus Unkenntnis« eine falsche Auskunft erteilt. Daraus schloß der Journalist, daß er nun die Akte also einsehen könne. Da irrte er. Diese sei inzwischen ins Bundesarchiv Koblenz abgegeben worden. Folgerichtig wandte sich Stuberger an diese Stelle. Dort sagte man ihm die Überlassung einer Kopie der bewußten Akte 3 ARP 74/75 I zu. Er erhielt mehrere Hundert Seiten Abzüge – allerdings nicht von dieser Akte. Überdies bemerkte er, daß das Konvolut, gänzlich abweichend von hiesiger Archivierungspraxis, nicht durchnumeriert war.

Ulf G. Stuberger monierte die Sendung und bekam vom Bundesarchiv zu hören, daß die Originalakte »in Übereinstimmung mit dem GBA« vernichtet worden sei. Man selbst verfüge auch nur über eine Kopie. Aber, und dieser Hinweis war auch nicht uninteressant, man sei nach fachlicher Prüfung des überlassenen Materials zu der Vermutung gelangt, »daß zu diesem Aktenzeichen noch weitere Akten existieren, die allerdings vom GBA nicht an das Bundesarchiv abgegeben worden sind«. Man habe also Zweifel, daß die Geheimakte wirklich offengelegt worden sei.

Stuberger, ohnehin schon sehr sensibilisiert, konfrontierte den Generalbundesanwalt mit dieser Nachricht, worauf es von dort kam: »Nach hier vorliegenden Registereintragungen wurde der Vorgang 3 ARP 74/75 I bereits 1996 bei der Bundesanwaltschaft vernichtet.«

So ging es denn eine Weile hin und her, man schickte Stuberger von Pontius zu Pilatus, teilte eine Umettikierung mit, aus der Akte 3 ARP 74/75 I war die Akte 2 ARP 149/07-9 geworden, die ebenfalls nach Koblenz gegangen sei, um aus dem Bundesarchiv schließlich zu erfahren, daß auch diese zu Jahresbeginn 2008 »im Einvernehmen mit dem Generalbundesanwalt« verichtet worden wäre.

Saubere Arbeit, konstatierte abschließend Ulf G. Stuberger sarkastisch. »Nun wird wohl niemand mehr herausfinden, welchen Deal der Staat in den siebziger Jahren mit dem sich selbst als illegalen ›Kronzeugen‹ bezeichnenden Gerhard Müller gemacht hat.«

Der von Stuberger geschilderte Fall ist nur ein Beispiel dafür, wie tief bundesdeutsche Geheimdienste nicht nur in die Teroristenszene, sondern auch in andere Bereiche der Gesellschaft eingedrungen sind. Auf das wegen der Unterwanderung durch V-Leute des Verfassungsschutzes gescheiterte Verbot der neonazistischen NPD muß in diesem Zusammenhang wohl kaum verwiesen werden.

Terror diskreditiert jede politische Bewegung

Gerhard Plomann, Jahrgang 1935, gehörte dem MfS von 1962 bis 1990 an. Sein letzter Dienstgrad war Oberstleutnant. Er arbeitete im Sekretariat des Stellvertretenden Ministers als Offizier für Grundsatz-dokumente. Im MfS-Handbuch des BStU firmiert er »als ›rechte Hand‹ von Neiber mit Zuständigkeit für die Abteilung XXII«.
Plomann verfaßte gemeinsam mit Neiber im zweibändigen Standard-werk »Die Sicherheit. Zur Abwehrarbeit des MfS« das Kapitel »Abwehr von Terror und anderen Gewaltakten (HA XXII im MfS)«.

Ich gehe davon aus, daß Sie 1979 und 1987 an der Erarbeitung der Referate beteiligt waren, die Ihr Chef in Prag und Varna hielt.

Das trifft nicht zu. Ich war bis Anfang 1980 in der Arbeits-gruppe des Ministers/Sicherheit (AGM/S) tätig, jener Dienstein-heit, die den Terror und bedeutenden Gewaltakte in der DDR mit militärisch-operativen Maßnahmen vorbeugend oder aktiv verhin-dern respektive bekämpfen sollte. Erst im Februar oder März 1981 begann ich meinen Dienst im Sekretariat Neiber. Sein Reden-schreiber aber war ich nie.

Zutreffend hingegen ist, daß ich gemeinsam mit Horst Franz von der Abteilung XXII und mit Genossen in der Zentralen Aus-wertungs- und Informationsgruppe (ZAIG) an der Formulierung der Dienstanweisung 1/81 mitgearbeitet habe. Grundsätzlich aber erfolgte im MfS die Erarbeitung wichtiger Dokumente immer kol-lektiv, es war meist ein langwieriger Prozeß.

Was genau war Ihr Part im Büro Neiber?

Vor allem die Sicherung des Informationsbedarfs des Stellver-treters des Ministers über Umfang, Verlauf, Stand und Fortgang der Bearbeitung von Terror- und anderen operativ bedeutsamen Gewaltakten in der DDR. Dabei stützte ich mich auf die Zuarbeit der befaßten Diensteinheiten.

Eine andere Aufgabe war die Sicherung der Kooperation der Abteilung XXII mit der AGM/S, später Abteilung XXIII, bis zu deren Zusammenführung als Hauptabteilung XXII im Frühjahr 1989.

Daraus schließe ich, daß Sie in gewisser Weise doch an der Formu-lierung der Standpunkte des MfS zum Terror und zum internatio-nalen Terrorismus beteiligt waren.

Das trifft zu. Für mich und meinesgleichen war der Terrorismus ein Element des Kalten Krieges. Bei der Zurückdrängung »des Kommunismus«, der Strategie des Rollback, setzte der Westen poli-tische, militärische und wirtschaftliche Mittel ein. Er schreckte auch nicht vor Terror und Gewalt zurück, die gehören nunmal zum Instrumentarium des Imperialismus. Deshalb gehörten zu den wesentlichen Aufgaben des MfS folgerichtig die Aufklärung und die Bekämpfung von Terrorismus, terroristischen Aktionen und poli-tisch motivierten Gewaltakten.

Für uns – das kann man im *Wörterbuch der politisch-operativen Arbeit* von 1969/1985 nachlesen – galt der Terrorismus als »eine zur politischen Strategie erhobene, äußerst zugespitzte Form der reak-tionären Gewaltausübung«. Terror war eine »Wesensäußerung des Imperialismus und der aggressiven Politik imperialistischer Staaten«. Terror war Androhung und Anwendung von Gewalt. Sie richtete sich gegen Personen und politische Kräfte, gegen Objekte und Ein-richtungen von Staaten. Da damit zugleich dessen Ordnung getrof-fen sowie Angst und Schrecken unter der Bevölkerung provoziert werden sollte, tangierte das die Sicherheit des Staates – und damit war es zwangsläufig eine Angelegenheit für die Staatssicherheit. Im Kommentar zum Strafgesetzbuch (StGB), der 1981 veröffentlicht wurde, hieß es folglich: »Terror gehört zu den schwersten Verbre-chen gegen die sozialistische Staats- und Gesellschaftsordnung. Er ist Bestandteil subversiver feindlicher Tätigkeit gegen die Deutsche Demokratische Republik.« Und so wurde er auch verfolgt.

Nach § 101 StGB machte sich strafbar, »wer bewaffnete An-schläge oder Geiselnahmen oder Sprengungen durchführt, Brände legt oder Zerstörungen oder Havarien herbeiführt oder andere Gewaltakte begeht, um gegen die sozialistische Staats- und Gesellschaftsordnung der Deutschen Demokratischen Republik Widerstand zu leisten oder Unruhe hervorzurufen«.

Der § 102 des StGB befaßte sich mit dem individuellen Terror. »Wer das Leben oder die Gesundheit eines Bürgers der Deutschen Demokratischen Republik bei der Ausübung oder wegen seiner staatlichen oder gesellschaftlichen Tätigkeit angreift oder in anderer Weise gegen ihn Gewalt anwendet, um die sozialistische Staats- und Gesellschaftsordnung der Deutschen Demokratischen Republik zu schädigen«, wurde juristisch verfolgt.

Ich verstehe diese Zitate erstens als Hinweis darauf, daß das Verständnis von Terrorismus in der DDR und im MfS ein grundsätzlich anderes war als seinerzeit und heute im Westen, und zweitens, warum folgerichtig auch die Haltung zur RAF eine andere sein mußte.

Das verstehen Sie völlig richtig. Wir haben Terror und Terrorismus immer als ein gesellschaftliches, als ein politisches und damit komplexes Problem betrachtet. Darum konnte sich auch die Terrorabwehr nicht ausschließlich auf die Betrachtung einzelne Personen oder Gruppen konzentrieren. Nach meiner Wahrnehmung gewinnt inzwischen diese Perspektive immer mehr Zustimmung. Wir müssen die gesellschaftlichen Ursachen des Terrorismus bekämpfen, heißt es immer häufiger. Und dies bedeutet in erster Linie Veränderungen der sozialen Bedingungen. Wer in einem palästinensischen Flüchtlingslager geboren wurde und mit Demütigungen und Ausgrenzung aufwachsen mußte, wer keine Perspektive für sich sieht, greift zum Äußersten. Wenn eine nationale Minderheit fortgesetzt bevormundet und unterdrückt wird, finden sich immer radikale Separatisten, die meinen, »die Welt« mit Terror auf ihre Lage aufmerksam machen zu müssen. Und wenn junge Leute in Westeuropa 1968 und danach von einem Gefühl politischer Ohnmacht ergriffen wurden und einige von ihnen meinten, auf die Gewalt des Staates mit Gegengewalt reagieren zu müssen, passierte das, was wir dann erlebten. Zur Eskalation von Prozessen gehören immer mindestens zwei Seiten. Das heißt: Wir müssen auch auf die gesellschaftlichen Umstände das Augenmerk lenken, nicht ausschließlich auf die Täter. Die sind nämlich oft Opfer gesellschaftlicher Mißstände, der herrschenden Widersprüche, Leidtragende gravierender Ungerechtigkeit. Die Fokussierung auf die Menschen, dieses kollektive Geschrei »Haltet den Dieb!« lenkt nur von den eigentlichen Ursachen, von den Gründen dieses Ausbruchs ab. Und das ist ja wohl auch gewollt. Wenn sich Menschen zum äußersten entschließen, liegt das in den seltensten Fällen an Verformungen individueller Charaktere, sondern an der Deformation der Gesellschaft.

Günter Gaus führte mit Christian Klar in der Haft am 22. November 2001 ein Interview, in dem es auch um dieses Verhältnis ging. »Ich überlasse der anderen Seite ihre Gefühle und respektiere die Gefühle, aber ich mache sie mir nicht zu eigen. Das sitzt zu tief drin, daß gerade hier in den reichen Ländern zu viele Menschenleben nichts zählen. Vor der Trauer müßte sich sehr viel ändern«, erklärte er. »In vielen Ländern werden Verhältnisse hergestellt, wo ein Menschenleben nicht mal einen Namen hat.«

Sie würden nicht ausschließen wollen, daß junge Leute heute auch hierzulande zum bewaffneten Widerstand fähig wären?

Ich halte nichts für ausgeschlossen. Der fortgesetzte Ausbau des Überwachungs- und Unterdrückungsapparates, dessen Zeugen wir seit Jahren sind, ruft doch nicht nur Kopfschütteln und Empörung selbst in bürgerlichen Kreisen hervor. Er erzeugt auch Wut und Haß bei jenen, die einerseits ein ausgeprägtes Gerechtigkeitsempfinden besitzen und andererseits hilflos dieser vermeintlich fürsorglichen Belagerung gegenüberstehen. Die Behauptung ist doch unsinnig: Wer nichts zu verbergen habe, hätte auch nichts zu befürchten.

Dieses Mißtrauen des Staates gegenüber seinen Bürgern ist täglich zu spüren. (Wobei ich hier nur die Frage einflechten möchte: Wem gehört eigentlich »der Staat«. Sollten nicht »die Bürger« der Souverän sein?) Wenn beispielsweise alle Telefon- und Email-Kontakte »auf Vorrat« gespeichert werden sollen, heißt das doch, daß alle Bundesbürger unter Generalverdacht stehen. Damit, das sage ich als diplomierter Jurist, wird das Prinzip des Rechtsstaates auf den Kopf gestellt. Üblicherweise muß der Staat dem unter Verdacht Stehenden eine Schuld nachweisen. Hier kehrt sich das Prinzip um: Der unbescholtene Bürger gerät in Beweispflicht, wenn er erklären muß: ›Wieso korrespondierst du mit X elektronisch, gegen den wir wegen des Verdachts auf Mitgliedschaft in einer terroristischen Vereinigung ermitteln?‹

Nehmen Sie den Fall des Berliner Soziologiedozenten Andrej

H., der durchaus exemplarisch ist. H. kam am 31. Juli 2007 – im zeitlichen Umfeld des G8-Gipfels in Heiligendamm – wegen »Verdachts auf Mitgliedschaft in einer terroristischen Vereinigung« nach Paragraph 129a des Strafgesetzbuchs in Untersuchungshaft. Die Bundesanwaltschaft warf dem 36jährigen promovierten Wissenschaftler die »intellektuelle Urheberschaft« für Anschläge der »militanten Gruppe« (mg) vor. Außerdem habe sich H. während der Ermittlungen zweimal mit einem weiteren Beschuldigten getroffen, der am 31. Juli in Brandenburg Brandsätze unter mehreren Bundeswehrlastwagen deponiert haben soll, hieß es. Ohne den Vorwurf einer konkreten Straftat wurde H. seit September 2006 observiert und sein Telefon überwacht. Begründung: Angeblich sei er durch eine Recherche im Internet den Ermittlungsbehörden aufgefallen, und bestimmte Begriffe und Redewendungen seiner Veröffentlichungen hätten sich mit Formulierungen der »militanten Gruppe« gedeckt ... Allein das trug ihm drei Wochen Untersuchungshaft ein und danach die Fortsetzung der Observation auch seiner Familie, worüber im Oktober 2007 im Fernsehen berichtet wurde.

Nun kann ich mir vorstellen, daß an dieser Stelle einige empört die Backen aufblasen und wütend sagen werden: Der Plomann soll mal

Wird bereits Schäubles Terror-Datei angeklemmt?

schön die Klappe halten – schließlich hat damals sein Verein nicht
minder repressiv gehandelt.

Was ich grundsätzlich bestreite. Ohne nachweisliche Verletzung von Gesetzen nahmen wir niemanden in U-Haft. Was meinen Sie, wie laut das Geschrei im Westen gewesen wäre, hätten wir mit derart fischigen Begründungen, wie sie im Falle von Andrej H. benutzt worden sind, einen DDR-Bürger drei Wochen eingesperrt?

Aber ich wehre mich auch noch aus einem anderen Grunde dagegen, daß mir mit Hinweis auf meine Herkunft das Recht abgesprochen werden soll, eine eigene Meinung zur aktuellen Politik zu haben und diese auch öffentlich zu äußern. Ich lasse mich vom Präsidenten des Berliner Abgeordnetenhauses Walter Momper (SPD) nicht als »Stasi-Scherge«, »Stasi-Pöbel« und »Folterknecht« beschimpfen, weil ich und andere, wie am 14. März 2006 bei einer öffentlichen Veranstaltung in Lichtenberg geschehen, kritisch zum Umgang mit der ehemaligen U-Haftanstalt in Hohenschönhausen Stellung bezogen. Wo leben wir eigentlich? In einem Land, wo ein Staatsanwalt in einem Verfahren Ende 2007 mit Hinweis auf eben jene Veranstaltung zynisch und unwidersprochen erklären darf, er habe keine Probleme damit, den »versprengten Kohorten« des ehemaligen MfS die Meinungsfreiheit einzuschränken.

Ich wollte nie Bundesbürger werden. Nun bin ich aber einer seit 1990. Ungeachtet des Umstandes, ob mir das nun paßt oder nicht, gilt das Grundgesetz für mich genauso wie für den Bundespräsidenten. Manche tun so, als wäre es ein Gnadenakt, daß man uns atmen läßt und den Strick ersparte. Halten zu Gnaden, wie der Herr Biermann immer zu sagen pflegt: Die ehemaligen Mitarbeiter des MfS sind vor dem Gesetz gleich und nicht Bundesbürger 2. Klasse. Die Mehrwertsteuer dürfen wir ja auch wie jeder andere entrichten.

Wie definierte man eigentlich außerhalb der DDR Terror und Terrorismus?

Auch die bürgerliche Politikwissenschaft geht davon aus, daß Terrorismus politisch-ideologisch determinierter Terror sei und bezeichnet ihn als »ein Produkt extremistischen Denkens«. Und gleich uns verstehen sie den Terrorismus als eine »politisch motivierte Form der Gewaltkriminalität«, die durch »die Androhung und Anwendung von Gewalt gegen staatliche oder gesellschaftliche

Funktionsträger« das Ziel verfolge, »bestehende Herrschaftsverhältnisse zu erschüttern«.

Ich finde schon interessant, wie sehr sich doch diese Formulierungen aus dem Brockhaus der 90er Jahre mit den unseren gleichen.

Allerdings gibt es dann einen fundamentalen Unterschied. Während wir die gesellschaftlichen Wurzeln als Ursache betrachteten, heißt es dort, daß »nicht so sehr die realen politischen, sozialen und ökonomischen Verhältnisse« terroristische Gruppen entstehen ließen, »sondern deren spezifische Wahrnehmung durch eine kleine Minderheit«. Womit ja alles in Butter wäre. Nicht die gesellschaftlichen Zustände sind schuld, sondern deren Wahrnehmung. Mit anderen Worten: Wenn man allen nur das »richtige« Bild von der Wirklichkeit vermittelt, ist alles gut.

BILD dir deine Meinung. Oder rosa Brillen für alle.

Ja, manchmal bleibt wirklich nur Sarkasmus, um sich der allgegenwärtigen Demagogie und der Verdummung zu erwehren.

Bush und seine Administration führen seit 2001 weltweit »Krieg gegen den Terror«. Wenn sie das ernst meinten, müßten sie also weltweit gegen Hunger und Elend, gegen nationale Unterdrückung, für Frieden und Gleichberechtigung der Völker streiten. Oder?

Natürlich tun sie das nicht. Das ist doch nur der propagandistische Schleier für die Anstrengungen der USA, ihre nationalen Interessen mit Gewalt gegen die übrige Welt durchzusetzen. Sie kämpfen um Märkte und Rohstoffe, der Krieg um die letzten Erdölreserven ist im vollen Gange. Wenn ihnen der 11. September 2001 nicht widerfahren wäre, hätten sie ihn erfinden müssen. Was im übrigen bei nicht wenigen den Verdacht nährte, sie hätten den Anschlag auf die Twin Towers in New York selber inszeniert. Ausgerechnet das World Trade Center in Manhatten ... Symbolträchtigeres hätte man kaum finden können.

Wir kennen die Lügen, mit denen alle Kriege vom Zaun gebrochen wurden. Was macht den Unterschied zwischen dem Überfall auf den Sender Gleiwitz und den auf ein Hochhaus der Hochfinanz? Danach wurde zurückgeschossen. Bush nahm als Alibi den Rest der Welt zum Feigenblatt, indem er diesen Anschlag als Angriff auf die Zivilisation deklarierte. Schon am folgenden Tage, am

12. September, ließen sich die USA vom UN-Sicherheitsrat mit der Resolution Nr. 1.368 einen Blankoscheck ausstellen. Am 7. Oktober begannen die militärischen Angriffe in Afghanistan. Zunächst, um den vermeintlichen Drahtzieher Osama bin Laden zu liquidieren, dann, um die Herrschaft der islamischen Fundamentalisten, der Taliban, zu beenden. Undsoweiter, undsofort. Daran sollten wir uns gelegentlich erinnern.

Eingangs bezeichneten Sie, aus DDR-Nachschlagewerken zitierend, den Terrorismus als Ausfluß des Kalten Krieges und den Terror als Instrument des Imperialismus. Das mag für die Zeit der System-auseinandersetzung gelten. Aber es traf gewiß nicht auf Terrorakte sogenannter linksextremistischer Gruppierungen wie der RAF zu.

Ich denke, daß dies eine Frage der Perspektive ist. Gewalt ist oft auch ein Kampfmittel jener, die für politische Anerkennung, Freiheit und Demokratie streiten und damit zugleich auch gegen den Terror, gegen Gewalt, gegen die Verbrechen, denen sie ausgesetzt sind. Ich erinnere an den ANC in Südafrika, der gegen den imperialistischen Apartheidstaat kämpfte. Deren Mitglieder, zu denen auch Nelson Mandela gehörte, wurden im Westen lange Zeit als Terroristen geschmäht. Erst als das Apartheidregime stürzte, Mandela nach 27 Jahren Haft freikam und Staatschef geworden war, erhielt er den Friedensnobelpreis.

Die Bundestagspräsidentin Rita Süssmuth (CDU) begrüßte ihn am 22. September 1996 im Deutschen Bundestag als »Symbol des Widerstandes gegen Unrecht und Menschenverachtung«. Und unsere Bundeskanzlerin machte dem 89jährigen Mandela in Johannesburg im Oktober 2007 ihre Aufwartung und erklärte nach dem 45minütigen Gespräch, es wäre für sie ein »bewegender Moment« gewesen.

Gleichwohl nimmt man Mandela die Freundschaft mit Politikern wie Fidel Castro und Muammar al-Gaddafi übel, die er seine »Kampfgenossen« (*comrades in arms*) nannte, welche der Westen aber unverändert für »Terroristen« hält. Und als sich Mandela Anfang 2003 die Freiheit nahm, US-Präsident George W. Bush und den britischen Premierminister Blair heftig wegen ihrer Irak-Politik zu kritisieren, bekam er den ganzen Unmut der »westlichen Wertegemeinschaft« zu spüren.

Oder nehmen wir den verstorbenen PLO-Chef Yassir Arafat

Als es gegen die Russen in Afghanistan ging, wurden die Terroristen vom Westen, insbesondere von den USA, aufgerüstet. Nachdem die Sowjetarmee abgezogen war, formierten sich die »Widerstands-kämpfer« als Taliban. Deren Anänger kämpfen für einen islami-schen Fundamentalismus. Dieser reicht vom Verbot jeglichen Schul-besuchs durch Mädchen und Frauen bis hin zur Prügelstrafe für Männer, deren Bärte zu kurz sind. Die USA gehen davon aus, daß die Taliban das terroristische Netzwerk Al Qaida *unterstützt*

(1929-2004). Der Palästinserführer war in den Augen der USA gleichsam der Chefterrorist. Erst als man begriff, daß das Nahost-Problem nicht gegen, sondern nur mit den Palästinensern gelöst werden kann, korrigierte man sich. Arafat bekam 1994 den Frie-densnobelpreis – was nicht verhinderte, ihn weiter zu kriminali-sieren. Seit 2001 wurde er in Ramallah von Israel mehrfach unter Hausarrest gestellt, im Jahr 2002 zerstörte die israelische Armee einen Großteil von Arafats Hauptquartier, am 11. September 2003 beschloß die israelische Regierung Arafats Ausweisung. Mit einem Hubschrauber sollte er ins Exil nach Nordafrika gebracht werden. Nach dem Ausweisungsbeschluß gingen Zehntausende Palästinenser protestierend auf die Straße. Arafat appellierte an die Bevölkerung, Widerstand gegen den Beschluß zu leisten. Er wolle

»lieber sterben, als sich zu ergeben«. Am 14. September 2003 erklärte der damals stellvertretende israelische Ministerpräsident Ehud Olmert ein Attentat auf Arafat zu einer »legitimen Möglichkeit« seiner Entfernung ...

Kurz gesagt: Wir haben es stets mit den gleichen politischen Protagonisten zu tun – den herrschenden imperialistischen Kreisen.

Nun waren aber die etwa der PLO oder der RAF zugeschriebenen Terroranschläge nicht Aktionen der herrschenden Kreise. Sie hatten sie wohl auch nicht ursächlich provoziert.

Das ist schon richtig. Ich bin auch weit davon entfernt, Ursache und Wirkung miteinander zu vertauschen und Täter als Opfer zu deklarieren. Und selbst wenn man eine gewisse Dunkelziffer unterstellen muß, daß mancher Anschlag doch von anderer Seite inszeniert wurde – ich sage nur Celler Loch ...

... am 25. Juli 1978 wurde in die Außenmauer der niedersächsischen Justizvollzugsanstalt Celle ein Loch gesprengt, um, wie verbreitet wurde, den dort einsitzenden RAF-Terroristen Sigurd Debus zu befreien. Der Anschlag war jedoch vom Verfassungsschutz fingiert worden, und Regierungsstellen sollen davon Kenntnis gehabt haben ...

Ignorieren wir also die gelegentliche Mitwirkung westlicher Geheimdienste bei Anschlägen terroristischer Gruppierungen einmal und bewerten sie diese als reine Angriffe auf Exponenten und Einrichtungen imperialistischer Staaten und Bündnisse: So sind diese Konflikte und Auseinandersetzungen durchaus Ausdruck von Klasseninteressen. Es ist auch Klassenkampf.

Das ist die sachliche Analyse. Aber keineswegs Zustimmung oder gar Billigung. »Die SED- und Staatsführung der DDR und das MfS gingen immer davon aus, daß Terror prinzipiell kein Mittel zur Erreichung revolutionärer oder anderer gesellschaftlich fortschritlicher Ziele, von nationaler Unabhängigkeit oder zur Sicherung von Minderheitenrechten sein könne. Terror diskreditiert nicht nur jegliche fortschritliche Bewegung international, sondern schadet ihren Zielen auch unmittelbar.« So formulierten es Gerhard Neiber und ich im zweibändigen Buch »Die Sicherheit. Zur Abwehrarbeit des MfS«. So sah ich es damals, und so sehe ich es auch noch heute.

Die Abwehr von Terror und anderen Gewaltakten

Von Gerhard Neiber und Gerhard Plomann

Die westlichen Alliierten, insbesondere die USA, versuchten die nach dem Ende des Zweiten Weltkrieges entstandene geopolitische Lage zu ihren Gunsten zu korrigieren. Ihre strategische Orientierung eines »Roll back« versuchten sie mit politischen, wirtschaftlichen und militärischen Mitteln durchzusetzen. Dabei schreckten sie auch vor Terror und Gewalt nicht zurück. In der ersten Linie ihrer Angriffe lag die Sowjetische Besatzungszone (SBZ), später die DDR. Deshalb waren Aufklärung und Bekämpfung von Terrorismus, terroristischen Aktionen und politisch motivierte Gewaltakte eine wesentliche Aufgabe des MfS, um staatliche Sicherheit herzustellen und zu gewährleisten.

Für das MfS galt der Terrorismus als »eine zur politischen Strategie erhobene, äußerst zugespitzte Form der reaktionären Gewaltausübung« und Terror als eine »Wesensäußerung des Imperialismus und der aggressiven Politik imperialistischer Staaten«. Terrorverbrechen waren folglich »Bestandteil des Systems der Feindtätigkeit gegen die DDR, die vor allem von Geheimdiensten und anderen feindlichen Organisationen, Einrichtungen und Kräften gegen sozialistische Staaten, nationale Befreiungsbewegungen, die Arbeiterklasse in den imperialistischen Staaten sowie andere progressive Kräfte ausgeführt werden«. So hieß es im »Wörterbuch der politisch-operativen Arbeit«, das von der Juristischen Hochschule Potsdam erarbeitet worden war.[1]

Diese grundsätzlichen Einschätzungen zum Terrorismus, Terror und zu Terrorverbrechen durch das MfS stützten sich auf Erfahrungen aus der Geschichte der deutschen und internationalen revolutionären Arbeiterbewegung sowie auf Lehren aus der Zeit der faschistischen, terroristischen Herrschaft in Deutschland von 1933 bis 1945. Und es flossen darin Kenntnisse ein, die bei terroristischen Angriffen reaktionärer Kräfte auf die antifaschistisch-demokratische Ordnung in der SBZ und gegen die DDR gesammelt werden mußten.

Terror war und ist brutale Anwendung beziehungsweise Androhung von Gewalt. Er richtete und richtet sich gegen Einzelpersonen, politische Kräfte und Gruppen, gegen materielle Güter, Objekte und Einrichtungen eines Staates und gegen dessen Ordnung. Es werden Waffen, Sprengstoffe, Gifte und andere gemeingefährliche Mittel eingesetzt. Mord, Sprengung, Geiselnahme, Flugzeug- und Schiffsentführungen, Erpressung, Nötigung etc. gehören zum klassischen Repertoire.

Für die vorbeugende Verhinderung, operative Bearbeitung, Aufklärung und Bekämpfung von terroristischen Gewaltverbrechen war in der DDR das MfS verantwortlich. Es wurde zudem davon ausgegangen, daß terroristische Gewaltverbrechen (gegen Sachen und Personen) zugleich auch mit der Absicht verübt wurden, die sozialistische Staats- und Gesellschaftsordnung zu treffen. Dabei sollte auch Einfluß auf die Psyche der DDR-Bürger genommen werden, sie sollten eingeschüchtert und ihre Einstellungen im feindlichen Sinne verändert, es sollte Angst und Schrecken unter der Bevölkerung verbreitet sowie erpresserischer Druck auf staatliche Organe und deren Entscheidungen ausgeübt werden.

Dieses große Maß an Gesellschaftsgefährlichkeit fand entsprechende Bewertung auch in gesetzlichen Bestimmungen, insbesondere im Strafrecht der DDR. Im Kommentar zum Strafgesetzbuch (StGB) hieß es: »Terror gehört zu den schwersten Verbrechen gegen die sozialistische Staats- und Gesellschaftsordnung. Er ist Bestandteil subversiver feindlicher Tätigkeit gegen die Deutsche Demokratische Republik. Mit diesen Verbrechen sollen Widerstand hervorgerufen, das gesellschaftliche Leben desorganisiert, Aktivitäten der Bürger für die sozialistische Staats- und Gesellschaftsordnung gelähmt und allgemeine Unruhe und Unsicherheit erzeugt werden. Sie weisen Züge brutaler Gewalt, der Rohheit und Menschenverachtung auf.«[2]

Als Verbrechen gegen die DDR waren im StGB (Besonderer Teil/2. Kapitel) aufgeführt. Nach § 101 machte sich strafbar, »(1) Wer bewaffnete Anschläge oder Geiselnahmen oder Sprengungen durchführt, Brände legt oder Zerstörungen oder Havarien herbeiführt oder andere Gewaltakte begeht, um gegen die sozialistische Staats- und Gesellschaftsordnung der Deutschen Demokratischen Republik Widerstand zur leisten oder Unruhe hervorzurufen ...«[3]

Der § 102 des StGB umfaßte im wesentlichen den individuellen Terror. Danach machte sich wegen eines Staatsverbrechens strafbar, »(1) Wer das Leben oder die Gesundheit eines Bürgers der Deutschen Demokratischen Republik bei der Ausübung oder wegen seiner staatlichen oder gesellschaftlichen Tätigkeit angreift oder in anderer Weise gegen ihn Gewalt anwendet, um die sozialistische Staats- und Gesellschaftsordnung der Deutschen Demokratischen Republik zu schädigen.«[4]

Beide Straftatbestände erklärten Vorbereitung und Versuch von Terrorhandlungen als strafbar; in besonders schweren Fällen konnte auf lebenslange Freiheitsstrafe (bis 1987 auch auf Todesstrafe) erkannt werden.

In der fast 40jährigen Tätigkeit des MfS zur Aufklärung, Bekämpfung und vorbeugenden Verhinderung von terroristischen Straftaten gegen die DDR sowie in Auswertung weltweiter terroristischer Handlungen bestätigte sich die Erkenntnis, daß die Täter für Terrorhandlungen Einzeltäter sein konnten oder – schloß man Hintermänner und Auftraggeber mit ein – aus rechtsextremistischen und linksradikalen Gruppen, aus Sekten bzw. Kreisen religiöser Fanatiker, aus reaktionären Parteien oder staatlichen Institutionen inklusive Geheimdiensten, Organisationen und Staatsführungen kommen konnten.

Vielfältig auch das Spektrum der Motive und ideologischen Beweggründe von Terroristen. Es fanden sich individuelle Rache- und Revanchegelüste ebenso wie bornierter Haß gegen jeden gesellschaftlichen Fortschritt. Es gab pseudorevolutionäre, separatistische, extremistische, fanatisch religiöse, rassistische oder andere politische beziehungsweise ideologische Begründungen.

Die sorgsame Erforschung von Motiven und Beweggründen waren daher auch ein wesentlicher Bestandteil der Bekämpfung des Terrors selbst. Dabei ging es vor allem darum festzustellen, ob es sich um einen politisch oder ideologisch begründeten oder einen anderen kriminellen Gewaltakt handelte. Stets erfolgte die präzise Erforschung der Hintergründe und Zielsetzungen.

Im MfS wurde von der Einschätzung ausgegangen, daß Terror als eine bestimmte Qualität konkreten, realen Handelns mittels

Gewalt dann Bestandteil und konkreter Ausdruck des Terrorismus ist, wenn er ideologisch von Theorien geprägt wird, die den Terrorismus begründen.[5]

Dadurch konnten terroristische Gewalthandlungen von schweren, »besonders rücksichtslosen und brutalen kriminellen Angriffen gegen das Leben und die Gesundheit von Personen und gegen Objekte, Einrichtungen und Gegenstände, die damit zugleich die staatliche Sicherheit der DDR verletzten, beeinträchtigten oder gefährdeten«, unterschieden werden.[6] Diese kriminellen Angriffe wurden dennoch als operativ bedeutsame Gewaltakte betrachtet, weil der Übergang zum Terror fließend sein konnte. Ein realer Bezug zum Terror konnte nicht immer von vornherein ausgeschlossen werden. Daraus leitete sich letztlich auch die Verantwortung des MfS für die vorbeugende Bekämpfung von operativ bedeutsamen Gewaltakten ab. Die Terrorabwehr schloß deshalb die »vorbeugende Bekämpfung von Terror- und anderen operativ bedeutsamen Gewaltakten« ein.

Dies erforderte und begründete ein Zusammenwirken mit den Organen des Ministeriums des Innern (MdI), vor allem mit der Kriminalpolizei, die oft als erste die Bearbeitung des Angriffes aufnahm. Eine operative Bedeutsamkeit war gegeben, wenn der kriminelle Angriff »sich gegen Personen, Objekte, Einrichtungen und Gegenstände richtete, die im staatlichen Interesse eines besonderen Schutzes bedurften«, auf »die Staatsgrenze der DDR, vor allem nach der BRD und nach Westberlin gerichtet« war oder »durch Personen aus dem Operationsgebiet in der DDR begangen wurde«.[7]

Terrorismus als gesellschaftliche Erscheinung wurde als eine Einheit von politisch-ideologischen Maximen, direkten Aktionen (terroristische Aktionen), konkreten Instrumentarien zu ihrer Durchsetzung (terroristische Mittel und Methoden) und handelnden Kräften (Terroristen) betrachtet.[8]

Ideologisch stimuliert, begründet und verteidigt wurde und wird der Terrorismus vor allem durch die extremen Varianten rechter bürgerlicher, linksextremistischer, opportunistischer und kleinbürgerlicher Ideologien und durch alle Formen des Antikommunismus.[9]

Auch die bürgerliche Politikwissenschaft geht davon aus, daß Terrorismus politisch-ideologisch determinierter Terror ist und bezeichnet ihn deshalb als »ein Produkt extremistischen Denkens«. Terrorismus sei eine »politisch motivierte Form der Gewaltkriminalität«, die durch »die Androhung und Anwendung von Gewalt gegen staatliche oder gesellschaftliche Funktionsträger im Rahmen längerfristiger Strategien« das Ziel verfolge, »mit der Verbreitung von Furcht und Schrecken bestehende Herrschaftsverhältnisse zu erschüttern«.[10] So steht es im Brockhaus, Ausgabe 1993.

»Hintergrund für die Entstehung terroristischer Gruppen« in der Bundesrepublik Deutschland seien laut Lexikon aber »nicht so sehr die realen politischen, sozialen und ökonomischen Verhältnisse [...] sondern deren spezifische Wahrnehmung durch eine kleine Minderheit«.[11]

Seit Februar 1997 definiert das Europäische Parlament den »Terrorismus als eine kriminelle Handlung ..., die unter Anwendung von Gewalt oder Drohung mit Gewalt politische, wirtschaftliche und gesellschaftliche Strukturen in Rechtsstaaten ändern will und sich somit von Widerstandsaktionen in Drittstaaten unterscheidet, die sich gegen Staatsstrukturen richten, die ihrerseits terroristischen Charakter haben«.[12]

In seinem Buch »Terrorismus – Der unerklärte Krieg« definierte Bruce Hoffmann, Direktor des Washingtoner Büros der *RAND Corporation* und Leiter der dortigen Abteilung für Terrorismusforschung, den Terrorismus als »die bewußte Erzeugung und Ausbeutung von Angst durch Gewalt oder die Drohung mit Gewalt zum Zweck der Erreichung politischer Veränderung«. Dieser »ist spezifisch darauf ausgerichtet, über die unmittelbaren Opfer und Ziele des terroristischen Angriffs hinaus weitreichende psychologische Effekte zu erzielen. Er will innerhalb eines breiten ›Zielpublikums‹ Furcht erregen und dieses dadurch einschüchtern; zu diesem Publikum können eine gegnerische ethnische oder religiöse Gruppe gehören, aber auch ein ganzes Land, eine Regierung oder eine politische Partei oder die öffentliche Meinung im allgemeinen. Der Terrorismus zielt darauf ab, Macht zu schaffen, wo es keine gibt, oder Macht zu konsolidieren, wo es nur sehr wenig davon gibt. Durch die Publizität, die sie mit ihren Gewaltakten erzeugen, versuchen Terroristen die Druckmittel, den Einfluß und die Macht zu erlangen, über die sie ansonsten nicht verfügen würden, um entweder auf regionaler oder internationaler Ebene politischen Wandel zu bewirken.«[13]

All die zitierten Definitionen, Erklärungen und Begründungen der Politikwissenschaftler und Terrorismusforscher führen aber offenbar nicht zu den Ursachen, die in den gesellschaftlichen Verhältnissen liegen.

Die Wurzeln des Terrors reichen weit in die Geschichte zurück. Er kommt mit der Geburt der Klassengesellschaft gewissermaßen als deren Zwilling zur Welt. Seine Erzeuger sind die Ausbeuterklassen. Auch wenn man den Begriff des Terrors und des Terrorismus in grauer Vorzeit noch nicht verwandte: Zu den grausamen Methoden der Sklavenhalter, Feudalherren und Monarchen wie auch der katholischen Kirche gehörten Folter, Mord und Scheiterhaufen. Sie waren Instrumente, um Ausgebeutete, Unterdrückte oder Unbotmäßige zu terrorisieren. Sklaven, leibeigene Bauern und Plebejer griffen daraufhin mitunter auch zu den Waffen, um Gewalt gegen ihre Peiniger anzuwenden.

»Das Kapital«, schrieb Karl Marx, »kam von Kopf bis Zeh, aus allen Poren blut- und schmutztriefend zur Welt.«[14] Plastischer konnte die Rolle der Gewalt in der kapitalistischen Gesellschaft nicht beschrieben werden.

Es übernahm die Methoden der vorangegangenen Ausbeuterklassen zur Terrorisierung seiner widerspenstigen Untertanen vom Wesen her, es hat sie seiner Zeit angepaßt und bis hin zum Völker- und Massenmord perfektioniert. Mittels einer verbrecherischen Rassentheorie hat die faschistische Diktatur versucht, das Judentum völlig auszurotten. Den daraus abgeleiteten schwersten Terrorverbrechen fielen Millionen von Juden zum Opfer.

Das Kapital ging gegen den revolutionären Kampf der Unterdrückten mit grausamsten Mitteln des Terrors vor und diffamierte zugleich deren legitime Abwehrreaktion demagogisch als Terrorismus. Das zieht sich wie ein roter Faden durch die Geschichte – bekannt sind die Bauernschlächtereien während der frühbürgerlichen Revolution, die Mordgerichte in den bürgerlich-demokratischen Revolutionen 1848/49. Die Kommunarden in Paris wurden so massakriert wie die roten Matrosen der Novemberrevolution in Berlin. Karl Liebknecht und Rosa Luxemburg wurden Opfer des Appells »Schlagt ihre Führer tot!«. Kommunisten, Sozialdemokraten und andere Antifaschisten mußten sterben, weil sie erklärten »Wer Hindenburg wählt, wählt Hitler. Und wer Hitler wählt, wählt den Krieg!« und sich dagegen auflehnten ...

Biermanns »bescheidener Vorschlag zum Selbstmord und ein behutsam ausgewogenes Lob der Lynchjustiz« im Spiegel 39/1992 blieb insoweit ohne Folgen, als niemand seinem Mordaufruf folgte. So stellte denn der spätere Berliner Ehrenbürger bedauernd fest: »Jawohl, wir sind ein kreuzbraves Volk. Kein Auge wurde in den Tagen der Wende irgendeinem Stasi-Verbrecher ausgeschlagen, kein Zahn [...] Ich gebe zu, man kann und darf – leider! – die Büttel der Tyrannei nicht alle umbringen.« Und weil er offenkundig selbst zu feige ist, schlägt er vor: »Alle Generäle des MfS, alle Führungsof-fiziere [...] sollen sich bitte umbringen. Ich würde ihnen einen ver-söhnlichen Nachruf reimen.« Grund genug, es nicht zu tun ...

Bevor die vom Groß- und Finanzkapital an die Macht gescho-benen Nationalsozialisten ihren Terror in die anderen Länder tru-gen, terrorisierten sie das eigene Volk. Die Hitlerdiktatur grün-dete sich auf Staatsterror nach innen wie nach außen.

Für die 1949 entstandene Bundesrepublik Deutschland waren die Tolerierung neofaschistischer Erscheinungen, KPD-Verbot und Kommunistenverfolgung, Berufsverbote (auch für solche, die keine Kommunisten waren, aber wegen demokratischer Gesinnung als solche diffamiert wurden) und erbarmungsloser Kalter Krieg zur Liquidierung des sozialistischen Gesellschaftssystems charakteristisch und wesensbestimmend.

Erinnert sei hier nur an den Essener Blutsonntag im Mai 1952. Bei der Auflösung einer Demonstration Tausender Jugendlicher in Essen ging die Polizei äußerst brutal vor und machte auch von der Schußwaffe rücksichtslos Gebrauch. Dabei wurde der 21jährige Philipp Müller am 11. Mai 1952 ermordet. Keiner der Jugendlichen war nach Essen gekommen, um gegen den Bestand der BRD zu demonstrieren, wohl aber wollten sie nachdrücklich ihr »Nein!« zur Remilitarisierung des Landes zum Ausdruck bringen.

Der Terrorismus wurzelt – vom Standpunkt des Marxismus – in den Eigentums-, Klassen- und Machtverhältnissen des Imperialismus und den daraus resultierenden antagonistischen Widersprüchen. Die sind, wie sie sind. Und das ist keine Frage »spezifischer Wahrnehmung«, wie der Brockhaus 1993 meinte.

Terrorismus war und ist Teil einer Strategie reaktionärer Teile der Bourgeoisie, um ihre Interessen durchzusetzen. Die soziale Basis findet sich im Kleinbürgertum, aus dem sich hauptsächlich das Personal des Terrorismus rekrutiert.

Auch andere soziale Kräfte und Gruppen – insbesondere politische, religiöse und ethnische Minderheiten – machen den Terrorismus nicht selten zu einem wesentlichen Mittel der Realisisierung mitunter reaktionäre Züge tragender Sonderinteressen. Objektiv liefern sie mit ihrem Handeln den Anlaß für schärfere Gesetze und Polizeigewalt.

Das MfS unterschied vier Erscheinungsformen des Terrorismus:
- Terrorismus als direkter Bestandteil des subversiven Kampfes des Imperialismus;
- Terrorismus als Begleiterscheinung im antiimperialistischen Kampf der Völker um nationale und soziale Befreiung;
- Terrorismus rechtsextremistischer, insbesondere neonazistischer und neofaschistischer Kräfte und schließlich
- den linksextremistischen, besonders anarchistischen Terrorismus.[15]

Aufgrund von Fehleinschätzungen sowie mangelndem Verständnis für die Kompliziertheit der Klassenauseinandersetzung griffen in der Vergangenheit einige linksradikale Kräfte bzw. Splittergruppen nationaler Befreiungsbewegungen zu terroristischen Mitteln und Methoden.

Auch für die in den 60er Jahren neu entstandenen extremsten Formen des Linksradikalismus – etwa in Gestalt der »Rote Armee Fraktion« (RAF) in der Bundesrepublik und der »Roten Brigaden« in Italien – galt: Die Ursachen für die von ihnen praktizierten Methoden des individuellen Terrors und des »bewaffneten Kampfes« lagen im imperialistischen System und wurden nicht unwesentlich von ihm selbst provoziert. Dessen Repression nach innen und seine Aggression nach außen, die soziale Lage großer Teile der Gesellschaft und die Perspektivlosigkeit vieler Jugendlicher führten zu der Konsequenz, dieses »Schweinesystem« (RAF) entschieden zu bekämpfen. Diese militärische Antwort lieferte dem imperialistischen Staat den willkommenen Anlaß, seinen Repressionsapparat zu verstärken und auszubauen. Der »wehrhafte Staat« zeigte sich dankbar. Hätte es die RAF nicht gegeben, hätte man sie erfinden müssen, lautete seinerzeit der zynische Kommentar. Und nicht nur nebenbei: Auch die Anschläge in den USA am 11. September 2001 lieferte dem deutschen Innenminister hinlänglich »Argumente«, den Gang in den Polizeistaat zu beschleunigen und weitere Bürgerrechte abzubauen.

Der Aggressionskrieg der USA in Vietnam beeinflußte die Frauen und Männer der RAF. Die barbarischen Luftangriffe gegen die Zivilbevölkerung, gegen Wohnviertel, Krankenhäuser, Schulen und Produktionsstätten, all die Versuche, das Land »in die Steinzeit zurückbomben«, wurden völlig zu Recht als »Luftterror« bezeichnet. Weltweit nannte man die Flugzeugführer »Terrorpiloten«, »Luftgangster« und »Terroristen«. Diesem Terror »von Staats wegen« fielen allein in Nordvietnam eine halbe Million Menschen zum Opfer, ebenso viele Kriegswaisen wurden gezählt und die Hälfte der Städte vernichtet. 2.923 Schulen, 250 Krankenhäuser, 1.500 Pflegestationen sowie 484 Kirchen, 495 Pagoden und Tempel gingen in Flammen auf.

In Südvietnam, das faktisch von den USA okkupiert war, lief unter der Regie der CIA das sogenannte »Phönix«-Programm, das auf die systematische Liquidierung der zivilen Kader der Nationalen Befreiungsfront Südvietnams zielte. Nach Angaben von William Colby, dem Verantwortlichen für dieses Programm und späteren CIA-Direktor, die er dem USA-Kongreß gegenüber machte, wurden 20.587 Menschen ermordet.[16]

Andere Quellen beziffern die Zahl der Toten des »Phönix«-Programms auf 40 bis 60.000, darunter waren Bürgermeister, Lehrer, Intellektuelle, Handwerker, Frauen und Kinder – »umgebracht in der Absicht, dem Gegner den Rückgriff auf menschliches Führungspotential zu verweigern«.[17]

In Italien trieb das Elend viele Jugendliche in den 70er Jahren zum bewaffneten Kampf. Nach offiziellen Verlautbarungen waren mehrere Zehntausend Menschen aktiv. Das besonders Verbrecherische ging hier wiederum von den Geheimdiensten aus. In Italien (wie zuvor in Griechenland und anderen westeuropäischen Ländern) wurden linksradikale Organisationen für die Ziele der Geheimdienste manipuliert – unerheblich, wie viele Tote es geben würde. Eingeschleuste Agenten heizten an, sie organisierten »linke« Terrorakte und initiierten selber »linke Organisationen«.

Ähnlich verhielt es sich mit der Haltung westlicher Staaten zu nationalen Befreiungsbewegungen beziehungsweise jungen Nationalstaaten. Auch dort erfreuten sich besonders radikale Gruppierungen unter den Befreiungsorganisationen der Sympathie westlicher Geheimdienste. Besonders dann, wenn in pseudorevolutionärer Ungeduld gesellschaftliche Widersprüche durch terroristische Aktionen schlagartig überwunden werden sollten, war man mit Rat und Tat zur Seite.

Kommunisten lehnten den individuellen Terror als revolutionäre Methode zur Befreiung des Proletariats und zur Erhaltung der errungenen Macht grundsätzlich ab. Terrorismus war und ist unvereinbar mit dem humanistischen Grundanliegen des Sozialismus, wie er im *Kommunistischen Manifest* eindeutig artikuliert wird. Lenin formulierte auf dem II. Parteitag der SDAPR 1903 unmißverständlich: »Der Parteitag lehnt den Terror, d. h. das System individueller politischer Morde als Mittel des politischen Kampfes entschieden ab.«[18]

Clara Zetkin erklärte 1921 im Deutschen Reichstag namens der KPD: »Wir erblicken in den individuellen Terrorakten kein Mittel des revolutionären Klassenkampfes. Individueller Terror kann den revolutionären Klassenkampf weder ersetzen noch ihn einleiten, auslösen, steigern oder irgendwie fördern ... Wir lehnen es ab, individuelle Terrorakte als politische Kampfmittel zu werten!«[19]

Damit negierten die Kommunisten jedoch keineswegs die Anwendung von Gewalt bei gesellschaftlichen Veränderungen durch Revolutionen. Ihr Maß war jedoch abhängig von der Gegenwehr der gestürzten Klasse. Dem »Weißen Terror« im Bürgerkrieg in Rußland nach 1917 wurde der »Rote Terror« entgegengesetzt. Vom ersten Tage der Existenz der Sowjetmacht nahmen die konterrevolutionären Elemente – unterstützt von der internationalen Bourgeoisie und bei aktiver Beteiligung der Geheimdienste der kapitalistischen Welt – Kurs auf die verbrecherischsten Formen des Klassenkampfes: Sie verbanden offene konterrevolutionäre Aktionen mit geheimer diplomatischer Wühlarbeit, mit Sabotage, Terror, Diversion, Mord und anderen Verbrechen. Dies zwang die Sowjetmacht zu außerordentlichen Maßnahmen. Am 20. Dezember 1917 wurde die Gesamtrussische Außerordentliche Kommission zum Kampf gegen Konterrevolution und Sabotage gebildet.

Die Geschichte zeigt aber auch, daß die exzessive Anwendung von Gewalt (bis hin zu terroristischen Mitteln und Methoden), wie sie in einer bestimmten Phase der Entwicklung in der Sowjetunion zur Machterhaltung praktiziert wurde, verbrecherisch und ein enormer historischer Fehler war.

Die Zerschlagung antisowjetischer, feindlicher Kräfte war notwendig. Aber auch vielen treuen Kommunisten und anderen Menschen, die nicht gegen die Sowjetmacht waren, wurde Schaden an Leib und Leben zugefügt. Unter den zahllosen Opfern in den 30er und 40er Jahren befanden sich Menschen, die vor dem faschistischen Terror geflohen waren, in der Sowjetunion am sozialistischen Aufbau teilnahmen oder gegen die Hitlerdiktatur kämpften.

Allerdings kann daraus nicht die Behauptung abgeleitet werden, daß Terror der sozialistische Ideologie entspringe und zu seiner Praxis gehöre. Dies ist so absurd wie die Unterstellung, zum Wesen der Kirche gehöre es, Menschen auf Scheiterhaufen zu verbrennen oder Menschen ans Kreuz zu schlagen.

Die kommunistische Weltbewegung hat sich eindeutig von der Verfolgung und Verurteilung Unschuldiger distanziert und konsequente Schlußfolgerungen gezogen.

Das MfS ließ sich stets von der Überzeugung leiten, daß die Anwendung oder Ausnutzung von Terror die progressive Lösung gesellschaftlicher Widersprüche nicht beförderte, sondern be- und verhinderte.

Der Terrorismus wies ein äußerst vielfältiges Erscheinungsbild auf. Damit die Protagonisten politisch und politisch-operativ bewertet werden konnten, suchte das MfS folgende Fragen zu beantworten:

- Von welchen Kräften oder sozialen Gruppen wurde der Terrorismus repräsentiert und eventuell durch staatliche oder gesellschaftliche Institutionen mit welchem Ziel eingesetzt oder ausgenutzt?
- Waren diese Ziele direkt oder indirekt Bestandteil einer politischen Strategie bzw. entsprangen sie ihr?
- Welche politischen und politisch-ideologischen Begründungen, Rechtfertigungen und Erklärungen lagen dem terroristischen Vorgehen zugrunde, und wodurch wurden die Terroristen vorrangig motiviert?[20]

Aus der Beantwortung dieser Fragen ergab sich auch die Einschätzung, daß dann Staatsterrorismus vorlag, wenn der Staat – etwa ein faschistischer – Träger des Systems terroristischer Handlungen war, unabhängig davon, ob sein Handeln nach innen oder außen oder in beide Richtungen zielte.

Auf gleicher Stufe stand die Anwendung von Terror und anderen Gewaltakten durch Institutionen eines Staates, etwa durch seine Geheimdienste oder paramilitärische Einheiten, die vom Staat organisiert und unterstützt wurden, oder durch den Einsatz von Teilen seines Militärs.

Die Geschichte des 20. Jahrhunderts ist reich an Beispielen, daß Terror und andere Gewaltakte zum Wesen der kapitalistischen Gesellschaft gehören und von ihren Vertretern systematisch (durch Individuen, Gruppen oder Institutionen des Staates) im Interesse der Erhaltung, Wiederherstellung oder Ausweitung ihrer Macht verübt wurden. Besonders deutlich wurde das in der Zeit nach dem Zweiten Weltkrieg, als Alternativen zur kapitalistischen Ausbeutung und kolonialen Unterdrückung in vielen Teilen der Welt gesucht wurden. Schritte in diese Richtung zielten unweigerlich auf die Änderung oder gar Abschaffung bis dahin bestehender klassischer kapitalistischer Gesellschaftsverhältnisse.

Vor allem die USA setzten als imperialistische Führungsmacht ihre Interessen durch. Sie unternahmen und unternehmen alles, um ihre Einflußsphäre ständig auszuweiten und ungünstige Veränderungen rückgängig zu machen. Demokratische Spielregeln und Menschenrechte, das Völkerrecht, Beschlüsse der UNO und anderer internationaler Organisationen interessierten nur solange, wie sie den angestrebten Zielen nicht zuwiderliefen. In vielen Fällen erwiesen und erweisen sich dann die Geheimdienste, darunter insbesondere die CIA, als wirksame und frei von allen Skrupeln agierende Instrumente zur Durchführung streng geheimer Operationen.

Der Sozialdemokrat Andreas von Bülow, von 1969 bis 1994 Mitglied des Deutschen Bundestages, gehörte der Parlamentarischen Kontrollkommission für die Geheimdienste an. In seinem 1998 veröffentlichten Buch »Im Namen des Staates« erklärte er zur Rolle der USA-Geheimdienste bei den Versuchen, die alte Ordnung wiederherzustellen: »Die CIA ist daher nicht so sehr eine Organisation, die sich dem Sammeln und Auswerten möglichst objektiver Daten widmet. Der Schwerpunkt der CIA-Herausforderung wurde von Beginn an in der verdeckten Operation, dem Krieg ohne Kriegserklärung, gesehen. Ein Krieg, der keine Grenzen kennt, der durch Völkerrecht nicht eingedämmt ist und den die amerikanische wie die Weltöffentlichkeit in keinem der betroffenen Länder als amerikanische Amtshandlung mit Verantwortlichkeit für das Geschehen sollte wahrnehmen können.«[21]

Grundlage für die geheimen Operationen der CIA bildete die Direktive 10/2 des Nationalen Sicherheitsrates vom 18. Juni 1948, die 30 Jahre später erstmals veröffentlicht wurde. Darin heißt es: »Unter dem in dieser Direktive verwendeten Terminus ›geheime Operationen‹ sind alle Aktivitäten [...] zu verstehen, die von dieser Regierung gegen feindliche ausländische Staaten oder Gruppen oder zur Unterstützung befreundeter ausländischer Staaten oder Gruppen geleistet oder gefördert werden, die jedoch so geplant und geleitet werden, daß nach außen hin ihr Urheber – die Regierung der USA – auf keine Weise in Erscheinung tritt und im Falle ihrer Aufdeckung die Regierung der USA völlig glaubwürdig jede Verantwortlichkeit für sie plausibel leugnen kann.«

Unter »Aktivitäten der geheimen Operationen« wurden aufgeführt: »Propaganda, Wirtschaftskrieg, direkte Präventivhandlungen, einschließlich Sabotage, [...] Wühlarbeit gegen feindliche Staaten, einschließlich der Hilfe für die illegalen Widerstandsbewegungen im Untergrund, für Guerillas sowie die Unterstützung von antikommunistischen Elementen in bedrohten Ländern der freien Welt.«[22]

Die nachfolgenden Direktiven von 1950/51 verlangten eine Intensivierung jener Aktivitäten, ohne feste Richtlinien für die Durchführung vorzugeben.[23] »Die CIA definiert Geheimaktionen als jene illegale Operation oder Aktivität, die dazu bestimmt ist, ausländische Regierungen, Organisationen, Personen oder Ereignisse in einer für die amerikanische Politik positiven Weise zu beeinflussen«, schrieb das US-Nachrichtenmagazin *Newsweek* am 8. November 1982. »Das bezieht alles ein – von einem proamerikanischen Leitartikel, der in eine ausländische Zeitung lanciert wird, bis zur Inszenierung eines Putsches oder der Aufstellung von Geheimarmeen. Demokratische Ideale passen oft nicht zu Geheimaktionen.« James Doolittle, Berater von US-Präsident Eisenhower, urteilte über verdeckte Aktionen so: »Es gibt keine Regeln in einem solchen Spiel. Im allgemeinen akzeptierte Normen menschlichen Verhaltens sind nicht anwendbar.«[24]

So unterschiedlich die behaupteten oder dargestellten Motive des politischen Mordes waren, so engagiert sich Drahtzieher und Hintermänner auch mühten, ihre wahren Absichten zu verschleiern, gab es letztlich nur einen Grund, weshalb politische Führer ermordet wurden: Man beseitigte sie, um der Bewegung den Kopf zu nehmen und damit die Entwicklung zu stoppen, die eben jene Bewegung dem Land gegeben hatte. Eben: »Tötet ihre Führer!«

Als der Ministerpräsident des Iran, Muhammad Mossadegh, 1951 die Verstaatlichung der iranischen Erdölindustrie veranlaßte, mittels Gesetz die *Anglo-Iranian Oil Company* liquidierte und vorsichtige Schritte zur Annäherung an die Sowjetunion unternahm, wurde seine Regierung 1953 durch einen reaktionären Militärputsch unter maßgeblicher Beteiligung der CIA gestürzt.[25]

Patrice Lumumba, erster Ministerpräsident der Republik Kongo, entzog die reichen Rohstoffvorkommen seines Landes (Uran, Kobalt, Diamanten, Gold, Zink, Kupfer) dem Zugriff ausländischer Monopole. Er wurde am 18. Januar 1961 beseitigt.[26] »Die Ermordung Lumumbas war die Krönung von mehr als sechs Monaten westlicher Intervention im Kongo. Sowohl Washington als auch Brüssel und New York – sprich die UNO – hatten vor Lumumba und vor der antikolonialen Bewegung, die er verkörperte, Angst bekommen.« So urteilte 1999 der Soziologe und Afrikawissenschaftler Ludo De Witte in seinem Buch »De Moord op Lumumba«. Dafür hatte er geheime belgische Dokumente einsehen können.

Daß die CIA an dem Komplott beteiligt war, ist ebenso belegt wie die Tatsache, daß »Belgien die größte Verantwortung an der Ermordung Lumumbas trägt«. Laut De Witte wurden Lumumba und zwei seiner Getreuen von einem belgischen Erschießungskommando unter Hauptmann Julien Gat an einem unbekannten Ort hingerichtet. Um die Spuren des Verbrechens zu verwischen, sollen alle drei Leichen verschnürt und danach in ein Salzsäurebad gelegt worden sein. Ein Belgier im Dienst der katangischen Polizei, der ehemalige Polizeikommissar Gerard Soete, bestätigte in einem Fernsehinterview, daß er und sein Bruder die Leichen zersägt und die Stücke in einem Säurebad aufgelöst hätten.[27]

J. F. Kennedy sprach als erster Präsident der USA nach dem Ende des Zweiten Weltkrieges vom »ehrlichen und friedlichen Wettbewerb« mit dem Sozialismus. Er betonte das gemeinsame Interesse der USA und der UdSSR am Frieden und warnte eindringlich vor der Gefahr eines Atomkrieges. Diese Sicht entsprang vor allem seiner realen Einschätzung des damaligen Kräfteverhältnisses. Kennedy setzte damit erste zaghafte Zeichen für Entspannung und friedliche Koexistenz, ohne seine antikommunistische und strikt imperialistische Position zu verlassen. Als er in einen Kompromiß mit der Sowjetunion einwilligte und am 5. August 1963 einen Vertrag über das Verbot von Kernwaffenversuchen in der Atmosphäre, im kosmischen Raum und unter Wasser unterzeichnete, hatte er einen Weg eingeschlagen, der den Interessen der Rüstungsindustrie entgegenlief und von dieser als nationaler Verrat an den USA gewertet wurde.

Am 22. November 1963 folgte die Tragödie von Dallas, über deren Hintergründe und Hintermänner bis heute offenkundig ein nicht zu durchdringender Schleier liegt.

Amilcar Cabral fiel am 20. Januar 1973 Mördern zum Opfer, die damit das Kolonialsystem Portugals in Guinea-Bissau und auf den Kapverdischen Inseln zu retten versuchten. Cabral war Mitbegründer und seit 1959 Generalsekretär der Afrikanischen Unabhängigkeitspartei Guineas sowie Führer des bewaffneten Kampfes gegen die portugiesische Kolonialherrschaft. Der feige Mord konnte nicht verhindern, daß acht Monate später, am 24. September 1973, auf befreitem Territorium die Nationalversammlung den unabhängigen Staat Guinea-Bissau proklamierte, der schon bald von 80 Ländern der Welt anerkannt wurde. Das faschistische Regime in Portugal wurde am 25. April 1974 gestürzt.

Das gleiche Schicksal traf Sheik Mujibur Rahman in Bangladesh, der ehemaligen Ostprovinz Pakistans. Der Vorsitzende der Awami-Liga, vom Volk »Tiger von Bengalen« genannt, setzte sich für eine demokratische Entwicklung des Landes ein und gewann als Staatspräsident mit diesem Programm die Zustimmung des Volkes. Bangladesh hatte sich 1971 von der Unterdrückung Pakistans befreit und am 17. April jenes Jahres die Volksrepublik proklamiert. Ihr erster Staatspräsident wurde Mujibur Rahman. Doch die antifeudale und antiimperialistische Politik Rahmans stieß auf energischen Widerstand der um ihre Profite fürchtenden pakistanischen und amerikanischen Unternehmen, die gemeinsam alles daran setzten, Unruhe zu stiften und den Präsidenten in Mißkredit zu bringen. Schließlich organisierten sie die Schreckensnacht des 15. August 1975, in der der Sheik und seine gesamte Familie umgebracht wurden.

Erinnert sei auch an den von der CIA gelenkten Putsch gegen die chilenische Regierung der Unidad Popular und die Ermordung des demokratisch gewählten Staatspräsidenten Salvador Allende Gossens am 11. September 1973.

Die Operation lief über drei Jahre. Oppositionelle Parteien in Chile und deren Wahlkämpfe wurden über die CIA finanziert, Medien manipuliert oder aufgekauft und zur Verbreitung von Greuelmärchen benutzt sowie Abgeordnete bestochen. Die internationalen Medien wurden mit gefälschten Negativmeldungen und Dokumenten gefüttert, die chilenischen Streitkräfte ebenso wie Gewerkschaften und Parteien mittels Horrormeldungen aufgehetzt. Das Ende jeder freien Religionsausübung nach dem Sieg des unerwünschten Kandidaten wurde an die Wand gemalt, um so Kreise der katholischen Kirche aufzubringen und in die Kampagne einzubeziehen. In Vorbereitung des Putsches wurde durch Manipulation der Kupferpreise, Streichung von Krediten, organisierte Panikabhebungen von Konten, Verhinderung von Ersatzteillieferungen aus dem Ausland die Wirtschaft lahmgelegt. Der öffentliche Busverkehr kam durch einen Generalstreik der Kraftfahrer zum Erliegen.

Zugleich wurde der Umfang der Militärhilfe für Chile in eine für ganz Lateinamerika ungeahnte Höhe getrieben und schließlich die Putschisten um General Pinochet organisatorisch und militärisch durch hochrangige CIA-Mitarbeiter, von Militär- und CIA-Personal der US-Botschaft sowie leitenden Mitarbeitern der Filialen amerikanischer Konzerne in Chile beraten.[28]

Zu den Putschversuchen, mit denen die imperialistische Hauptmacht den gesellschaftlichen Fortschritt auf Kuba zunichte machen wollte, gehört die militärische Invasion von Exilkubanern unter Führung der CIA in der Schweinebucht am 17. April 1961.

Der Berliner *Kurier* berichtete am 3. Juli 1997 unter Berufung auf Akten der CIA, daß von der CIA allein acht Versuche unternommen wurden, um Fidel Castro zu ermorden.[29] Dies wurde inzwischen durch viele offizielle Quellen bestätigt. »Bereits im August 1959 habe man Mordkomplotte gegen Fidel gestartet«, so der ehemalige CIA-Mitarbeiter Philip Agee. Für 600.000 Dollar seien Profi-Killer der Mafia angeheuert worden. Aus den Werk-

Fidel Castro – hier mit Juri Gagarin, dem ersten Kosmonauten – war wiederholt Ziel von CIA-Mordanschlägen

stätten der CIA stammten diverse Pläne über den Einsatz von Gift und mit Sprengstoff präparierter Zigarren. Exilkubanern und andere mittelamerikanischen Terroristen bereiteten Attentate auf Fidel Castro in und außerhalb Kubas vor. So soll Anfang der 70er Jahre in Chile ein gedungener Killer versucht haben, Castro mit einer in einer Fernsehkamera versteckten Schußwaffe zu töten.[30]

1999 konnte die Absicht exilkubanischer Terroristen vereitelt werden, den *Maximo lider* bei seinem Besuch in der Dominikanischen Republik zu ermorden.[31]

Im Juli 1999 begann vor dem Provinzgericht von Havanna ein Verfahren. Staatliche kubanische Organisationen klagten gegen die US-Regierung um Schadenersatz in Höhe von 181,1 Milliarden Dollar. In der Klageschrift war sogar von 637 Attentatsplänen gegen Fidel Castro seit Anfang der 60er Jahre die Rede. Die Klageschrift nannte ferner 3.476 Tote, 2.089 Verletzte sowie enorme Sachschäden durch Sabotageakte, die in diesen Zeitraum aktenkundig geworden waren.[32]

Aber auch die mit den USA befreundeten europäischen Länder erfreuen sich des Interesses der US-Geheimdienste. So enthielt die am 18. März 1970 vom Generalstabschef der US-Armee, General W. C. Westmoreland, herausgegebene »FM 30-31« Instruktionen für die *Defense Intelligence Agency* (DIA, Militärische Aufklärung der US-Armee) zur Planung und Durchführung von Geheimoperationen zur Stabilisierung der »befreundeten Länder« und der Destabilisierung ihrer Gegner »im gesamten Verteidigungsbereich«. Die Abkürzung FM steht für Field Manual (Feldhandbuch), die Ziffer 30 ist die Ordnungszahl der DIA und 31 der Kodex für Spezialoperationen.[33]

Andreas von Bülow beschreibt in seinem Buch »Im Namen des Staates« den Inhalt dieses Feldhandbuches »Field Manual 30-31«, und dort vor allem den Anhang B: »Das Handbuch faßt frühere Anweisungen und Richtlinien des *National Security Council* (Nationaler Sicherheitsrat) und der CIA zusammen. Danach muß in einem befreundeten Land, das nicht mit hinreichender Konsequenz gegen den Kommunismus vorgeht, mit besonderer Sorgfalt an der Veränderung der politischen Strukturen gearbeitet werden. Zu diesem Zweck soll der Geheimdienst der US-Armee ausgewählte Gruppen veranlassen, zielgerichtet gewaltlose wie gewalttätige Handlungen zu begehen.«[35]

Und weiter: »Es ist dabei letztlich alles erlaubt, was den zu manipulierenden Freundesstaat auf den Pfad der Tugend und einen amerikafreundlichen Kurs zurückzuführen in der Lage ist. Dazu gehört die Unterwanderung der befreundeten Geheimdienste, Verfassungsschutzorganisationen, Militärischer Abschirmdienste oder Kriminalpolizeien, die Unterwanderung radikaler rechter wie linker Gruppen, das Vordringen in Spitzenpositionen auch von Terrororganisationen, um als *Agents provocateurs* selbst Anschläge zu planen und zu steuern.«[35]

Als in Italien in den 60er bis 70er Jahren, mitten im Kalten Krieg, die Gefahr drohte, führende Kreise der Christdemokratischen Partei könnten mit den Kommunisten eine Regierung bilden, entwickelte die CIA mit italienischen Diensten und der geheimen NATO-Truppe »Stay Behind« (die in Italien »Gladio«, Kurzschwert, heißt) eine »Spannungsstrategie«. Den Auftakt bildete ein Sprengstoffanschlag auf die Mailänder Landwirtschaftsbank am 12. Dezember 1969, der vordergründig von Neofaschisten begangen wurde. Der Höhepunkt war der Mord an den Chef der Christdemokraten Aldo Moro 1978.

Das FM 30-31 bildete die Operationsgrundlage für die Gladio-Truppe, die in Zusammenarbeit mit den italienischen Geheimdiensten und der Putschistenloge P 2 (Freimaurerloge) die »Spannungsstrategie« umsetzte.[36] »Mit einer ›Strategie der Spannung‹ trachteten sie, die Bürger zu verängstigen und von der Wahl linksgerichteter Parteien abzuhalten«, meinte von Bülow. »Im Gegenzug sollte den rechtsgerichteten Parteien als den Hütern von Gesetz und Ordnung ein Popularitätsvorsprung verschafft sowie der Bevölkerung die Notwendigkeit der Einschränkung von Bürgerrechten zum Zwecke des Kampfes gegen Chaos, Terror und Kriminalität einsichtig gemacht werden. Geheimdienstkräfte unterwanderten sowohl die rechte als auch die linke Terrorszene, nicht selten mit dem vorhersehbaren Ergebnis, daß die Terrorszene beider Seiten nahezu vollständig von den Geheimdiensten gesteuert wurde. Der ehemalige Mitarbeiter des militärischen Abschirmdienstes, Roberto Cavallaro, erklärte in einem Interview der italienischen Wochenzeitung *L'Europeo* im November 1984, die Geheimdienste seien Verbindungen sowohl mit dem organisierten Verbrechen als auch dem Terrorismus eingegangen. Die Geheimdienste kontrollierten die terroristischen Gruppen auf der linken wie auf der rechten Seite.

Die Dienste spielten in allen Anschlägen dieser Zeit eine Rolle, mal als Anstifter, mal als Verhinderer des Durchgriffs der Strafverfolgungsbehörden gegen die Täter, mal als Quelle der Desinformation, des Hinweisgebers in die falsche Richtung, indem sie verdächtige Sündenböcke zumeist auf der linken Seite des politischen Spektrums fälschlich benannten.«[37]

Der italienische Linksextremismus und sein »bewaffneter Kampf« kam bezeichnenderweise erst nach Anlaufen der »Spannungsstrategie«auf.

Der fast zwei Jahrzehnte währenden Terrorwelle der »Spannungsstrategie« fielen Unzählige zum Opfer. Es gab Hunderte Tote und Tausende Verletzte. Die CIA stützte sich bei dieser »Spannungsstrategie« insbesondere auf alte und neue Faschisten, aus deren Reihen ebenso die Gladio-Organisation rekrutiert wurde. Wie nach der Aufdeckung von Gladio nach 1991 ans Licht kam, führten einen Großteil der Attentate Einheiten dieser geheimen Truppe selbst aus.[38]

Gleichzeitig wurden auch systematisch linksextreme Gruppen, darunter die »Roten Brigaden« (*Brigate Rosse*), mit Polizei- und Geheimdienstagenten unterwandert, manipuliert und gesteuert, was offenkundig mit dazu führte, daß Aldo Moro, der ein Regierungsabkommen mit der Italienischen Kommunistischen Partei unterzeichnet hatte, am 9. Mai 1978 durch die *Brigate Rosse* ermordet wurde.

Denn laut der FM 30-31 gehörte Aldo Moro zu jenen Personen, die »gegenüber dem Kommunismus oder der kommunistisch inspirierten Unterwanderung Passivität oder Unentschlossenheit zeigen und gemäß den Einschätzungen der US-Geheimdienste mit ungenügender Schlagkraft reagieren«. Angesichts der »politischen Unzuverlässigkeit« Moros, der »direkt dem Feind« zuarbeitete, war ein »Wechsel der Regierungsausrichtung erforderlich«.

Da alle Aktionen, Moro »zu beeinflussen oder unter Druck zu setzen« scheiterten, griff man, da »die Interessen der USA gefährdet« waren, wie US-Außenminister Kissinger hinreichend verdeutlicht hatte, nunmehr zum letzten Mittel, das im Feldhandbuch vorgesehen war – der physischen Liquidierung.[39]

Nicht auszuschließen ist also, daß es ein Komplott der CIA war, dem der Parteiführer zum Opfer fiel, mutmaßte 1996 der Italienkenner Gerhard Feldbauer.[40] »Als ausführendes Organ nutzen sie die *Brigate Rosse*, deren Haß auf das herrschende Regime der *Democrazia Christiana* und ihren Bündnispartner im Historischen Kompromiß, die IKP, sie durch V-Leute, Agenten und Provokateure in die gewünschte Richtung lenken und sie in eine ausweglose Situation treiben, die geradezu zwangsläufig mit der Exekution der Geisel enden muß.«[41]

Auch Andreas von Bülow sah es so. »Denn auch die Roten Brigaden waren seit Jahren von Kräften der CIA und der italienischen Geheimdienste unterwandert. Ziel war es, durch exzessive Gewalttakte angeblich linksradikaler Täter die politische Linke insgesamt in der Öffentlichkeit in Mißkredit zu bringen. Die Roten Brigaden waren hierfür besonders gut geeignet. Sie standen links von der IKP, die sie als bieder und harmlos ansahen. Die Öffnung Moros und der Christdemokraten nach links taten sie verächtlich als kompromißlerisch ab. Andererseits erhielten die Brigaden Zuwendungen aus den USA.«[42] Und an anderer Stelle meinte von Bülow: »Oberst Oswald le Winter, der frühere Verbindungsmann der CIA in Rom, gab zu erkennen, daß die Roten Brigaden unterwandert waren und den Instruktionen des Generals Santovito, dem Schutzherrn (*grand patron*) des Militärischen Abschirmdienstes SISMI (*Servizio Informazioni Sicurezza Militare*, Militärischer Geheimdienst Italiens), folgten.«[43]

Der Sinn solcher Morde bestand nicht ausschließlich und immer in der Beseitigung von wichtigen Personen, sondern auch darin, diese Verbrechen im Interesse ganz bestimmter politischer Ziele nutzbar zu machen.

So diente der Mord an Ethel und Julius Rosenberg, die 1951 auf Grund bis heute umstrittener und mehr als zweifelhafter Indizien wegen angeblicher Atomspionage von einem Gericht in den USA zum Tode verurteilt und am 19. Juni 1953 hingerichtet wurden, als öffentliche Legitimation für einen generellen Umschwung in der Politik der USA, als Auftakt für einen hemmungslosen und ungezügelten Antikommunismus in ihrer Innen- und Außenpolitik. (Daß es Justizmord war, offenbarte auch der später eingestandene Meineid des »Kronzeugen«.[44])

Dieser Prozeß unterstrich aber auch, daß man sich bei politischen Morden nicht nur des Dolches und der Bombe, sondern auch der legitimen Justiz bediente.[45]

Der Kapitalismus setzt seit seinem Eintritt in die Geschichte auf Gewalt – nach innen wie nach außen. Vergangenheit und Gegenwart lieferten und liefern unausgesetzt Anschauungsunterricht. Sie veranlaßten den US-amerikanischen Wissenschaftler Edward S. Herman von der Universität Pennsylvania in den 80er Jahren, die Position der herrschenden Kreise seines Landes und der Washingtoner Administration zum Terrorismus zu untersuchen. Er gelangte dabei zu dem Schluß, daß es die USA selbst seien, die den internationalen Terrorismus unter dem Banner seiner Bekämpfung förderten und selbst terroristisch tätig würden.

Herman verwies auf das angemaßte Vorrecht Washingtons, willkürlich zu bestimmen, wer Terrorist sei und was terroristische Aktionen wären. Die USA-Regierung handele nach dem Motto, was sie nicht billige, das sei Terrorismus. Dazu gehöre der Dreh, Dinge auf den Kopf zu stellen, also Aktionen antiimperialistischer Kräfte generell und undifferenziert als Terrorismus, die eigenen terroristischen Aktionen hingegen als Vergeltung zu charakterisieren. Von systemkonformen Massenmedien werde diese Lesart dann willfährig verbreitet.[46]

Hermans Feststellung wiederholte nur das, was Marx mehr als hundert Jahre zuvor in seinem Werk »Der Bürgerkrieg in Frankreich« geschrieben hatte. Er meinte zum Terrorvorwurf mit Blick auf die Ermordung der Pariser Kommunarden 1871, »daß der heutige Bourgeois sich für den rechtmäßigen Nachfolger des ehemaligen Feudalherren ansieht, der jede Waffe in seiner Hand für gerechtfertigt hielt gegenüber dem Plebejer, während irgendwelche Waffe in der Hand des Plebejers von vornherein ein Verbrechen ausmachte«.[47]

Die USA erhoben und erheben sich zum »Hüter und Bewahrer der Demokratie«. Das, so meinen sie, legitimiere sie, »Freiheit und Demokratie« – wie sie sie verstehen – auch mit staatsterroristischer Politik durchzusetzen. Ihr neurotischer Zwang, weltweit bis in den äußersten Winkel der Erde zu bestimmen, was Recht und Gesetz sei, ohne sich dabei an völkerrechtliche Prinzipien und Regeln sowie Vereinbarungen zu halten, wird auch an Beispielen aus jüngster Vergangenheit deutlich.

Anfang 1986 erklärte US-Präsident Ronald Reagan den libyschen Staatschef Ghaddafi zum »Herbergsvater des internationalen Terrors« und damit praktisch für vogelfrei. Im März 1986 versenkte die US-Marine zwei Schiffe Libyens ohne jeden ersichtlichen, völkerrechtlich legitimierbaren Grund.

Am 5. April 1986 um 1.39 Uhr explodierte in der überwiegend von farbigen US-Soldaten besuchten Westberliner Diskothek *La Belle* ein Sprengstoffpaket. Zwei US-Soldaten und eine junge Türkin kamen dabei ums Leben, mehr als 200 Personen wurden zum Teil schwer verletzt. Obwohl die Beweise dürftig waren, wurde der Anschlag sofort »libyschen Terroristen« zugeschrieben. – Am 15. April 1986 bombardierten auf Befehl Reagans amerikanische Kampfflugzeuge die libyschen Städte Tripolis und Bengasi.

Erklärtes Ziel der »Vergeltungs-Aktion« war es, Ghaddafi zu liquidieren und die Bevölkerung gegen das herrschende System aufzuwiegeln. Bei Andreas von Bülow kann man dazu lesen: »Der israelische Geheimdienstmann Ari Ben-Menashe jedenfalls berichtet zum Attentat auf die Disco *La Belle*, ein Kommandounternehmen des Mossad habe eine Funkreflexanlage in die unmittelbare Nähe des Präsidentenpalastes in Tripolis gebracht und darüber Funksprüche simuliert, die dann von den amerikanischen Diensten in Europa abgehört werden konnten. Der andere israelische Geheimdienstmann Ostrovsky bestätigt den Vorgang, an dem er selbst beteiligt gewesen sei. Die Operation sei von der Desinformationsabteilung des Mossad vorgenommen worden. Der Mossad habe über diese Anlage eine ganze Latte von terroristischen Befehlen an verschiedene libysche Botschaften und Volksbüros elektronisch übermittelt. Damit habe der Eindruck erweckt werden sollen, als stünde Libyen hinter vielen terroristischen Aktivitäten in der Welt. Und dies wiederum habe die Glaubwürdigkeit der vom Mossad den Partnerdiensten zugespielten Berichte untermauern sollen.«[48]

Am 20. April 2000 legte der Palästinenser Ali Chanaa ein Teilgeständnis ab. Der Mitangeklagte Yasser Chraidi, ein Palästinenser, habe den Sprengstoff besorgt und der Libyer Musbah Abulgasem Eter den Zeitzünder. Beide sollen in seinem Beisein die Bombe zusammengebaut haben. Dabei solle Eter gesagt haben: »Dies ist die Antwort für die Amerikaner, ein Geschenk von Ghaddafi für Reagan.«[49]

Als Beweis für die aktive Beteiligung des »Revolutionsführers« war das ein wenig dürftig.

Die Heuchelei im Umgang mit vermeintlichen Schurkenstaaten wurde, wieder einmal, im April 2008 offenbar. Zwischen 2005 und 2007 hatten bundesdeutsche Bedienstete libysche »Sicherheitskräfte« ausgebildet. Man sprach von 30 SEK-Beamten sowie Mitgliedern der Eliteeinheit GSG-9 und Bundeswehrsoldaten, die in Libyen eingesetzt waren. Diese geheime Kooperation, hieß es, sei im Oktober 2004 zwischen Kanzler Schröder und dem Revolutionsführer Ghaddafi vereinbart worden. Bereits Ende der 70er Jahre hatte der BND illegal Offiziere und Soldaten in Libyen ausgebildet, was 1995, als es bekannt wurde, einen Skandal ausgelöst hatte. Auch diesmal war Pullach involviert ... Karikatur: Klaus Stuttmann

In dem vor dem Berliner Landgericht verhandelten Prozeß gegen fünf Attentäter auf die Diskothek *La Belle*, der nach vier Jahren im November 2001 mit langjährigen Haftstrafen gegen zwei Palästinenser, einem Araber und einer Deutschen sowie einem Freispruch endete, konnte zwar zweifelsfrei eine Verbindung zum libyschen Volksbüro in der DDR-Hauptstadt nachgewiesen werden. Aber auch die in der Urteilsbegründung getroffene Feststellung, Ghaddafi selbst habe vermutlich den Befehl für den Anschlag erteilt, konnte nicht bewiesen werden. Es gab nicht wenige Prozeßbeobachter, die der Auffassung waren, daß mit hoher Wahrscheinlichkeit mehrere Beteiligte und Hintermänner dieses Terroranschlages Mitarbeiter der CIA und des israelischen Geheimdienstes Mossad gewesen sind. Diesen Geheimdiensten sei mindestens der Anschlag rechtzeitig bekannt gewesen, und sie hätten ihn nicht verhindert.[50]

An der politisch-strategischen Haltung der USA, die man als Staatsterrorismus bezeichnen kann, hat sich auch nach dem Zerfall des sozialistischen Weltsystems nichts geändert.

Erinnert sei an die Reaktion der USA auf die verabscheuungswürdigen Bombenanschläge auf die amerikanischen Botschaften in Nairobi (Kenia) und Daressalam (Tansania) am 7. August 1998. Dabei starben 260 Menschen, mehr als 5.400 wurden zum Teil lebensgefährlich verletzt.

Schon sehr bald wurde durch die CIA der angeblich in Dshalalabad (Afghanistan) lebende Millionär Osama bin Laden als »Drahtzieher« ausgemacht. Obwohl bis zu jenem Zeitpunkt offenkundig nichts wirklich bewiesen war, erteilte Präsident Bill Clinton am 20. August 1998 den Befehl, militärische Schläge gegen vermutete Aufenthaltsorte und Ausbildungslager des Osama bin Laden in Afghanistan sowie gegen eine Chemiefabrik in Al Shifa bei Khartoum im Sudan zu führen. Während 1986 gegen Libyen noch Kampfflugzeuge eingesetzt wurden, erledigten nunmehr ferngelenkte Cruise Missiles diese Aufgabe.

Wie am 22. August 1998 *Bild* berichtete, soll die CIA in Afghanistan eng mit dem Mossad zusammengearbeitet haben. »Eine 30köpfige gemeinsame Eliteeinheit sei schon am 17. August 1998 mit der Aufgabe in Kabul eingeschleust worden, die Angriffsziele aufzuklären und kurz vor der Attacke diese Ziele mit unsichtbaren elektronischen Leitstrahlen zu markieren.«[51] Offiziell wurde bis heute nicht bekannt, daß die für die Anschläge verantwortlich gemachten Terroristen und ihre angeblichen Ausbildungslager in Afghanistan tatsächlich dadurch getroffen wurden.

Im Frühjahr 2001 fand in New York der Prozeß gegen 22 Personen, darunter auch Osama bin Laden wegen der Bombenanschläge in Nairobi und Daressalam statt. Nur vier Araber saßen auf der Anklagebank, gegen die übrigen wurde in Abwesenheit verhandelt.

Das Gericht kam zu der Überzeugung, daß zwei von ihnen die jeweiligen Fahrzeuge gefahren hatten, mit denen der Sprengstoff zu den Botschaften gebracht worden waren. Die anderen beiden Männer sollen organisatorische und finanzielle Hilfe geleistet haben.[52] Alle vier wurden zu lebenslanger Haft verurteilt. Die klaren Beweise für bin Ladens Schuld konnten allerdings auch nicht geliefert werden.[53]

Im übrigen stellte sich heraus, daß die völlig zerstörte, erst zwei Jahre alte Chemiefabrik im Sudan, die öffentlich zugänglich war und ein Drittel der im Sudan benötigten Medikamente, vor allem Anti-Tuberkulose-Mittel und Antibiotika für die Viehzucht herstellte, keinen Bezug zum Terroranschlag oder zu bin Laden hatte.

Später räumte die US-Regierung indirekt ein, sich im Falle der Chemiefabrik geirrt zu haben. Am 3. Mai 1999 lief die Frist ab, in der vor einem Zivilgericht in den USA zu beweisen war, daß die Chemiefabrik im Sudan Giftgas produziert habe. Die US-Regierung konnte offenbar dafür keinen einzigen Beweis vorbringen. Ein von diesem Gericht angefordertes Gutachten belegte außerdem, daß die Beschuldigung falsch gewesen war, der sudanesische Besitzer dieser Chemiefabrik, Saleh Idris, sei einer der Geldgeber des mutmaßlichen Terroristen Osama bin Laden.

Bereits am 21. September 1998 zitierte die *New York Times* hohe Mitarbeiter von State Department und CIA mit dem Eingeständnis, einen Fehler begangen zu haben. »Die Entscheidung, Al Shifa anzugreifen, setzt die Tradition fort, im Sudan auf der Grundlage unzureichender Geheimdienstinformationen zu operieren«, wurde ein Mitarbeiter der Administration zitiert.

Schon 1996 hatte die CIA mehr als 100 Geheimdienstberichte über den Sudan zurückziehen müssen, als offenkundig wurde, daß die Quelle diese Informationen erfunden hatte. Gerade aber diese Informationen waren dafür ausschlaggebend, daß Sudan auf die Liste der sieben gefährlichsten Terroristenstaaten gesetzt worden war.

Am 29. April 1999 entschied US-Präsident Bill Clinton, die Wirtschaftssanktionen zu lockern und die auf Konten in den USA eingefrorenen 24 Millionen Dollar des Besitzers der Chemiefabrik freizugeben[54], womit implizit bereits eingestanden wurde, nicht nur den falschen Mann verfolgt, sondern auch die falsche Fabrik zerstört zu haben.[55] Der Besitzer der noch immer in Trümmern liegenden Fabrik wartet seither auf eine entsprechende Entschädigung. Die von ihm bei einem Gericht in den USA eingereichte Zivilklage kam bisher nicht zur Verhandlung.

Die Raketenangriffe auf Ziele in Sudan und Afghanistan belegen einmal mehr, daß Washington die Rolle als »Weltpolizist« wörtlich nimmt und sich dabei mitunter auf äußerst zweifelhafte, unzureichend überprüfte oder erfundene Informationen des Geheimdienstes stützt.

Prof. Werner Ruf aus Kassel, Spezialist für den Problemkreis Islam und Dritte Welt, äußerte sich 1998 zur diesbezüglichen Politik der USA: »Was bleibt, ist die Demonstration der Arroganz der Macht, die Verletzung elementarer Grundsätze des Völkerrechts, die exemplarische Praktizierung des Faustrechts. So wie Gewalt Gewalt produziert, so legitimiert die Verletzung von Rechtsgrundsätzen extralegales, also terroristisches Handeln. Der militärisch-weltpolizeiliche Akt der Supermacht USA produziert so nicht nur weiteren Terror, er beschädigt auch die Legitimität der UNO als supranationale Instanz zur Lösung und Verhinderung von Konflikten.«[56]

Diese zweifellos treffende Charakterisierung der praktizierten Politik der USA und ihrer Auswirkungen findet als Handlungsmaxime immer wieder ihre Fortsetzung bis in die unmittelbare Gegenwart. So beispielsweise nein Krieg gegen den Irak durch die USA oder bei der Aggression gegen Jugoslawien, an der die USA-dominierte NATO mitwirkte.

Die 78 Tage dauernde Bombardierung Jugoslawiens[57] durch die NATO ohne Mandat der UNO im Frühjahr 1999 ist ein besonders prägnantes Beispiel für eine neue Qualität des Staatsterrorismus. Mit dieser Aggression sollte ein Präzedenzfall geschaffen werden, der der USA Regierung und der von ihr geführten NATO erlaubt, unter Umgehung der UNO und bei massiver Verletzung von UN-Charta und Völkerrecht militärische Angriffshandlungen durchzuführen, wo immer sie es für richtig erachten, die Welt ihren Machtinteressen gefügig zu machen – auch mittels Bomben.

Mit der Annahme der UNO-Kosovo-Resolution vom 10. Juni 1999 durch den UN-Sicherheitsrat wurde zwar der mörderische Aggressionsakt der NATO gegen Jugoslawien nicht explizit verurteilt, aber der NATO auch nicht nachträglich das fehlende Mandat der UNO erteilt. Die NATO handelte damit unautorisiert unter Verletzung des Gewaltverbotes der UN-Charta. Es bleibt bei der Beurteilung der Aggression als Aggression und als staatsterroristischer Akt und kann nicht im nachhinein als eine friedenssichernde Operation der Vereinten Nationen bezeichnet werden.

Auch die Bundesregierung, die die Aggression von Anfang an mitgetragen hat, brach damit das Völkerrecht und mißachtete gröblich das Grundgesetz.[58] Das nach dem Zweiten Weltkrieg für beide deutsche Staaten bestimmende politische Prinzip, daß nie wieder Krieg von deutschem Boden ausgehen dürfe, wurde so über Bord geworfen.

Am 11. September 2001 bestätigte sich auf grausame Weise die Richtigkeit der Feststellung, daß »Gewalt nur Gewalt« produziert und mit »militärisch-weltpolizeilichen Akt(en) [...] nur weiterer Terror« erzeugt wird. An jenem Tag stürzten sich Selbstmord-kommandos mit entführten Flugzeugen auf das World Trade Center in New York und das Pentagon in Washington, die Symbole der amerikanischen Wirtschaft und der Militärmacht. Eine vierte entführte Maschine stürzte bei Pittsburgh über freiem Gelände ab.

Allein in den zu fürchterlichen Waffen umfunktionierten Passagierflugzeugen starben 266 Menschen. Die Gesamtzahl der Toten und Vermißten betrug nach offiziellen Verlautbarungen knapp unter 4.000.

Nur kurze Zeit nach dem Anschlag wurden als Täter und Hintermänner Osama bin Laden und die vorgeblich von ihm 1989 gegründete Organisation »Al Qaida« (Die Basis) mit bis zu 5.000 Mitgliedern bzw. Anhängern genannt.

US-Präsident Bush erklärte am 15. September 2001, die USA befänden sich fortan im Krieg gegen den internationalen Terrorismus. Dies sei »ein neuer, andersartiger Krieg gegen all jene, die den Terror exportieren wollen, und ein Krieg gegen jene Regierungen, die Terroristen unterstützen oder ihnen Unterschlupf gewähren«.[59] Er wertete den zweifellos barbarischen Anschlag auch keineswegs nur als Angriff auf die USA und ihre Politik gegenüber der Welt, sondern deklarierte ihn gleichermaßen als Angriff auf die Zivilisation und auf die NATO.

Unter der Losung: »Wer nicht mit uns gegen den internationalen Terrorismus kämpft, ist für den Terrorismus, unterstützt ihn und wird wie dieser behandelt werden«, riefen die USA zu einer weltweiten Allianz gegen »den Terror« auf.

Am 7. Oktober 2001 begannen »selektive« militärischen Angriffe gegen Afghanistan mit dem erklärten Ziel, Osama bin Laden zu ergreifen und seine Terroristenlager zu zerstören. Dies Absichtserklärung wurde bald erweitert. Es ging nunmehr auch um den Sturz der dort herrschenden islamischen Fundamentalisten. Letzteres wurde nach einigen Wochen Bombardements sowie mit Hilfe der Nordallianz und anderer Anti-Taliban-Kräfte erreicht. Einige Tausend Menschen, mehrheitlich Zivilisten, verloren ihr Leben durch Kriegseinwirkung[60], ungezählte Menschen verhungerten oder flohen in die Nachbarstaaten. Das nach 22 Jahren Bürgerkrieg ohnehin geschundene Land wurde noch mehr zerstört.

Schon mit den Resolutionen Nr. 1.368 vom 12. September und Nr. 1.373 vom 28. September 2001 hatte der UN-Sicherheitsrat den USA einen Freibrief für dieses Vorgehen ausgestellt, zumindest wurde das offenkundig von ihnen so gewertet. Der Hinweis auf das Recht zur Selbstverteidigung gemäß Artikel 51 der UN-Charta diente und dient weiter erkennbar der USA als Legitimation, Krieg gegen Afghanistan und eventuell andere Staaten führen zu können, die sie der Unterstützung des Terrorismus verdächtigen.

Die Liste der bekannten »Schurkenstaaten« wurde bald erweitert, Bush sprach von der »Achse der Bösen«. Sie alle müßten mit »militärischen« Präventivschlägen durch die USA rechnen.

Angesichts einer solchen Entwicklung entsteht nicht unbegründet die Befürchtung, ob nicht die Gefahr besteht, daß das im Ergebnis des Zweiten Weltkrieges entstandene Völkerrecht, dessen Grundlage die UN-Charta bildet, de facto durch ein »Recht auf Krieg« ersetzt wird?[61]

Das archaische Prinzip des »Aug' um Auge, Zahn um Zahn« scheint zurückzukehren. Der von Clausewitz beschriebene und längst überwunden geglaubte Grundsatz, Krieg sei die Fortsetzung der Politik mit anderen Mitteln, erlebt offenkundig seine Wiedergeburt.

Bezogen auf die Auftraggeber und Organisatoren der Terroranschläge vom 11. September 2001 gibt es – auch nach »entlarvenden Videos« mit bin Laden – offenkundig keine überzeugenden Beweise dafür, daß er die Anschläge auch wirklich organisiert hat.[62] Bei kritischer Prüfung vieler dazu bisher vorgebrachter Begründungen und »Beweise«[63] bleiben mehr Fragen offen als beantwortet werden.

Eine Reihe seriöser Veröffentlichungen hingegen belegt, daß Osama bin Laden, ein Vertreter der saudischen Bourgeosie, es schon längere Zeit mit der CIA zu tun gehabt haben soll. In ihrem Auftrag hat er demnach ab 1982 Tausende von islamistischen Freiwilligen für den Kampf der Mudschaheddin gegen die sowjetischen Truppen in Afghanistan und die damals dort herrschende rechtmäßige Regierung rekrutiert. In Pakistan sei er selbst ausgebildet worden, habe er Geld und Waffen von der CIA und dem pakistanischen Geheimdienst SIS erhalten.[64] Mit ihrer Unterstützung habe er eine Vielzahl von Rekrutierungsbüros und Ausbildungslager in Afghanistan, Pakistan, Jemen und im Sudan unterhalten. So sei eine internationale islamische Kampfgemeinschaft für den »Heiligen Krieg« gegen die sowjetischen Truppen in Afghanistan entstanden – unterstützt, finanziert, ausgebildet und bewaffnet mit Hilfe der CIA, SIS und des britischen *Special Air Service*, der die Transporte nach Afghanistan ausführte. Nach dem Abzug der sowjetischen Streitkräfte 1989 blieb ein Teil dieser »Kämpfer« in Afghanistan und schlug sich im Bürgerkrieg auf die Seite der Taliban. Andere dieser nun »arbeitslosen« Krieger gingen in ihre Heimatländer zurück. Zum Teil setzten sie dort ihren »Krieg« fort. Ob in Tschetschenien, Bosnien, Kosovo, Kaschmir, Jemen, Algerien, Philippinen – überall spielten und spielen noch heute die »Afghanistan-Veteranen« eine verhängnisvolle Rolle.[65] Ist es nicht möglich, daß sich so das sogenannte weltweite »Terror-Netz« der Al Qaida zusammensetzt?

Der ehemalige Staatssekretär und Bundesminister Andreas von Bülow hat vielleicht recht, wenn er – wie in der ARD-Sendung *Kulturreport* am 21. Oktober 2001 – meinte: »Wir haben es nicht mit einem Clash of Cultures, mit einem Zusammenstoß der Kulturen, der Zivilisation zu tun. Wir haben es mit den marodierenden ehemaligen CIA-Mitarbeitern zu tun.«[66] Und wenn erklärt wird, daß die CIA nach 1994 ihre Zusammenarbeit mit Osama bin Laden reduzieren will, so bleibt dennoch die Frage offen, welche Verbindungen werden zu diesen Kräften weiter aufrechterhalten? Könnte das auch erklären, weshalb die USA 1996 ein Angebot des Sudan, bin Laden auszuliefern, abgelehnt haben? Die *Washington Post* zitierte dazu den damaligen zweiten US-Sicherheitsberater Samuel Berger: »Das FBI glaubte, nicht genug Beweise gegen bin Laden in der Hand zu haben, um ihn vor ein Gericht zu bringen, und riet von einer Auslieferung in die USA ab.« Der Sudan wies bin Laden aus. Im Mai 1996 soll er nach Afghanistan geflogen sein.[67]

Oder was könnte denn von folgender Nachricht stimmen? Nach Berichten der französischen Zeitung *Le Figaro* und *Radio*

France International wurde Osama bin Laden vom 4. bis 12. Juli 2001 im Amerikanischen Hospital in Dubai wegen einer chronischen Nierenerkrankung behandelt. Im Krankenhaus habe er zahlreiche Persönlichkeiten empfangen, darunter auch den Residenten der CIA, Larry Mitchel. Die CIA bestreitet dies vehement und behauptet: »Die CIA hatte niemals Kontakt zu bin Laden.«

Der Nachweis, daß der Sprengstoff, mit denen die Anschläge auf die USA-Botschaften in Kenia und Tansania 1998 ausgeführt wurden, vermutlich aus den USA stammten, »löste einen Krieg unter den amerikanischen Diensten um die Schuldzuweisung aus und drohte zu einem bin-Laden-Gate zu führen«.[68]

Ungeachtet dessen, was gelogen, was Desinformation, was Halbwahrheit ist, bleibt das Faktum: Die Suche nach Beweisen für die Schuld an den Terroranschlägen vom 11. September 2001 führt unzweifelhaft auch zu Kontakten der Geheimdienste zum Terrorismus.

Welche Kenntnisse hatte die CIA, wer wurde informiert? Wären die Anschläge zu verhindern gewesen?

Die Welt brachte am 7. Dezember 2001 einen Beitrag unter der Schlagzeile: »Bin Ladens Terrorpläne waren den Geheimdiensten bekannt«. Danach sollen das FBI und die CIA über Pläne, zivile Einrichtungen mit gekaperten Flugzeugen anzugreifen, schon seit Jahren bekannt gewesen sein. Ein »Projekt Bojinka«, gespeichert auf einem Computer, war 1995 bei einem zufällig entdeckten und gescheiterten Selbstmordanschlag auf den Papst bei dessen Besuches in Manila entdeckt worden. Bei diesem »Projekt« soll es sich um detaillierte Pläne gehandelt haben, wie Flugzeuge zu entführen und simultan in zivile und militärische Gebäude zu lenken seien. Konkret sind in dem Text als Ziele das CIA-Hauptquartier in Langley, das World Trade Center und der Sears Tower in Chicago genannt worden.

Außerdem wären derartige Terrorpläne sogar in den Akten des Bezirksgerichtes von Manhattan 1997 beim Prozeß gegen Jussef und Murad wegen des ersten Terroranschlages gegen das WTC vom 26. Februar 1993 aufgetaucht. Die Kamikazevariante wurde damals offenbar völlig unterschätzt, schrieb die *Die Welt*.[69]

Könnte es nicht sein, daß jene recht haben, die meinen: Die USA sind für den Aufstieg bin Ladens und der Taliban verantwortlich[70] – sie benötigten als stärkste Militärmacht der Welt (und zugleich größter internationaler Waffenhändler) zwingend einen Hauptfeind, nachdem ihr die Sowjetunion abhanden gekommen war. Dieser Feind wurde im islamistischen Terrorismus nicht nur gefunden, sondern teilweise selbst geschaffen.[71]

Wurden mit der Beschwörung des »Krieges gegen den Terrorismus« zum Erhalt alter und zur Sicherung neuer Einflußsphären neue Fronten eines kalten und heißen Krieges definiert und installiert? Seit dem 11. September 2001 gibt es ein neues »Reich des Bösen«.[72]

Unabhängig von diesen Fragen und den Antworten darauf: Terror bedarf der Ächtung, egal, von welcher Seite er ausgeht und mit welchem Ziel er ausgeführt wird. Krieg jedoch ist keine Lösung. Denn Krieg ist die schlimmste Form des Terrorismus auf staatlicher Ebene.

Der erste Direktor des Bundeskriminalamtes, Manfred Klink, äußerte sich – vor dem 11. September 2001 – auf einem Seminar zum Thema: »Das Problem des Terrorismus als weltweites Phänomen«, veranstaltet von der Bundesakademie für Sicherheitspolitik vom 1. bis 3. Dezember 1999 in Bonn/Siegburg.

»Von bedeutenden Terrorismusforschern wie Bruce Hoffmann werden militärische Vergeltungsschläge als kontraproduktiv und völkerrechtlich bedenklich abgelehnt.[73] Sie verfehlen bei skrupellosen Fundamentalisten ihre Abschreckungswirkung, können dagegen aber die reagierende Macht öffentlich ins Unrecht setzen. An die Stelle militärischer Reaktion auf staatlich unterstützten Terrorismus wie sie konsequent auch von Israel eingesetzt wird, wie sie bei dem Anschlag auf die Diskothek *La Belle* gegen Libyen und 1998 auch gegen den Sudan ausgeübt wurde, muß ein geordnetes Verfahren, gegebenenfalls vor dem internationalen Gerichtshof treten.«[74]

Bis dieser Internationale Strafgerichtshof seine Arbeit aufnehmen kann, werden offensichtlich noch einige Jahre vergehen. Vor allem sind noch viele Hindernisse und Widerstände zu überwinden, nicht zuletzt seitens der Großmacht USA.

Am 17. Juli 1998 hatte die Diplomatische Staatenkonferenz der Vereinten Nationen das sogenannte Römische Statut des *International Criminal Court*, des Internationalen Strafgerichtshofs, verabschiedet. Dieser Internationale Strafgerichtshof, der seinen Sitz in Den Haag haben wird, soll in Ergänzung zur nationalen

Gerichtsbarkeit »die schwersten Verbrechen, welche die internationale Gemeinschaft als Ganzes berühren«, von Einzelpersonen, nicht von Staaten, verfolgen.

Dafür votierten 120 Staaten.[75] Das Statut tritt in Kraft, wenn es von 60 Staaten ratifiziert worden ist. Bis zum Frühjahr 2001 hatten erst 27 Staaten diesen Schritt vollzogen.[76]

Im Juni 2000 bemühten sich in New York drei Wochen lang Experten allgemein akzeptierte Paragraphen für die Straftatbestände Völkermord, Verbrechen gegen die Menschlichkeit, Kriegsverbrechen sowie das Verbrechen der Aggression auszuformulieren sowie die Verfahrens- und Beweisordnung für den Gerichtshof festzulegen.

Wie nicht anders zu erwarten, versuchten die USA diese Gesetze nach eigenen Vorstellungen und Wünschen zu diktieren. Das Weltgericht soll nicht über USA-Bürger urteilen dürfen, und wenn schon, dann nur mit Washingtoner Zustimmung. Aber wenn US-Soldaten geschont würden, wolle die Regierung das ungeliebte Tribunal sogar unterstützen.

Die Vorstellung, daß »amerikanische Militärangehörige und Beamte vor einem internationalen Strafgericht angeklagt werden« könnten, waren für den republikanischen Senatsabgeordneten Jesse Helms so furchtbar, daß er ein Gesetz im Senat einbrachte, das den eigenen Behörden untersagt, mit dem Gerichtshof zusammenzuarbeiten, egal, ob es um die Auslieferung von Bürgern der USA oder nur um die Sicherung von Beweisen gehe. Staaten, die das Statut ratifizierten, wurde die Streichung der Militärhilfe angedroht.[77]

Wenige Stunden vor Ablauf der Frist (31. Dezember 2000) unterzeichneten die USA doch noch das Gründungsabkommen, um sich so Einfluß auf die weitere Ausgestaltung des Abkommens zu sichern.[78] Die USA bleiben auch nach der Unterzeichnung des Statuts auf Distanz zum Internationalen Strafgerichtshof. Sie bevorzugen die Rolle des Weltpolizisten – fürchten jedoch das Weltgericht.[79]

Terrorismus setzt sich erwiesenermaßen über innerstaatliche oder völkerrechtliche Regelungen hinweg. Gewalt ist aber auch oft Kampfmittel jener, die um politische Anerkennung, Freiheit und Demokratie kämpfen. Erlangen sie diese Grundrechte – meist erst im Ergebnis dieses Kampfes –, so erfahren jene, die vordem als »Terroristen« beschimpft, verleumdet und verfolgt wurden, plötzlich Akzeptanz als Freiheitskämpfer, Nationalhelden und verläßliche Verhandlungspartner. Verwiesen sei auf Mandela, der als »Terrorist« und »kommunistenfreundlich« geschmähte Präsident Südafrikas.

Dieser Wandel kann auch wieder korrigiert werden, wie sich bei Yasir Arafat zeigt. Der einst als »Chefterrorist« diffamierte, danach von den USA anerkannte Palästinenserführer wurde offenkundig von den herrschenden Kreisen in den USA und Israels wieder in die Kategorie »Chefterrorist zurückgestuft – mit allen damit verbundenen Konsequenzen.

Beide Politiker erhielten übrigens den Friedensnobelpreis.

Als Nelson Mandela am 22. September 1996 von der Präsidentin des Bundestages, Rita Süssmuth, im Bundestag begrüßt wurde, nannte sie ihn ein Symbol des Widerstandes gegen Unrecht und Menschenverachtung. Kein Wort der Entschuldigung jedoch fand sie dafür, daß Nelson Mandela von der bundesdeutschen Politik bis weit in die 80er Jahre verteufelt wurde, während die BRD zum Apartheidregime Südafrikas, einem rassistischen Terrorregime, beste Beziehungen pflegte.

Die DDR und auch das MfS haben den Kampf Mandelas und des ANC gegen das Apartheidregime nach besten Kräften unterstützt. In Südafrika fragt man noch heute Gäste aus Deutschland, ob sie aus der DDR oder aus der Bundesrepublik kommen. Die Unterscheidung hat Gründe.

Die SED- und Staatsführung der DDR und das MfS gingen immer davon aus, daß Terror prinzipiell kein Mittel zur Erreichung revolutionärer oder anderer gesellschaftlich fortschrittlicher Ziele, von nationaler Unabhängigkeit oder zur Sicherung von Minderheitenrechten sein könne. Terror diskreditiert nicht nur jegliche fortschrittliche Bewegung international, sondern schadet ihren Zielen auch unmittelbar.

Zu den historischen Realitäten gehörte jedoch auch, daß im nationalen Befreiungskampf zeitweilig legitime Kampfformen verlassen wurden und es zu Terroraktionen kam – ob von den Führern der Bewegung gewollt oder von Splittergruppen (in Verkennung des Schadens für die Gesamtbewegung oder aus Selbstüberschätzung) praktiziert.

Dies wurde auch in den Beziehungen der DDR zu den nationalen Befreiungsbewegungen beachtet.[80]

Arafat und die PLO beispielsweise wurden in ihrem Kampf um einen eigenen palästinensischen Staat in vielfältiger Weise unterstützt. Zugleich betonte das MfS stets die Ablehnung des Terrorismus als Kampfform. Soweit das mit unseren Mitteln möglich war, versuchte das MfS, terroristische Handlungen von Splittergruppen der PLO oder anderen mit der PLO zeitweilig zusammenwirkenden palästinensischen Gruppierungen zu verhindern.

In vielen Ländern der Welt bekämpfen noch heute Regierungen die Bewegungen von Minderheiten, kämpfen ganze Völker um nationale Selbständigkeit, das Recht einen eigenen Staat zu gründen, um ihre Souveränität und völkerrechtliche Anerkennung usw. Je nach Bedarf und Interessenlage werden sie von den imperialistischen Mächten, insbesondere den USA, als Freiheitskämpfer bejubelt oder als Terroristen gebrandmarkt. Was im einen Falle elementares Recht ist, gilt im anderen als finsteres Unrecht.

Die USA ernannten selbstherrlich sieben Länder zu »Schurkenstaaten« (*rogue states*). Nach ihrer Ansicht unterstützten diese den Terrorismus, wobei die global- politischen Interessen der USA für eine solche »Auswahl«den Ausschlag gegeben haben dürften. Es handelte sich um Iran, Irak, Kuba, Libyen, die KDVR (»Nordkorea«), Sudan und Syrien. Im Juni 2000 wurden einige von ihnen in »Besorgnis erregende Staaten« umbenannt und von der Liste genommen: die KDVR, Libyen und Syrien. Der Sprecher des US-Außenministeriums bemerkte dazu: Fortan würden nicht mehr alle Länder über einen Kamm geschoren werden.[81]

Die USA weigern sich noch immer, eine internationale Konferenz zur Bekämpfung des Terrorismus abzuhalten. Diese vor allem von den 119 Mitgliedern der *Bewegung der Blockfreien* (NAM), von China und Kanada unterstützte Konferenz soll weltweit umstrittene Fragen klären, darunter auch, was oder wer ein »Terrorist« und wer ein »Freiheitskämpfer« sei.

Die Frage der Definition des »Staatsterrorismus« soll dort ebenfalls zur Sprache kommen.

Vor allem die UNO-Vertreter Iraks, Libanons und Kubas beklagen das Fehlen einer genauen Begriffsbestimmung des Terrorismus. Sie sehen sich als Opfer von staatlichem Terrorismus, der durch die USA und von Israel ausgeübt wird. Darüber hinaus müsse unbedingt eine klare Unterscheidung zwischen legitimen Freiheitskämpfern und Terroristen erfolgen.[82]

Ein annähernd gerechtes Urteil kann heute nur, wenn überhaupt, die Völkergemeinschaft, verkörpert durch die Vollversammlung der Vereinten Nationen, fällen. Vorausgesetzt, sie handelt und beschließt auf der Grundlage ihrer Charta und läßt sich nicht von den USA und einigen anderen Mitgliedstaaten zur Durchsetzung der von ihnen verfolgten Sonderinteressen mißbrauchen.

Die in der Völkergemeinschaft allgemein anerkannten Auslegungen der UN-Charta in bezug auf den Grundsatz des Gewaltverbots finden am deutlichsten in der Resolution 2625 (XXV) der Generalversammlung der Vereinten Nationen vom 24. Oktober 1970 ihren Niederschlag. Dort heißt es: »Jeder Staat hat die Pflicht zur Unterlassung der Organisation, Anstiftung, Unterstützung von der Teilnahme an Bürgerkriegshandlungen oder terroristischen Handlungen in einem anderen Staat oder zur Unterlassung der stillschweigenden Duldung organisierter Aktivitäten auf seinem Hoheitsgebiet, die auf die Begehung solcher Handlungen gerichtet sind.«

In Auslegung des Grundsatzes der Nichteinmischung der UN-Charta verbietet diese Resolution völkerrechtlich auch den von Staaten ausgehenden grenzüberschreitende Terrorismus oder, anders ausgedrückt, die als »militärische Vergeltungsschläge« bezeichneten Aktivitäten der USA und der NATO gegen andere Staaten, wie sie in den voranstehenden Beispielen aufgezählt wurden, in dem sie festlegt, daß kein Staat »subversive, terroristische Aktivitäten, die auf einen gewaltsamen Umsturz des Regimes eines anderen Staates abzielen, organisieren, unterstützen, finanzieren, anstacheln oder dulden« darf.[83]

Auch die Resolution 1269 des Sicherheitsrates der UNO vom 19. Oktober 1999 beinhaltet die »Verurteilung aller terroristischer Handlungen, gleichviel aus welchen Beweggründen und wo und von wem sie begangen werden«. Sie betont, »daß es notwendig ist, den Kampf gegen den Terrorismus auf einzelstaatlicher Ebene zu intensivieren und unter der Schirmherrschaft der Vereinten Nationen die wirksame internationale Zusammenarbeit auf diesem Gebiet auf der Grundlage der Grundsätze der Charta der Vereinten Nationen und der Normen des Völkerrechts, namentlich der Achtung vor dem humanitären Völkerrecht und den Menschenrechten, zu verstärken«.

Sie erklärt erneut, »daß die Unterdrückung von internationalen terroristischen Handlungen, einschließlich derjenigen, an denen Staaten beteiligt sind, einen wesentlichen Beitrag zur Wahrung des Weltfriedens und der internationalen Sicherheit darstellt«.[84]

Es fehlen jedoch weiterhin die zwingenden Forderungen nach Erforschung und Aufdeckung der objektiven, gesellschaftlichen Ursachen für den Terrorismus als Voraussetzung für die notwendigen Schlußfolgerungen, um ihm wirksam und auf Dauer seine Quellen und seine Basis zu entziehen. Hierbei geht es um: Konfliktbewältigung; Beseitigung des Nährbodens für ein Klima aus Haß, Intoleranz und Rassismus; konsequenter Schuldenerlaß und mehr Entwicklungshilfe zur Beseitigung von Armut und mangelnder Bildung; eine gerechtere Welthandelsordnung; ein Verbot des Waffenexports; Klima- und Umweltschutz usw. Weltweite soziale Gerechtigkeit, sozialer und ökonomischer Ausgleich sind das beste Mittel gegen Terror und Fanatismus.

Auch ist es an der Zeit, die vorliegenden zwölf UNO-Konventionen und -Protokolle zum Terrorismus endlich in Kraft zu setzen und die laufenden Verhandlungen über eine umfassende Antiterror-Konvention rasch abzuschließen.[85] Es bleibt die Forderung, daß terroristische Attentate menschenverachtender Gewalttäter schärfstens geahndet werden müssen. Kein Motiv berechtigt zum Mord. Terror darf aber auch nicht mit Staatsterror beantwortet werden.

Der allseitige Schutz vor subversiven, insbesondere auch terroristischen Angriffen galt in der DDR als gesamtgesellschaftliche Aufgabe. Gleichwohl hatte das MfS dabei einen entscheidenden Beitrag zu leisten, es war verantwortlich für die vorbeugende Verhinderung, Aufklärung und Bekämpfung von terroristischen Gewaltverbrechen. Diese Aufgabe stand vor allen operativen Diensteinheiten. Die ständige Einschätzung von Terror und anderen Gewaltakten stellte einen wesentlichen Bestandteil der Analyse und Beurteilung der operativen Lage dar. Die daraus abgeleiteten Erfordernisse bestimmten das Niveau und den Umfang der einzusetzenden operativen Kräfte, Mittel und Methoden zur vorbeugenden Terrorabwehr.

Als Voraussetzung dafür galt es, die operativen Prozesse im MfS – das heißt die Vorbereitung und Ausbildung der operativen Kräfte, die Auswahl und den Einsatz der IM sowie die Bearbeitung Operativer Vorgänge, die Operative Personenkontrolle etc. – auf dieses Ziel auszurichten.

Der *operativen Vorfeldarbeit* wurde dabei große Aufmerksamkeit geschenkt. Sie war Teil der vorbeugenden Arbeit, um rechtzeitig beabsichtigte terroristische Handlungen zu erkennen und zu verhindern. Unter der operativen Vorfeldarbeit wurde vor allem verstanden: die Suche nach Merkmalen und das rechtzeitige Erkennen von Hinweisen auf motivbildende Faktoren, mögliche Vorbereitungshandlungen zur Planung und Organisation von Terrorhandlungen und Gewaltakte sowie ihre gründliche Aufklärung.

Besonders zu beachten waren dem Terror möglicherweise vorgelagerte Handlungen, Vorkommnisse und Erscheinungen: kriminelle Handlungen (Androhung von Gewaltakten, Ankündigung oder Vortäuschung einer Gemeingefahr, Beschaffung von Waffen, Sprengstoff oder Gift) oder Handlungen, die bei anderen Menschen die innere Bereitschaft auslösen konnten, Terrorakte zu begehen (psychologische Beeinflussung, Herstellung von moralischen, politischen oder materiellen Abhängigkeiten) sowie Handlungen, die auf eine mögliche Vorbereitung hinwiesen (auffälliges Interesse an bestimmten Objekten, an Bewegungsabläufen und der Privatsphäre von möglichen Zielpersonen) oder scheinbar zusammenhanglose, von der Motivation her unklare Handlungen, Vorkommnisse und Erscheinungen.[86]

Ein weiterer Schwerpunkt war die *vorbeugende Sicherung von Personen und Objekten*, die im staatlichen Interesse oder aufgrund operativer Erkenntnisse eines besonderen Schutzes bedurften: die führenden Repräsentanten der DDR und ihre ausländischen Gäste sowie zentral und territorial bedeutende Objekte des Staates, der bewaffneten Organe, der Parteien und der Wirtschaft. Das MfS hatte mit eigenen Kräften und im Zusammenwirken mit dem Wachkommando Missionsschutz (WKM) der Deutschen Volkspolizei die diplomatischen Vertretungen und deren Angehörige sowie andere bevorrechtete Personen zu schützen. Im Zusammenwirken mit den Grenztruppen, der Deutschen Volkspolizei und der Zollverwaltung wurde das grenznahe Hinterland, die Staatsgrenze, Grenzübergangsstellen und das dort tätige Personal vor terroristischen Anschlägen gesichert.[87] Dazu leisteten die Hauptabteilungen I, VI, VII und die örtlichen Diensteinheiten der Bezirksverwaltungen und die Kreisdienststellen einen entscheidenden Beitrag.

Die *politisch-operative Vorkommnisuntersuchung* mußte ständig gewährleistet und auf den neuesten Stand gehalten werden, um Terrorakte auch als solche zu erkennen und aufzuklären. Sie verlangte die Einbeziehung und eine enge Zusammenarbeit mit der HA IX sowie den Abteilungen IX der Bezirksverwaltungen, insbesondere deren Spezialkommissionen.

Die *politisch-operative Arbeit im und nach dem Operationsgebiet zur Terrorabwehr* war auf terroristische, extremistische und gewaltbereite Organisationen, Gruppen und Kräfte ausgerichtet. Ziel war vor allem die rechtzeitige Aufdeckung der gegen die DDR und andere sozialistische Länder gerichteten Pläne, Absichten und Maßnahmen zur Durchführung von Terror und anderen Gewaltakten. Dabei spielten vor allem Erkenntnisse über Kräfte, Mittel und Methoden sowie über die geheimdienstliche Unterwanderung, Steuerung und Verbindung der terroristischen und extremistischen Organisationen eine besondere Rolle.

Dies bedingte eine enge Zusammenarbeit der Diensteinheiten mit der Hauptverwaltung Aufklärung (HVA) und der Hauptabteilung II (Spionageabwehr).

Diese hier nur in zusammengefaßter, konzentrierter Form genannten Aufgaben in bezug auf die vorbeugende Terrorabwehr haben sich im Verlaufe der Tätigkeit des MfS als ein entscheidender Aufgabenkomplex herausgebildet. Deren zeitweilig unterschiedliche Priorität und Intensität hingen ab von der Entwicklung der politischen Lage, vor allem vom Stand der Beziehungen zwischen den beiden deutschen Staaten, von der Schärfe des Kalten Krieges, von der internationalen Situation, den Angriffen und Angriffsrichtungen gegen die DDR und vieles mehr.[88]

Das MfS hatte stets die besonderen Bedingungen der DDR zu berücksichtigen, wie sie sich speziell aus ihrer Lage an der Trennlinie von Sozialismus und Imperialismus ergaben. Westberlin war das Zentrum von Agenten- und gewaltbereiter, sozialismusfeindlichen Organisationen. Von dort ging Gewalt aus, die die DDR und ihre Bevölkerung treffen sollte. Terror sollte einschüchtern und die DDR schädigen. Die Demarkationslinie, später die Staatsgrenze der DDR zu Westberlin und zur BRD, vor allem aber die zu ihrer Überwachung und Sicherung eingesetzten Volkspolizisten, später Grenzpolizisten beziehungsweise Grenzsoldaten, waren vorrangiges Ziel terroristischer Angriffe.

Bei den Tätern handelte es sich meist um von Geheimdiensten angeworbene Provokateure, oder diese gehörten den von ihnen geschaffenen beziehungsweise unterstützten antisozialistischen Organisationen und Gruppen an. Auch Angehörige westlicher Besatzungstruppen beteiligten sich mitunter an Aktionen.

Ende Oktober 1948 wurde der Volkspolizist Fritz Maque an der Oberbaumbrücke in Berlin, wo er seinen Dienst an der Sektorengrenze versah, vorsätzlich mit einem Fahrzeug überrollt und getötet.[89]

Am 21. Februar 1951 wurde der Angehörige der Deutschen Volkspolizei Herbert Liebs bei Pferdsdorf, Kreis Bad Salzungen, an der Demarkationslinie auf dem Boden der DDR von US-amerikanischen Soldaten aus dem Hinterhalt erschossen.[90]

Am 2. März 1951 starben die Volkspolizisten Werner Schmidt und Heinz Janello bei Gerstungen im Kreis Eisenach. Sie wurden auf dem Territorium der DDR von US-Soldaten überwältigt, nach Obersuhl in die Bundesrepublik verschleppt und dort ermordet.[91]

Am 23. Mai 1952 wurden die Volkspolizisten Koch und Elchlepp bei Gardelegen gekidnappt. Im Protest-Schreiben Generalmajor Trusows von den in der DDR stationierten sowjetischen Streitkräften an den Stellvertretenden Chef des Stabes der britischen Besatzungstruppen hieß es: »Die Untersuchung hat ergeben, daß die erwähnten Angehörigen der Volkspolizei während der Erfüllung ihrer Dienstaufgaben beschossen und von westdeutschen Polizisten, die in das Gebiet der DDR eingedrungen waren, überwältigt wurden. Die am Tatort des Verbrechens aufgefundenen Patronenhülsen und blutbeflecktes Verbandsmaterial beweisen, daß einer der Angehörigen der Volkspolizei verletzt worden ist.«[92]

Am 30. Dezember 1952 starb gegen 20.50 Uhr der Angehörige der Deutschen Volkspolizei Helmut Just in der Behmstraße in Berlin unmittelbar an der Sektorengrenze. Auf dem Wege zur Ablösung eines Postens erschossen ihn hinterrücks und aus kurzer Distanz zwei Täter aus Westberlin.[93]

In Westteil der Stadt existierten in den 50er Jahren etwa 40 Diversions- und Agentenzentralen. Ihre Zahl wuchs später auf über 80 an. Neben den Geheimdiensten der westlichen Besatzungsmächte und der BRD gab es auch zahlreiche nichtstaatliche antisozialistische Organisationen wie das »Ostbüro der SPD«, der

»Untersuchungsausschuß freiheitlicher Juristen« (UfJ), das »Informationsbüro West« (IWE), »Kampfgruppe gegen Unmenschlichkeit« (KgU).[94] Sie alle führten einen intensiven Kampf gegen die sozialistischen Staaten und besonders gegen die DDR.

Sie betrieben Wirtschafts-, Werk- und Militärspionage und spionierten in den Grenzgebieten. Sie fälschten Lebensmittelkarten, Briefbögen und Dienstsiegel von staatlichen Behörden, gesellschaftlichen Organisationen und volkseigenen Betrieben. Sie fingierten Dienstanweisungen, Rundschreiben und Geschäftsbriefe und versuchten so, die Wirtschaft, die Arbeit der Staatsorgane und den Verkehrsablauf zu stören. Damit sollte Unruhe unter der Bvölkerung hervorgerufen werden. Ihre Methoden: Auslegen von Reifentötern, Abreißen und Abbrennen von Fahnen oder politischen Plakaten, Verbreitung von Hetzflugblättern, Brandstiftung und Plünderung von HO-Kiosken, Sabotage, Stillegung von Turbinen und Maschinen in Betrieben, Zerstörungen an Güterwagen, Zugentgleisungen und Zusammenstöße auf Verschiebebahnhöfen, Sprengstoffanschläge und Mord ... Der Agent der KgU Joachim Müller setzte 1951 die mit Holz provisorisch reparierte Autobahnbrücke Finowfurt bei Berlin mit Phosphor in Brand. 1952 erhielt er von der KgU den Auftrag, die Paretzer Schleuse des Oder-Havel-Kanals bei Hohenneuendorf zu sprengen. Bevor er die Tat ausführen konnte, wurde er im April 1952 verhaftet und im August zu lebenslanger Haft verurteilt.[95]

Der Bauingenieur Arno Bade steckte am 16. Februar 1955 die neuen Sendesäle des DDR-Rundfunks in Berlin-Oberschöneweide in Brand, der Sachschaden betrug zwei Millionen Mark.[96]

Derartige Angriffe gegen die DDR waren in den 50er Jahren an der Tagesordnung. Sie bestimmten damit auch Aufgabenstellung und Tätigkeit des MfS und der Deutschen Volkspolizei. Dabei bedienten sich die Diversions- und Agentenzentralen in Westberlin häufig krimineller Elemente, die zugleich aus ihrer faschistischen Einstellung und früheren Zugehörigkeit zu Nazi-Organisationen oder zur Wehrmacht keinen Hehl machten. So hatte der 1950 gegründete »Bund Deutscher Jugend« (BDJ), ein Sammelbecken ehemaliger Angehöriger der Wehrmacht, der Waffen-SS und anderer militärischer Gruppierungen, unter kriminellen Jugendlichen eine Bande in Westberlin rekrutiert, die sich »Bluthunde« nannte. Diese Jugendlichen waren wegen Diebstahls von Buntmetall,

Raubüberfall und anderer Eigentumsdelikte, Landstreicherei oder Prostitution zumeist einschlägig vorbestraft. Im Auftrage des BDJ, einige waren Mitglieder dieser Organisation, verbreiteten sie Flugblätter und Hetzschriften im Ostteil Berlins, dem demokratischen Sektor, sie provozierten Zwischenfälle an den Sektorengrenzen, stahlen Fahnen und Transparente.

Im Sommer 1951 planten sie Wilhelm Pieck, den DDR-Präsidenten, nach Westberlin zu verschleppen. Des weiteren beabsichtigten sie, die Walzenstraße des Stahlwerkes Burg zu demolieren und den Hochofen in Fürstenberg sowie die sowjetischen Ehrenmale in Berlin-Treptow und im Tiergarten in Westberlin zu sprengen. Zur Ausführung der Pläne kam es nur deshalb nicht, weil die Hintermänner und Auftraggeber die »Bluthunde« zunehmend zur Spionage gegen militärische Einrichtungen in der DDR einsetzten. Dabei wurden die meisten Mitglieder der Bande festgenommen und im Februar 1952 durch das Oberste Gericht der DDR zu langjährigen Haftstrafen verurteilt.[97]

Die KgU war vom USA-Geheimdienst ins Leben gerufen und von Deutschen aufgebaut worden. Sie wurde im November 1948 als »Suchdienst« im Auftrage des *Counter Intelligence Corps* (CIC), der »Gegenspionage«, und des *Military Intelligence Detachment* (MID), der Militärabwehr der US-Army, vom Geheimdienstagenten Rainer Hildebrandt und dem *RIAS*-Mitarbeiter, Dr. Günther Birkenfeld, gegründet. Am 23. April 1949 wurde die KgU von den westlichen Militärkommandanten in Westberlin offiziell als »politische Organisation« anerkannt. Hildebrandt suchte besonders in der sowjetischen Besatzungszone ehemalige aktive Faschisten und, wenn diese inhaftiert oder verurteilt waren, deren Angehörige, um sie für Spionage und Agentenarbeit für die US-Amerikaner zu gewinnen.[98]

So bekamen Hildebrandt und damit der US-Geheimdienst unzählige Anschriften von Angehörigen derjenigen Personen in die Hände, die Verbrechen gegen die Menschlichkeit begangen hatten. Von diesen Angehörigen und erst recht von den ehemals aktiven Faschisten, die nach Verbüßung ihrer Haftzeit von den sowjetischen Besatzungsbehörden wieder freigelassen wurden, nahm man an, daß sie sich leicht für Spionage- und andere Agentenarbeit gewinnen ließen. Er interessierte sich auch für jene, die die demokratische Entwicklung mit Gewalt aufzuhalten oder zu verhindern trachteten.

Die KgU rekrutierte also ausgewiesene Verbrecher und deren Angehörige, um sie für weitere Verbrechen gegen die Menschlichkeit und den Frieden einzusetzen.

Im Frühjahr 1950 trat Ernst Tillich an die Spitze der KgU – Hildebrandt hatte einen Teil der geheimdienstlichen Geld- und Sachleistungen für sich persönlich in Anspruch genommen und wurde aus der Schußlinie gezogen[99]. Die KgU spezialisierte sich fortan auf Diversion, Sabotage und Terror.

Burianek, ein im Ostteils Berlin lebender KgU-Agent, hatte sich mit einer sechsköpfigen Bande empfohlen: Sie sammelten Nachrichten, verteilten Hetzschriften, spähten Möglichkeiten für Diversionsakte aus – gegen das Kraftwerk Klingenberg, das Fernmeldeamt Lichtenberg und den Berliner Rundfunk. Es gab auch zwei versuchte Anschläge auf Volkspolizisten. Im Januar 1952 erhielt Burianek den Auftrag, eine Eisenbahnbrücke in die DDR zu sprengen. Er erkundete die Eisenbahnbrücke bei Erkner, östlich Berlins, erarbeitete dazu mit Hilfe seiner Bandenmitglieder einen Aktionsplan, der von der KgU bestätigt wurde. Am 21. Februar sollte die Brücke hochgehen, wenn der »Blaue Expreß« – der fast täglich zwischen Berlin und Moskau verkehrende Militärzug der sowjetischen Streitkräfte– sie passierte. Am 17. Februar holte Burianek einen mit etwa sieben Kilogramm Sprengstoff gefüllten Koffer in Westberlin ab und brachte diesen über die Sektorengrenze in seine Wohnung. Die KgU verschob den Anschlag, worauf sich Burianek verärgert bei der CIC-Dienststelle in Steglitz meldete und dort um Unterstützung bat. Die Amerikaner aber waren angeblich nur an militärischer Spionage interessiert.

Am 26. Februar wurde Burianek erneut zur KgU bestellt. Er sollte mit den »drei Bastianen« – einer Agentengruppe aus Angehörigen der Industriepolizei in Westberlin – zusammenzuarbeiten, und weitere Möglichkeiten für größere Terroraktionen auskundschaften und planen. Die Ausführung sollten die drei »Bastiane« besorgen. Gleichzeitig wurde er in den Plan eines Sprengstoffanschlages am 29. Februar auf die Eisenbahnbrücke bei Spindlersfeld im Berliner Stadtbezirk Treptow eingeweiht. Dazu sollte Burianek den in seinem Besitz befindlichen Sprengstoffkoffer an die »Bastiane« übergeben und ihnen die Handhabung erläutern. Das geschah am Abend des 29. Februar 1952 in seiner Wohnung.

Er selbst sollte am nächsten Tag die Wirkung des Anschlages

feststellen und der KgU darüber berichten. Die »Bastiane« wurden beim Anbringen der Sprengstoffladung von DDR-Sicherheitsorganen gestellt. Dabei kam es zu einer Schießerei, bei der einer der Terroristen schwer verwundet wurde. Die beiden anderen Täter entkamen im Schutze der Dunkelheit nach Westberlin, ließen aber den Sprengstoffkoffer zurück.

Burianek wurde am 5. März verhaftet und am 25. Mai 1952 durch den 1. Strafsenat des Obersten Gerichtes der DDR zum Tode verurteilt. Die anderen Mitglieder der Bande erhielten langjährige Zuchthausstrafen.[100]

Gerhard Benkowitz aus Weimar, seit 1949 Agent der KgU, hatte auftragsgemäß die Zerstörung mehrerer Objekte in Weimar vorbereitet, darunter der Sechsbogenbrücke bei Weimar und der Bleiloch-Saaletalsperre im Kreis Schleiz. Er fertigte genaue Lageskizzen und Fotografien an und zeichnete darin die Stellen ein, an denen am günstigsten und unauffälligsten Sprengladungen angebracht werden konnten. Darüber hinaus bereitete er die Lagerung des von der KgU zugesagten Sprengstoffes und ein Quartier für ein Sprengkommando vor.[101]

Über den Schaden, der bei der Sprengung der Bleiloch-Saaletalsperre entstanden wäre, erklärten Experten: »Die Maschinenanlagen des Kraftwerkes Bleiloch an der Saaletalsperre leisten 60.000 PS, und die Jahreserzeugung beträgt ca. 100 Millionen Kilowattstunden. Um einen ungefähren Überblick über die Kraftwerksleistung und die aus ihr erzeugte elektrische Energie zu erhalten, kann angenommen werden, daß die genannten Mengen im Jahr zehn durchschnittliche Landkreise mit Strom versorgen könnten. Eine Vernichtung der Sperrmauer hätte den Ablauf einer katastrophalen Flutwelle in das unterhalb gelegene Saaletal zu Folge. Die freigewordenen Wassermassen würden Städte und Dörfer mit ihren Industrien und damit die gesamte unterhalb gelegene Zivilisation vernichten.«

Die Ausführung des Anschlags wurde verhindert, Benkowitz vor Gericht gestellt und zum Tode verurteilt.[102]

Die KgU unterhielt über ihre Agenten Herbert Hoese und Helmut Metz 1950/51 Schlägertrupps mit je 30 Mann. Mit diesen ging man gegen Personen und Einrichtungen in beiden Teilen Berlins vor, verbreitete Flugblätter und Hetzschriften. Sie setzten Kioske der Handelsorganisation (HO), des Konsum, Zeitungsstände, Transparente im Ostteil Berlins in Brand, zerstörte Grenzmarkierungen und gingen brutal gegen Mitglieder der SED, der FDJ und anderer demokratischer Organisationen vor. Diese Personen wurden zum Teil lebensgefährlich zusammengeschlagen, mitunter nach Westberlin entführt und dort als angebliche Menschenräuber der Polizei übergeben. Zahlreiche Büros, Heime und andere Einrichtungen in Westberlin zugelassener Organisationen wie SED, FDJ und FDGB wurden von diesen terroristischen Rollkommandos überfallen, verwüstet oder in Brand gesetzt. Vor allem bei Kundgebungen der FDJ in Westberlin, so auch am 15. August 1951 während der III. Weltfestspiele der Jugend und Studenten[103], waren diese beiden Banden im Auftrage der KgU an der Seite der Westberliner Polizei im Einsatz.

Hoese und Metz wurden im Mai 1952 durch den 1. Strafsenat des Obersten Gerichtes der DDR zu lebenslänglichem Zuchthaus, zwei weitere Mitglieder der Banden zu mehrjährigen Zuchthausstrafen verurteilt.[104]

Auf der Grundlage der Arbeitsergebnisse des MfS und der Justizorgane der DDR wurden die skrupellosen Verbrechen der KgU ständig vor der Öffentlichkeit entlarvt. Das trug wesentlich dazu bei, daß Ende 1959 die westlichen Besatzungsmächte und der Senat von Westberlin diese Verbrecherorganisation nicht mehr länger stützen konnten. Sie wurde aufgelöst.

Kein einziger der in Westberlin ansässigen Terroristen wurde jemals in der BRD oder Westberlin vor Gericht gestellt und zur Verantwortung gezogen. Im Gegenteil, es wurde alles für ihren Schutz und ihre Sicherheit getan. Teilweise fanden die Mitarbeiter der KgU unmittelbar nach ihren Einsätzen gleichsam als Dank einen neuen Arbeitsplatz beim Bundesnachrichtendienst (BND), im Bundesministerium für gesamtdeutsche Fragen, oder sie wurden vom Ostbüro der SPD übernommen.

Rainer Hildebrandt erhielt das Bundesverdienstkreuz. Noch 1996 rühmte er sich in einer Fernsehsendung unter dem Titel »Bomben, Gift und Reifentöter – die Kampfgruppe gegen Unmenschlichkeit«[105] seiner Taten. Der 1950 als CIA-Resident in Westberlin tätige Peter Sichel und der Agent der CIC Theodor Hans sowie die Agenten der KgU Joachim Müller und Walter Schöbe durften vor den Kameras ihr kriminelles Handeln verharmlosen und die gerichtsnotorischen Feststellungen, die zu ihrer

Verurteilung geführt hatten, leugnen. Kein Redakteur machte die vermeintlich widerständischen Biedermänner auf ihre Gesetzesübertretungen aufmerksam.

Joachim Müller und Walter Schöbe, die in der DDR zu lebenslanger Haft beziehungsweise zu 15 Jahren Zuchthaus verurteilt worden waren, wurden nach 1989 »rechtsstaatlich« rehabilitiert.

In Weimar wurden 1998 ernsthaft Überlegungen angestellt, ob man den wegen schwerer Verbrechen 1955 hingerichteten Gerhard Benkowitz mit einer Gedenktafel ehren sollte.[106] Würdigung eines Menschen also, der mit seinen geplanten und vorbereiteten Terrorverbrechen bewußt den möglichen Tod Tausender Unschuldiger billigend in Kauf nahm, um seine Ablehnung und seinen Widerstand gegen die gesellschaftlichen Verhältnisse in der DDR zum Ausdruck zu bringen …

Die Beispiele offenbaren nur einen Teil der terroristischen Gewaltakte jener Zeit. Der Kalte Krieg prägte auch in den Folgejahren die internationale Systemauseinandersetzung und damit auch das Verhältnis der BRD und Westberlins zur DDR. Immer wieder kam es zu Perioden verstärkter Feindtätigkeit und auch terroristischer Aktivitäten gegen die DDR. Nach den Maßnahmen am 13. August 1961 gehörten Grenzprovokationen und Anschläge, die in der Regel mit Wissen, Duldung und Unterstützung der Geheimdienste, Polizei und Besatzungsmächte in Westberlin vorbereitet und durchgeführt wurden, zu den Hauptformen von Gewaltakten gegen die DDR. Dabei machten einige Täter rücksichtslos von der Schußwaffe Gebrauch.

Allein vom 13. August 1961 bis 30. April 1962 wurden die Grenzsicherungskräfte in 93 Fällen von Westberliner Gebiet aus beschossen, wobei in 68 Fällen die Täter Polizeiuniform trugen.[107]

Bis weit in die 60er Jahre hinein befanden sich unter den höheren Polizeioffizieren Westberlins zahlreiche schwer belastete frühere SS- und SD-Führer. Bernt Engelmann nannte, unter Verweis auf das »Braunbuch«[108], das 53 höhere Polizeioffiziere Westberlins namentlich auflistete: Kurt Huhn, zuvor Hauptmann im SS-Polizeiregiment 14 und beteiligt an Mordeinsätzen in Polen und Kroatien, danach als Polizeioberrat Gruppenkommandeur für den amerikanischen Sektor von Westberlin; Georg Kirsch, zuvor SS-Hauptsturmführer bei der SS-Freiwilligen-Division »Prinz Eugen«, die an Kriegsverbrechen in Jugoslawien beteiligt war, danach Kommandeur des Einsatzkommandos Wilmersdorf; Karl Schulz, zuvor SS-Hauptsturmführer im »Führer-Begleitkommando«, dann Leiter des Einsatzkommandos der Polizeiinspektion Tiergarten.[109]

Am 23. Mai 1962 beschoß die Westberliner Polizei mit Schnellfeuerwaffen am Spandauer Schiffahrtskanal aus etwa 40 Metern Entfernung Angehörige der Grenztruppen der DDR, als diese eine Person festnahmen. Der Unteroffizier Peter Göring wurde dabei ermordet, Unteroffizier Laumer, der ihm Hilfe leisten wollte, schwer verletzt.[110]

Am 14. August 1962 drangen der BGS-Hauptmann Meißner sowie die Grenzjäger Koch und Plüschke im Bereich Wiesenfeld in Thüringen mehrere Meter auf das Territorium der DDR vor. Von dem in diesem Bereich auf Streife befindlichen Hauptmann Rudi Arnstadt und seinem Begleiter Roßner angehalten, eröffnete Plüschke das Feuer und tötete Arnstadt mit einem Kopfschuß. Auch Koch schoß auf die DDR-Grenzsoldaten.

Keiner der drei Beamten des Bundesgrenzschutzes wurde jemals verurteilt, Koch hingegen zum Oberjäger befördert. Das Ermittlungsverfahren der Staatsanwaltschaft Fulda wurde am 8. Oktober 1962 eingestellt. Die Handlungen der beiden DDR-Grenzer wurden von der BRD-Justiz als versuchter Totschlag, die der BGS-Beamten als Notwehrmaßnahmen beurteilt.

Mit der gleichen Begründung wurde das 1998 erneut gegen sie eingeleitete Ermittlungsverfahren eingestellt.[111]

Von August 1961 bis 1967 wurden 28 Tunnel von Westberlin aus in das Hoheitsgebiet der DDR vorgetrieben. Sie wurden ausschließlich für den Menschenhandel genutzt, das heißt für die illegale Ausschleusung von Familienangehörigen der »Tunnelbauer« oder anderer DDR-Bürger.[112] Die Schleuser waren beim Bau und bei der Schleusung zumeist bewaffnet.

Nach mehr als 36 Jahren fand vom 14. Dezember 1998 bis 22. April 1999 vor einer Schwurgerichtskammer des Berliner Landgerichts der Prozeß gegen Rudolf Müller wegen Mordes an Reinhold Huhn statt. Müller lebte bis 1953 in Berlin-Weißensee, dann setzte sich er sich nach Westberlin ab. Im November des glcichcn Jahrcs kchrtc cr zurück. Wegen Verrat von Dienstgeheimnissen wurde der ehemalige VP-Wachtmeister zu zwei Jahren Haft verurteilt und im Dezember 1954 vorzeitig auf Bewährung entlassen. Am 13. August 1961 floh Müller erneut nach Westberlin, seine Frau und die beiden Söhne verblieben in der DDR. Seit Mai 1962 grub eine siebenköpfige Gruppe – darunter Müller und seine beiden Brüder Klaus und Horst – einen 22 Meter langen Tunnel vom Keller des Axel-Springer-Verlages unter der Mauer hindurch zu einem Haus in der Zimmerstraße. Müller traf sich am frühen Abend des 18. Juni 1962 mit seiner Familie in Ostberlin, brachte sie in die Zimmerstraße 56, wo der Gefreite Reinhold Huhn seinen Dienst versah. Auf dessen Aufforderung, sich auszuweisen, zog Müller eine Pistole und schoß. Dabei traf er Huhn ins Herz. Als dieser zu Boden stürzte, gab Müller einen zweiten Schuß ab, diesmal in dessen Rücken. Anschließend flüchtete die Familie Müller durch den Tunnel nach Westberlin.[119]

Müller erklärte am 8. August 1997 bei seiner richterlichen Vernehmung, er hätte auf den Grenzsoldaten geschossen, um seine Familie zu schützen. Nach der Flucht durch den Tunnel habe ihm ein Angehöriger des Staatsschutzes die Tatwaffe abgenommen und ihm unmißverständlich klargemacht, daß er das Verbrechen leugnen müsse, weil er sonst keine ruhige Minute mehr haben werde. »Sie haben nicht geschossen!«, soll ihm der Geheimdienstler ins Gewissen geredet haben. Bei der anschließenden Vernehmung durch die US-Behörden sei er aufgefordert worden, künftig zu behaupten, er habe den Grenzposten lediglich geschubst. Danach wurde die Familie Müller von den Amerikanern ins Bundesgebiet ausgeflogen.[114]

Der damalige Hausmeister des Verlages erklärte am 8. Januar 1999 als Zeuge vor dem Landgericht, der Tunnelbau sei vom Chef Axel Springer persönlich als »Aktion für die Freiheit« genehmigt und unterstützt worden. Der Verleger habe sich über den Fortgang der Bauarbeiten informiert, sei aber am Tattag in Spanien gewesen. Auch bestätigte er, daß Senat, Polizei und die US-Militärbehörden vorher informiert worden und im Bilde waren. Unmittelbar nach dem Mord traf man sich in der Kantine des Springer-Hochhauses. Innensenator Heinrich Albertz und der Polizeipräsident von Westberlin Erich Duensing[115] wären ebenfalls dabei gewesen, sagte der Zeuge.[116]

Bereits Stunden vor der Tunnelschleusung standen auf Westberliner Seite Polizei- und Zollkräfte bereit. Unter ihrem Schutz hatten sich Presse-, Rundfunk- und Fernsehreporter sowie Filmaufnahmestäbe des *SFB* und *NDR* in unmittelbarer Nähe des Tunnels versammelt.[117] Nach der Tat wurde offiziell verbreitet, der Grenzsoldat sei im Kugelhagel seiner Kollegen gestorben, so auch Egon Bahr, der Pressechef des Senats. »Vopo erschießt Vopo« und »Schießwütige Vopos töteten eigenen Posten«, hieß es anderentags in den Zeitungen. Innensenator Albertz erklärte, daß nicht festgestellt werden konnte, ob der Fluchthelfer Müller zur fraglichen Zeit eine Schußwaffe besaß.[118]

Vier Tage nach dem Verbrechen erschien in Begleitung eines BND-Mitarbeiters ein Hartmut Böhmer bei der Westberliner Polizei. Dieser war 1960 in die BRD geflüchtet und arbeitete inzwischen für den BND. Er habe als Kameramann des DDR-Fernsehens den Tatort gefilmt, erklärte er, und die Leiche von Huhn in Treptow gesehen. Er könne bestätigen, daß dieser sei von seinen eigenen Genossen erschossen worden ist.[119]

Am 22. April 1999 wurde Rudolf Müller von der Schwurgerichtskammer des Berliner Landgerichts wegen Totschlags zu einer Freiheitsstrafe von einem Jahr verurteilt, ausgesetzt auf zwei Jahre Bewährung.[120] Er wurde schuldig gesprochen, bei dem Versuch, seine Familie durch einen Tunnel in den Westen zu schleusen, am 18. Juni 1962 in Berlin-Mitte den damals 20jährigen DDR-Grenzsoldaten Reinhold Huhn mit zwei Pistolenschüssen ins Herz und in den Rücken getötet zu haben. Trotz des skandalös milden Urteils wurde nunmehr nach fast vier Jahrzehnten auch von der BRD-Justiz der Tod von Reinhold Huhn geahndet. In der DDR waren wesentliche Untersuchungsergebnisse, wie sie durch das Verfahren öffentlich wurden, unmittelbar nach der terroristischen Tat publiziert worden. Das wurde als östliche Propaganda abgetan.

Staatsanwalt Klöpperpieper kam in seinem Plädoyer 1999 nicht umhin festzustellen, daß die Ermittlungen auf DDR-Seite umfassend und gründlich gewesen seien, die westlichen Ermittlungsergebnisse hingegen auf Falschaussagen basierten.[121]

Das Lügengebäude, das der BND und der Staatsschutz damals errichtet und über die Medien verbreitet hatten, fiel in sich zusammen. Auch die unrühmliche Rolle der damaligen Politik in Westberlin kam zur Sprache. In der Urteilsbegründung wurde das Recht der DDR, an ihren Grenzen Kontrollen durchzuführen, sowie die korrekte Ermittlungstätigkeit der Untersuchungsorgane der DDR einschließlich des MfS gewürdigt. Die von der Verteidigung vorgetragenen Behauptungen angeblicher MfS-Manipulationen der vom Gericht verwandten Unterlagen wurden zurückgewiesen.[122] Daß dies hier überhaupt hervorgehoben werden muß, liegt daran, daß die korrekte Haltung des Richters eher Ausnahme denn Regel darstellte.

Am 5. Juli 2000 fand dieser Prozeß mit dem Berufungsverfahren vor dem 5. Strafsenat des Bundesgerichtshofes (BGH) in Leipzig seinen endgültigen Abschluß. Die Richter entsprachen dem Antrag von Anton Huhn, dem als Nebenkläger auftretenden Bruder des Ermordeten, und befanden den Angeklagten Rudolf Müller des Mordes schuldig. Damit wurde das Urteil des Berliner Landgerichtes revidiert und die Tat von Müller als das gewertet, was sie wirklich war: heimtückischer Mord.

Das Strafmaß aus dem ersten Verfahren – ein Jahr Freiheitsentzug auf Bewährung – wurde aufrechterhalten, obwohl das Gesetz für Mord lebenslänglich vorsieht.[123]

Eine Bewährungsstrafe bei erwiesenem Mord ist weder juristisch noch moralisch vertretbar. Der rechtskräftig verurteilte Mörder und Terrorist Rudolf Müller – übrigens Träger des Bundesverdienstkreuzes – ließ nicht erkennen, daß ihm Huhns Tod nahegegangen wäre. Bis heute fehlt ein Wort des Bedauerns an die Brüder von Reinhold Huhn. Müller hält sich für unschuldig.[124]

Auch das Bundesverfassungsgericht hat das Urteil gegen Müller bestätigt, in dem es die Verfassungsbeschwerde von ihm nicht zur Entscheidung annahm.[125]

Zur selben Zeit stand ein DDR-Grenzer in Magdeburg vor Gericht, angeklagt, vor 24 Jahren einen Bundesbürger erschossen zu haben. Am 30. Juni 2000 erhielt ehemalige Grenzer wegen Mordes eine lebenslängliche Haftstrafe.[126] Die Frage, ob hier zweierlei Recht gesprochen wurde, ist durchaus zu stellen.

Im Mai 2001 hob der Bundesgerichtshof das Magdeburger Urteil auf. Die Karlsruher Richter vertraten die Auffassung, daß sich der Grenzer damals »nur wegen Totschlages« strafbar gemacht habe. Das Landgericht Dessau soll diesen Fall nun neu verhandeln.[127]

Terroristische Aktionen gegen Objekte und Personen zielen, das besagten alle Erfahrungen in Ost wie West, auf eine möglichst große Wirkung in der Öffentlichkeit. Unschuldige Opfer und großer Schaden werden in Kauf genommen, um »Signalwirkung« zu erreichen und Unruhe unter der Bevölkerung zu erzielen. Damit soll Druck auf die Entscheidungen der Zielpersonen oder auf staatliche Organe ausgeübt werden.

Nach der bürgerlichen Politikwissenschaft ist die »Propaganda der Tat« bis heute ein Grundtheorem des Terrorismus.[128] Die modernen Massenmedien bieten dafür eine wirksame und rasche weltweite Verbreitung.

Walter Laqueur schreibt in seinem Buch »Die globale Bedrohung« (1998): »Man hört manchmal, daß Journalisten die besten Freunde der Terroristen seien, da sie ausführlich über deren Operationen berichten. Das heißt nicht, daß Journalisten größere Sympathien für den Terrorismus hätten als andere Berufsgruppen. Es bedeutet einfach nur, daß Gewalt Schlagzeilen macht, Frieden und Harmonie dagegen nicht. Die Terroristen brauchen die Medien, und die Medien finden im Terrorismus alle Zutaten für eine spannende Story. Ihre Haltung reicht von übertriebenem Respekt bis hin zu Speichelleckerei (etwa indem sie Terroristen als Freiheitskämpfer, Patrioten, Militante oder Revolutionäre bezeichnen). Diese Art der Berichterstattung gießt Wasser auf die Mühlen des Terrorismus; sie hat die politische Bedeutung des Phänomens maßlos übersteigert, ist in einigen Fällen sogar für die Ermordung Unschuldiger verantwortlich gewesen und hat komplizierte Rettungsaktionen verhindert.«[129]

Werden Terroranschläge minutiös und im Detail ohne gebotene Zurückhaltung geschildert, können dadurch Nachahmungstaten und weitergehende Initiativen angeregt und gefördert werden. Durch Publizierung von nichtöffentlichen Erkenntnissen über Terroristen, ihre Organisationen, deren Methoden und Mittel kann die Aufklärung und Bekämpfung terroristischer Anschläge, die Ergreifung von Terroristen und ihre strafrechtlichen Verfolgung bzw. Aburteilung erschwert, verzögert ja sogar verhindert werden.

Bei terroristischen Anschlägen gegen die DDR haben bestimmte Medien der BRD oft so berichtet, daß sie sich unterstützend und verschleiernd für die terroristischen Kräfte betätigten und damit die öffentliche Meinung manipulierten, wie das Beispiel Reinhold Huhn zeigte. Mit einer solchen Berichterstattung wurden Terroristen und deren Sympathisanten ermutigt und zu weiteren Verbrechen gegen die DDR angeregt.

Drahtzieher und Ausführende von terroristischen Anschlägen in der DDR, vor allem nach dem 13. August 1961, waren – bis auf wenige verblendete und haßerfüllte Täter – nicht Bürger der DDR.

Im Februar 1964 verhandelte das Oberste Gericht der DDR gegen Herbert Kühn, einen Neofaschisten. Kühn galt international als erfahrener Sprengstoffexperte, hatte Kenntnisse in der französischen Terrororganisation OAS gesammelt und war 1962, mitverantwortlich für die Sprengstoffanschläge auf die Verona und Trient in Norditalien. Dabei waren 20 Personen zum Teil lebensgefährlich verletzt worden. Eine Person erlag den Verletzungen, und es entstand ein beträchtlicher Sachschaden. Ende April 1963, kurz vor Wahlen in Italien, führte Kühn mit anderen Mitgliedern der OAS wiederum Sprengstoffanschläge auf die Bahnhöfe von Mailand und Genua aus, wodurch zehn Personen verletzt wurden und erheblicher Sachschaden entstand.

Sein Wirken in der BRD Anfang der 60er Jahre, wo er eine rechtsradikale Untergrundgruppe gegründet, ausgebildet und geführt hatte, stand unter Kontrolle des Bundesamtes für Verfassungsschutz. Er wurde auch mehrmals in der Bundesrepublik festgenommen, kam aber immer wieder schnell frei. Selbst das Auf-

Der verurteilte Terrorist Herbert Kühn und der CIA-Agent Wolfgang Veith, Aufnahme Januar 2005 vor der Knesebeckstraße 84 in Berlin-Charlottenburg. Vier Häuser weiter ...

finden ihm gehörenden Sprengstoffes unmittelbar nach den Anschlägen 1962 in Italien führte lediglich zu einer dreimonatigen Gefängnisstrafe wegen unbefugten Waffenbesitzes.

1963 bereitete Kühn von Westberlin aus »politische Attentate« in der DDR vor, die er als Taten von DDR-Bürgern erscheinen lassen wollte. Sie sollten »Fanale des Widerstandes« sein. Darüber war die Dienststelle des Verfassungsschutzes in Westberlin über einen V-Mann mündlich und schriftlich informiert.

Der mit Kühn befreundete, damals ebenfalls an den terroristischen Anschlägen in Italien beteiligte Fritz B., von Kühn mit der Beschaffung von Sprengstoff beauftragt, hatte am 30. Dezember 1962 Sprengstoffanschläge auf das Zentrale Haus der Deutsch-Sowjetischen Freundschaft (DSF) und das Polizeipräsidium in Berlin verübt. Dabei war im Haus der DSF ein Ausstellungsraum völlig zerstört worden. Am Polizeipräsidium entstand kein nennenswerter Schaden, da die Ladung nur von außen an den starken Mauern angebracht worden war.

Im Juni 1963 schmuggelte Kühn aus Westberlin fünf Kilogramm Sprengstoff und entsprechendes Zubehör in die DDR und bereitete für den 17. Juni (!) 1963 Sprengungen im Roten Rat-

... wurden am 8. Oktober 1970 nacheinander Ingrid Schubert Horst Mahler, Irene Goergens und zwei weitere Frauen der RAF festgenommen (links die Nr. 89, hundert Meter weiter die Nr. 84)

haus, im Ministerium für Außenhandel und im Stadtgericht Littenstraße vor. Zwei Zeitzünderbomben wurden entdeckt, die dritte, im Ministerium für Außenhandel, detonierte und richtete beträchtlichen Schaden an. Kühn war bei der Ausführung seiner Tat mit einer Pistole und 30 Schuß Munition bewaffnet.

Nach Westberlin zurückgekehrt, informierte er westliche Nachrichtenagenturen über diese Anschläge und stellte sie als Aktionen »Ostberliner Widerstandsgruppen« dar. Es gab Schlagzeilen wie »Verzweiflungstat oder Ost-Provokation?«[130] und »Sprengstoffanschlag in Ostberlin von der SED inszeniert«.[131] Am 30. Juni 1963 wurde Kühn bei dem Versuch, eine Sprengladung am Gebäude des ZK der SED anzubringen, auf frischer Tat festgenommen. Am 26. Februar 1964 wurde er vom 1. Strafsenat des Obersten Gerichtes der DDR zu lebenslangem Zuchthaus verurteilt.

In der Urteilsbegründung wurde festgestellt, »daß die intellektuellen Urheber dieser Verbrechen in Westdeutschland sitzen und ihre Maßnahmen der geistigen Vergiftung, der Hetze, des Kalten Krieges und der Revanche in ihrer Wirksamkeit besonders auf solche unausgereiften und ungefestigten Charaktere wie den Angeklagten abstimmen«.

Kühn wurde im Dezember 1974, nach elf Jahren Haft, zu 15 Jahren Freiheitsstrafe begnadigt und der weitere Vollzug zur Bewährung auf fünf Jahre ausgesetzt.[132]

Kühns Anschlag und seine Verurteilung vor 35 Jahren hatten im Frühjahr 1999 ein mehr als nur fragwürdiges juristisches Nachspiel. Auf sein Betreiben (und auf Betreiben der Sonderstaatsanwaltschaft II, zuständig für Verfahren gegen DDR-Hoheitsträger) wurde sein ehemaliger Untersuchungsführer aus dem MfS wegen »Aussageerpressung durch seelische Mißhandlung« vor der Großen Strafkammer des Landgerichts Berlin angeklagt.[133]

Das Gericht verurteilte den ehemaligen Mitarbeiter des MfS zu einer Freiheitsstrafe von sechs Monaten auf Bewährung[134] wegen Anwendung einer »vernehmungstaktischen Variante«. Sie bestand darin, Herbert Kühn »eine bevorstehende, aber in Wirklichkeit nicht beabsichtigte Auslieferung an Italien glaubhaft vermittelt zu haben«. Das war aber keine »vernehmungstaktische Variante« – tatsächlich hatte die DDR-Generalstaatsanwaltschaft aus prinzipiellen Rechtshilfeerwägungen die Auslieferung Kühns wegen der Anschläge in Italien erwogen. Allerdings unterließ es Rom – wohl mit Blick auf den NATO-Partner BRD – eine Auslieferung des Attentäter zu beantragen. Anno 1999 folgte jedoch ein deutsches Gericht einem überzeugten Terroristen und Neonazis und belangte einen ehemaligen Mitarbeiter des MfS.

Trotz einer Vielzahl terroristischer Aktivitäten gegen die DDR gab es zu deren vorbeugenden Verhinderung, Aufklärung und Bekämpfung bis Mitte der 70er Jahre keine spezifische Zuständigkeit einer Diensteinheit des MfS. Diese Aufgabe war nach wie vor Bestandteil der Arbeit aller operativen Diensteinheiten.

Zum Beispiel hatten die Paßkontrolleinheiten (PKE) der HA VI, verantwortlich für die Sicherung des grenzüberschreitenden Personenverkehrs, in den 70er Jahren »Varianten der Handlungen« für jede Grenzübergangsstelle (GÜST) zur Abwehr terroristischer Anschläge erarbeitet. Das betraf mögliche Geiselnahmen, gewaltsame Grenzdurchbrüche, Gewalt- bzw. Bombendrohungen und Feststellung von Waffen, Sprengstoffen und anderen gefährlichen Gegenständen. Diese »Varianten der Handlungen«, im Grundsatz erarbeitet durch die AG »Sicherheit und Terrorabwehr« der HA VI, waren den spezifischen territorialen, sicherheitsmäßigen und personellen Bedingungen der jeweiligen Grenzübergangsstelle angepaßt. Für jeden einzelnen Posten-, Kontroll- und Abfertigungsbereich galten präzise Festlegungen zur:
- Beobachtung der Verkehrslage vor der GÜST, zum Einsatz der Sperranlagen und anderer verkehrsregulierender Maßnahmen (Ampelschaltung, Schlagbäume etc.);
- Anwendung der Schußwaffen und zu den Schußsektoren (nicht in Richtung Reisende, BRD oder Westberlin etc.) auf der Grundlage der für alle bewaffneten Organe geltenden Schußwaffengebrauchsbestimmung und den Einsatz von Scharfschützen;
- Beurteilung, Sicherung, Bergung und gefahrlosen Beseitigung von sprengkörperverdächtigen Gegenständen;
- Evakuierung beziehungsweise Umleitung der Reisenden und Maßnahmen zur Gewährleistung ihrer Sicherheit.

Zur Durchsetzung dieser Aufgaben war das enge Zusammenwirken mit den anderen an den Grenzübergangsstellen eingesetzten Kräften (Grenztruppen der DDR, der Zollverwaltung, Deutschen Volkspolizei einschließlich des Betriebsschutzes an den

Flug- und Seehäfen) die Voraussetzung. Strikt beachtet und eingehalten wurden dabei die jeweiligen Verantwortlichkeiten. (So wurde der »Kommandant der Grenzübergangsstelle« generell von den Grenztruppen gestellt; auf den Flughäfen wurde diese Funktion vom Leiter der PKE wahrgenommen.)

Ein Grundsatz in der Terrorabwehr des MfS lautete: »Sicherheit in der Luft wird am Boden produziert«. Dies bezog sich auf die Absicherung der Flughäfen, unterschiedliche Zugangsberechtigungen für die Beschäftigten und vor allem die gründliche Kontrolle der Fluggäste und ihres Gepäcks. Dazu erfolgten gemeinsam mit der Abteilung Ausbildung der Zollverwaltung der DDR in regelmäßigen Abständen – seit Beginn der 80er Jahre ein- bis zweimal monatlich – an den Grenzübergangsstellen der Flughäfen realitätsnahe Sicherheitstests zum Aufspüren von Waffen, Sprengstoff und anderen gefährlichen Gegenständen. Die Reaktionen und Verhaltensweisen der Kontrollkräfte wurden bei diesen Tests geprüft, korrigiert, die eingesetzte Technik überprüft und gewonnene Erkenntnisse verallgemeinert. Notwendige Verbesserungen der technischen Einrichtungen wurden durchgesetzt. Die DDR- Fluggesellschaft INTERFLUG hatte zu gewährleisten, daß in allen ihren Maschinen die Cockpit-Türen beschußsicher ausgekleidet waren, von innen verriegelt werden konnten und während des Fluges absolut verschlossen blieben.

Je nach Erfordernis und in Abstimmung mit der zuständigen HA XIX (verantwortlich uunter anderem für die Sicherheit des Verkehrswesens) wurden speziell ausgebildete Angehörige der PKE als Flugsicherheitsbegleiter – heute sogenannte »Sky Marshalls« – eingesetzt. (Bei der Lufthansa wurden sie erst nach dem 11. September 2001 üblich, sie heißen »Flugsicherungsbegleiter«.) Ihre Aufgabe bestand darin, terroristische Anschläge auf die Luftfahrzeuge wie Geiselnahmen, Entführungen möglichst vorbeugend zu verhindern und Attentäter im Ernstfall zu bekämpfen.

Mitarbeiter der HA VI waren ständige Mitglieder der »Kommission zur Untersuchung folgenschwerer Luftfahrtunfälle der DDR«. Als solche kamen sie zum Einsatz etwa bei Havarien.

Im Rahmen der Verantwortung der Arbeitsgruppe des Ministers für Staatssicherheit (AGM) wurde Anfang der 70er Jahre damit begonnen, Kräfte auszubilden, die Terror- und andere Gewaltakte auf dem Territorium der DDR wirksamer bekämpfen können. Durch militärisch-operative Präsenz bei Großveranstaltungen und anderen besonders terrorgefährdeten Anlässen sowie an wichtigen Objekten sollten Anschläge vorbeugend verhindert werden.

Gleichlaufend mit der Bildung der AGM/S wurden etwa ab Mitte der 70er Jahre innerhalb dieser Diensteinheit nach und nach Struktureinheiten zur militärisch-operativen Terrorbekämpfung aufgebaut und in ständiger Bereitschaft gehalten. Dazu veranlaßten nicht zuletzt auch Erkenntnisse über die in der BRD bestehende Antiterroreinheit, die GSG 9, worüber in den Medien der Bundesrepublik berichtet wurde.

Vorbeugende militärisch-operativer Präsenz bedeutete, daß die speziell zur Bekämpfung von terroristischen Anschlägen ausgebildeten und ausgerüsteten Mitarbeiter des MfS in unmittelbarer Nähe oder innerhalb terrorgefährdeter Objekte in Bereitschaft gehalten wurden. Der Einsatz erfolgte entweder offen sichtbar, uniformiert und mit entsprechender Bewaffnung und Ausrüstung, auch in und mit zivilen Fahrzeugen, oder in gedeckter, für die Öffentlichkeit nicht erkennbarer Form.

Die Zielsetzung bestand darin, Spezialisten zur Terrorbekämpfung unmittelbar vor Ort einsatzbereit zur Verfügung zu haben, die Zeit bis zum Eingreifen bei einem unmittelbar drohenden oder bereits erfolgten Anschlag so kurz wie möglich zu halten. Die offene, sichtbare, demonstrative Präsenz sollte zugleich vorbeugend und abschreckend wirken sowie die Erfolglosigkeit eines eventuell beabsichtigten terroristischen Anschlages demonstrieren.

Von den Einsatzkräften wurde ein Höchstmaß an operativer Beweglichkeit und operativem Denken sowie militärischer Einsatzbereitschaft und -fähigkeit gefordert. Um das gewährleisten zu können, erfolgte eine ständige Vervollkommnung der Fähigkeiten der Mitarbeiter der AGM/S zur militärisch-operativen Terrorbekämpfung. Sie schloß die eigenständige Entwicklung wie auch die effektive Nutzung geeigneter technischer Mittel mit ein.

Das betraf beispielsweise die Befähigung zum Erkennen und Entschärfen sprengkörperverdächtiger Gegenstände verschiedener Art, Fahrzeugpräparationen zur Personensicherung oder als mögliche Fluchtfahrzeuge, optische, elektronische und technische Hilfs- und Abwehrmittel.

Auf der Grundlage zentraler Weisungen erfolgte eine zielgerichtete Zusammenarbeit mit anderen Diensteinheiten des MfS. Es wurde Einfluß genommen auf die Ausbildung und Unterstützung der Mitarbeiter der Hauptabteilung Personenschutz (HA PS).

Mitgewirkt wurde an der speziellen Ausbildung und Unterstützung der Mitarbeiter der HA I und der HA VI zum Schutz der Staatsgrenze, der Grenztruppen und der Grenzübergangsstellen vor Terror und anderen Gewaltakten. Ausbildungsmaßnahmen in der DDR und im Ausland für Mitarbeiter ausländischer Sicherheitsorgane wurden auf der Grundlage staatlicher Verträge bzw. Vereinbarungen in Zusammenarbeit mit der HVA und nach Vorgaben der Partner realisiert. Zumeist handelte es sich bei den Auszubildenden um Spezialisten aus jungen, vom Kolonialismus befreiten Nationalstaaten.

Zum Ende der 70er Jahre hatten derartige Aufgaben so zugenommen, daß für militärisch-operative Sicherungseinsätze bei Großveranstaltungen, Staatsbesuchen, Jugendtreffen usw. und der Ausbildung ausländischer Kader die in der AGM/S vorhandenen Mitarbeiter nicht mehr ausreichten. Auf Befehl des Ministers für Staatssicherheit wurden deshalb aus der 2. Aufklärungskompanie des Kommandos Aufklärung des Wachregiments des MfS zunächst ausgewählte Offiziere bzw. Unterführer für die militärische Ausbildung und später auch Teile militärischer Strukturen der Kompanie zu Sicherungseinsätzen gemeinsam mit den Mitarbeitern der AGM/S befristet abkommandiert.

Bei der 2. Aufklärungskompanie handelte es sich um eine Ausbildungseinheit, die im Verteidigungszustand Aufgaben der militärischen Aufklärung eines Regimentes im Rahmen der Struktur des Wachregiments erfüllen sollte und deren Angehörige daher neben der allgemein militärischen eine umfassende Ausbildung im Fallschirmspringen und Tauchen sowie zur Beherrschung militärischer Aufklärungsfahrzeuge absolvierten.

Im Jahre 1980/81 wurde dem Leiter der AGM/S die 2. Aufklärungskompanie des Wachregiments des MfS direkt unterstellt und damit eine Erweiterung des militärischen Einsatz- und Ausbildungspotentials der AGM/S für die Terrorabwehr erreicht.

In den 80er Jahren wurden die Struktureinheiten in der AGM/S aufgrund ständiger Einsatzanforderungen weiter ausgebaut. Sie nannten sich nunmehr Zentrale Spezifische Kräfte (ZSK) und erreichten 1988, zum Zeitpunkt der Umbenennung der AGM/S in Abt. XXIII, die Stärke von etwa 250 Mann, unterteilt in zwei Abteilungen zu je vier Einsatzkommandos.

Um auch in den Bezirksverwaltungen des MfS entsprechende Kräfte zur militärisch-operativen Terrorbekämpfung schnell verfügungsbereit zu haben, wurden auch dort ab Ende der 70er Jahre nach und nach nichtstrukturelle Einheiten aufgestellt. Sie bestanden aus in der AGM/S spezifisch, auch in der Terrorabwehr ausgebildeten Mitarbeitern der unterschiedlichen Abteilungen der BV und wurden unter Leitung eines Führungsoffiziers im Territorium (bei besonderen Vorkommnissen, Sicherung von Großveranstaltungen, terrorgefährdeter Personen und Objekte etc.) zum Einsatz gebracht. Diese später *Territoriale Spezifische Kräfte* (TSK) genannten Einheiten bestanden 1988 in den BV in einer Stärke von jeweils etwa 10 bis 20 Mitarbeitern, in drei Bezirksverwaltungen – Karl Marx Stadt, Neubrandenburg und Rostock – als ständig bestehende Struktureinheiten mit etwa gleicher Stärke.

Zusätzliche Aufgaben für die AGM/S ergaben sich aus der Lageentwicklung. Die bis dahin durch Mitarbeiter der HA VI realisierte Aufgabe der Sicherung von Luftfahrzeugen der INTERFLUG durch Flugsicherungsbegleiter wurde der AGM/S übertragen. Einer der Gründe für diese Entscheidung war, daß die Verbindungen der INTERFLUG (auch in bzw. über sogenannte Krisengebiete, in denen Flugzeugentführungen nicht auszuschließen waren) zugenommen hatten und eine größere Anzahl ständig verfügbarer Flugsicherungsbegleiter notwendig geworden war. Dies war mit einer »zusätzlichen« Aufgabenübertragung an Mitarbeiter der HA VI in den PKE personell nicht mehr zu bewältigen.

In der AGM/S wurde dazu eine spezielle Struktureinheit gebildet, die in der unmittelbareren Nähe des Flughafens Berlin-Schönefeld ein Dienstobjekt bezog. Die Mitarbeiter wurden in Zusammenarbeit mit den HA VI und XIX als Flugsicherungsbegleiter ausgebildet, mit dafür entwickelten Mitteln (Waffen mit präparierter Munition, die in Luftfahrzeugen anwendbar waren) ausgerüstet und mit geeigneten Methoden vertraut gemacht, um mögliche Flugzeugentführer an Bord ohne Gefahr für die Passagiere und das Luftfahrzeug zu überwältigen.

Zunehmend ergab sich auch die Notwendigkeit, vorbeugende Sicherungsaufgaben an gefährdeten Botschaften in der DDR zu realisieren und in Zusammenarbeit mit der HVA Mitarbeiter zur Sicherung von DDR-Botschaften im Ausland vor möglichen terroristischen Angriffen auszubilden und zum Einsatz zu bringen.

Aufgrund der Zusammenführung der Abt. XXIII und der Abt. XXII zur Hauptabteilung XXII im Jahre 1989 gingen alle Aufgaben, das Personal (einschließlich der TSK) und die materielle Basis der Abt. XXIII zur Hauptabteilung XXII beziehungsweise AG XXII in den Bezirksverwaltungen.

Seit 1990 wird die AGM/S als »Killerkommando« diffamiert. Der Mitarbeiter der BStU-Behörde Thomas Auerbach lieferte dazu in einer von ihm erarbeiteten Studie (»Einsatzkommandos an der unsichtbaren Front«) im April 1999 die vermeintliche Grundlage. Seine Behauptungen wurden von einigen Medien begierig aufgegriffen und auch noch heute gern kolportiert: Die AGM/S habe nicht nur »Schießen, sondern auch den tödlichen Nahkampf geübt«, was die noch vorhandenen »Stechpuppen« im ehemaligen Dienstobjekt »Walli« auf dem dortigen Schieß- und Sprengplatz belegen würden.[135] In dieser »Studie« wird mit Ausbildungsunterlagen der Nachweis anzutreten versucht, daß in der AGM/S eine »Killerausbildung« stattgefunden habe.[136] Im wesentlichen sei es darum gegangen, so behauptete Auerbach, »bestens qualifizierte, spezialisierte und hochmotivierte Fachleute für Terror, Zerstörung und Mord heranzuziehen«.[137] Aus Dokumenten, die völlig unterschiedlichen Zwecken dienten, wurden von ihm Passagen zitiert und zusammengefügt, die beim Leser den Eindruck erwecken sollen, die AGM/S habe nicht der Terrorabwehr gedient, sondern der »Terror- und Sabotagevorbereitung des MfS gegen die Bundesrepublik Deutschland«.[138]

Schließlich wurde der AGM/S unterstellt, daß sie im Februar 1981 einen Sprengstoffanschlag auf den Sender *Radio Freies Europa* verübt haben könnte.[139] Dieser Unsinn bewegt sich auf dem gleichen Niveau wie die Gehirngespinste von »Organentnahmen für SED- und Staatsfunktionäre«, »Zwangsadoptionen in der DDR«, »Mißbrauch der Psychiatrie für politische Zwecke«, »Isolierungs- bzw. Konzentrationslager der Stasi« etc.[140] Nicht zu reden von den »Röntgenkanonen«, mit denen »Regimegegner« und »Dissidenten« in Haftanstalten verstrahlt worden sein sollten. Wenn es eine Gemeinsamkeit zwischen diesen Unterstellungen gab, dann die: Für alle blieb man die Beweise schuldig. Notgedrungen. Es gibt sie nämlich nicht.

Am 9. März 1999 sprach das Düsseldorfer Landgericht den ehemaligen Leiter der AGM/S vom Vorwurf frei, einen Meineid geleistet zu haben. Ihm war zur Last gelegt worden, am 6. Oktober 1993 als Zeuge im Strafverfahren gegen den Stellvertreter des Ministers für Staatssicherheit und Leiter der HVA Markus Wolf vor dem 4. Strafsenat des Düsseldorfer Oberlandesgerichts bewußt die Unwahrheit gesagt zu haben. Das bezog sich auf seine Feststellung, bei der AGM/S habe es sich nicht um »Killerkommandos des MfS« gehandelt, die »Verräter im Operationsgebiet« liquidieren sollten, wie der Generalbundesanwalt behauptete, sondern um Kräfte zur Bekämpfung und zur Abwehr von terroristischen Anschlägen gegen Einrichtungen der DDR im Ausland.[141] Die Bildung von »Killerkommandos« sei nie geplant gewesen.

Im Prozeß bestätigte auch der Vertreter der BStU Peter Hasner, daß man trotz intensiver Suche im MfS-Archiv nur Dokumente zur »Planung für die Mobilmachung, also für den Verteidigungsfall« gefunden habe. Er, Hasner, »habe keine Kenntnis über die vom Generalbundesanwalt behauptete Version eines Killerkommandos«.[142] Er habe »in den Unterlagen keine Hinweise darauf gefunden, daß (es) zur Einrichtung oder zur Planung von Killerkommandos gekommen sei. Es habe sich insbesondere kein Beleg dafür gefunden, daß jemals aus dem Gebiet der DDR geflohene Personen in der Bundesrepublik getötet worden seien.«[143]

Thomas Auerbach, Mitarbeiter der selben Behörde, erklärte jedoch das Gegenteil.

Natürlich trainierten (und trainieren) Angehörige von Antiterroreinheiten das Schießen und den Nahkampf – einschließlich die Fähigkeit, einen Terroristen oder Angreifer auch mit anderen Mitteln unschädlich zu machen. Sie erlernten (und erlernen) den Umgang mit Sprengmitteln, Fallschirmspringen, den Kampf unter Wasser. Wer einmal die Ausbildungsunterlagen und andere Veröffentlichungen etwa zur GSG 9 oder spezieller Einheiten der US-Army mit denen des MfS vergleicht, wird kaum Unterschiede ausmachen.

Die DDR hatte bei Planungen für den Verteidigungsfall Gegenmaßnahmen ins Kalkül gezogen, bei denen sie von der NATO-Strategie des »Verdeckten Krieges« ausging. Dazu gehörten auf NATO-Seite Fernspähkompanien, Fallschirm-, Ranger-einheiten und paramilitärische Einheiten, die »im Rücken des Gegners« eingesetzt werden sollten – also mußte man sich darauf vorbereiten. Erinnert sei in diesem Zusammenhang an das 1948 geschaffene Netzwerk »Bloodstone« des USA-Geheimdienstes zur Gewinnung und nachrichtendienstlichen Nutzung von Emigranten, Kriegsverbrechern, Geheimdienstexperten und Kollaborateuren aus osteuropäischen Ländern und ihre Ausbildung zu Spezialisten für besondere Aufgaben gegen die Sowjetunion und deren Verbündete.[144] Dem »Labor Service« in Westdeutschland, offiziell als Hilfstruppe für die Bewachung US-amerikanischer Objekte getarnt, gehörten etwa 40.000 Flüchtlinge und ca. 5.000 Freiwillige an, die vom *Office of Policy Coordination* (OPC, Leitung der verdeckten Operationen) der CIA als Geheimarmee ausgebildet wurden.[145] Viele wurden in sogenannten Überrollgruppen zusammengefaßt, die später zur NATO-Geheimorganisation *Gladio* gehörten, andere wiederum rekrutierte man für Sondereinheiten, die Spezialaufträge erfüllten. So unterhielt die CIA in einem Camp in Mittenwalde (Bayern) eine Gruppe von 20 ukrainischen Ex-Nazis, die Doppelagenten, Spione oder andere verdächtige Personen »lautlos« beseitigte.[146]

Mitglieder des »Bundes Deutscher Jugend« (BDJ wurden zwischen 1950 und 1952 von Mitarbeitern des CIC und der CIA unter Nutzung des »Labor Service« zu einer Guerilla-Truppe ausgebildet. Diese sollte auch bei einem friedlichen Machtwechsel im eigenen Land aktiv werden. Die Führung des BDJ besaß »Schwarze Listen« mit Namen von Kommunisten und Sozialdemokraten, die man als »Sicherheitsrisiko« betrachtete und deshalb ermordet werden sollten. 1952 wurden diese terroristischen Intentionen publik und einige Führer des BDJ inhaftiert.[147]

Darüber hinaus existierte bei der CIA die Einheit *Program Branch 7* (PB/7), die laut dem von 1976 datierten Bericht einer Untersuchungskommission des USA-Kongresses, der Church-Commission, verantwortlich war für »Morde, Entführungen und andere ähnliche Aufgaben, wie sie von Zeit zu Zeit im Auftrag höherer Stellen [...] zu erfüllen waren«.[148]

Die logische Konsequenz aus dem Netzwerk »Bloodstone« war *Gladio*. Dieses Netzwerk in Westeuropa fußte auf der Direktive 10/2 des Nationalen Sicherheitsrates der USA vom 18. Juni 1948 und war (ist?) eine paramilitärische Geheimorganisation, die Sabotage- und Terrorakte im Krisen- und Kriegsfall verüben sollte (soll?). Als »Stay-behind-Organisation« (SBO) bzw. »Überroll-gruppen« wurden sie seit 1956 zwar formal vom BND und in anderen NATO-Staaten von den dortigen nationalen Diensten übernommen und ausgebaut – ihre Führung lag aber immer direkt bei der CIA. Rekrutiert wurden diese SBO- oder Gladio-Einheiten aus alten und neuen Faschisten und Rechtsextremisten.[149] Allein in Italien gehörten ihr etwa 12.000 Mann an. Diese »VIII. Division« gliederte sich in 36 Legionen.[150]

Dem MfS war nicht unbekannt geblieben, daß der Grundgedanke für die Organisation *Gladio* darin bestand, Widerstandskräfte hinter den feindlichen Linien zu bilden und diese in Spannungssituationen und außerhalb offizieller Kriegshandlungen zum Einsatz zu bringen. Dazu wurden ihre Mitglieder für den Kampf ausgebildet, sie legten Waffendepots und Munitionslager an und wurden mit modernsten Kommunikationsmitteln ausgerüstet.[151] Offiziell wurde eine solche Zielstellung zwar eingeräumt, aber angeblich hätte sie nur bis 1973 bestanden.[152]

Ob die Gladio-Idee wirklich in den 70er Jahren beerdigt wurde, steht zu bezweifeln. Warum sonst sah sich am 22. November 1990 das Europa-Parlament veranlaßt, eine Entschließung zu verabschieden, in der international vernetzte Geheimorganisationen verurteilt, gegen USA-Einmischung und NATO-Anmaßung protestiert und eine komplette Bestandsaufnahme der auf diesem Gebiet tätigen Organisationen gefordert wurde?[153]

Daß die zur Terrorabwehr ausgebildeten und spezialisierten Kräfte des MfS im Verteidigungsfall auch gegen einen im Hinterland der DDR operierenden Gegner eingesetzt werden oder sich überrollen lassen würden, um auf dem vom Aggressor besetzten Territorium zu kämpfen, lag in der militärischen Logik, war erforderlich und legitim. Dies der DDR vorzuwerfen, läßt auf Unkenntnis der Materie schließen.

Die weltweite Zunahme politisch motivierter Gewalt, der sich grenzüberschreitend ausbreitende Terrorismus und die aktuelle Entwicklung der politisch-operativen Lage zwangen auch das MfS, sicherheitspolitische Konsequenzen zu ziehen und eine effektivere Terrorabwehr zu organisieren.

In Auswertung des Überfalls auf israelische Sportler während der Olympischen Spiele in München 1972 und in Vorbereitung des Sicherungseinsatzes anläßlich der X. Weltfestspiele der Jugend und Studenten in Berlin im Sommer 1973 wurde auf Weisung des Ministers für Staatssicherheit eine zentrale Arbeitsgruppe zur Abwehr möglicher terroristischer Anschläge gebildet. Sie sollte auch die Maßnahmen aller Sicherheitsorgane koordinieren. Diese Gruppe war seinem 1. Stellvertreter unterstellt.

Die internationalen Tendenzen im Terrorismus, einschließlich der Gefahr von terroristischen Anschlägen gegen die sozialistischen Staaten (Flugzeugentführungen, Gewaltakte gegen Auslandsvertretungen sozialistischer Staaten, Geiselnahmen) erforderten eine aktive geheimdienstliche Aufklärung der terroristischen Szene.

Mitte der 70er Jahre war die DDR weltweit anerkannt, zahlreiche diplomatische Vertretungen befanden sich hier, und das Staatsgebiet wurde zunehmend zur Durchreise nach und von mit der DDR verkehrsmäßig verbundenen europäischen und afrikanischen Ländern sowie Staaten in Nahost genutzt. Daß dies auch von Personen des internationalen Terrorismus, von extremistischen Gruppen und Kräften ausgenutzt würde, war nicht auszuschließen. Die politisch-operativen Arbeit bestätigte diese Sorge.

Die in den 70er Jahren gewonnenen Erkenntnisse waren von grundlegender Bedeutung für den weiteren Ausbau und die Tätigkeit der Terrorabwehr des MfS. In der dazu herausgegebenen Dienstanweisung Nr. 1/81 vom 16. März 1981 wurde eingeschätzt: »Zunehmend zeigten sich Attentate, Entführungen bzw. Geiselnahmen, Sprengstoffanschläge, Erpressungen, Mißhandlungen und andere Gewaltakte bzw. deren Androhung als Bestandteil subversiver Aktivitäten. Die imperialistischen Geheimdienste und andere feindliche Zentren unternahmen verstärkte Anstrengungen, terroristische Kräftepotentiale zu schaffen und auszubauen und Gewaltakte unterschiedlichster Kräfte für die Durchsetzung ihrer Interessen nutzbar zu machen.

Diese gefährlichen Pläne, Absichten und Tendenzen im Vorgehen des Gegners fanden ihren besonderen Ausdruck in den hinterhältigen Bestrebungen feindlicher Organisationen, Gruppen und Kräfte, verstärkt mit terroristisch geprägten subversiven Aktivitäten gegen die DDR und andere sozialistische Staaten vorzugehen. Es wurden alle sich bietenden Ansatzpunkte, auch im Innern der DDR und anderer sozialistischer Staaten, genutzt, um feindlich-negative Kräfte zu provokatorisch-demonstrativen Aktivitäten bis hin zu Terror- und anderen Gewaltakten zu aktivieren.

Es besteht die reale Gefahr, daß sowohl Terrorakte verstärkt als Mittel des subversiven Kampfes gegen die DDR und ihre Verbündeten genutzt werden, als auch das Territorium der DDR in die Vorbereitung von Terror- oder anderen Gewaltakten in anderen Staaten bzw. Westberlin einbezogen wird.«[154]

Die Bildung der Diensteinheit »Terrorabwehr« bedeutete jedoch nicht, daß damit die Zuständigkeit anderer operativer Diensteinheiten für diese Aufgabe aufgehoben war.

1975 wurde die Abteilung XXII gegründet. Sie ging aus einer nichtstrukturellen zentralen Arbeitsgruppe beim 1. Stellvertreter des Ministers hervor, die speziell zur Sicherung der Weltfestspiele 1973 gebildet worden war.

Während die AGM/S zunächst weiterhin für eine militärisch-operative Terrorbekämpfung eingesetzt wurde, hatte die Abt. XXII den Einsatz von Inoffiziellen Mitarbeitern, die Entwicklung und Bearbeitung von Operativen Vorgängen zu konkreten Organisationen, Gruppen und Personen der Terrorszene zu realisieren.

Dies setzte ein möglichst umfangreiches und detailliertes Wissen über Terrorismus, Terror, terroristische Organisationen, Gruppen und Kräfte, Mittel und Methoden sowie über bisher durchgeführte terroristische Anschläge und die sich daraus ergebenden operativen Anknüpfungspunkte zur weiteren Aufklärung voraus. Zugleich schloß das aber auch ein, befähigte Mitarbeiter dieser Diensteinheit, wenn erforderlich, zur vorbeugenden Präsenz an terrorgefährdeten Objekten oder auch zur Beobachtung und Absicherung verdächtiger Personen im Rahmen der unmittelbaren Vorgangsbearbeitung einzusetzen und bei Gefahr im Verzuge zu handeln.

Die Abt. XXII wurde in der Folgezeit auch mit spezifischen Kampfmitteln ausgestattet (Hand- und Schnellfeuerwaffen mit spezieller Munition, Nachtsicht- beziehungsweise Laser-Zieleinrichtungen, optische Beobachtungsgeräte, Lausch- und Abhörtechnik, Mittel zur Bekämpfung von Geiselnahmen einschließlich Reizgas- und Elektroschockgeräte, Technik zur Entschärfung von Zündeinrichtungen etc.). Sie wurde zu einem jederzeit einsatzbereiten, schlagkräftigen Instrument der Terrorbekämpfung.

Im Mittelpunkt der Arbeit stand aber die Informationsbeschaffung und die Analyse der gewonnenen Nachrichten. Die Diensteinheiten des MfS wurden durch Befehl des Ministers verpflichtet, alle Informationen zu Terroranschlägen und zum Terrorismus der Abt. XXII zu übermitteln und mit ihr die Bearbeitung abzustimmen. Konkrete Arbeitsbeziehungen gab es insbesondere mit der HVA und der HA II. Der Schwerpunkt der Zusammenarbeit mit der HVA lag in der gegenseitigen Information über im Ausland bekannt gewordene Terrororganisationen und -gruppen, einzelne Terroristen und Splittergruppen nationaler Widerstands- und Befreiungsorganisationen sowie deren mögliche Verbindungen in die DDR oder in andere sozialistische Länder.

Operative Maßnahmen im Operationsgebiet wurden unter Wahrung der Geheimhaltung abgestimmt.

Schwerpunkt der Zusammenarbeit mit der HA II bildeten Informationen über den Aufenthalt von Ausländern, besonders aus dem nichtsozialistischen Ausland, bei denen konkrete Verdachtsmomente oder zu klärende Hinweise hinsichtlich möglicher Verbindungen zu terroristischen Organisationen/Gruppen oder zu beabsichtigten terroristischen Handlungen auch außerhalb des Staatsgebietes der DDR vorlagen. Von besonderer Bedeutung waren Informationen über Aufenthalte dieser Personen in der DDR, insbesondere in Berlin, über deren Verbindungen zu westlichen Geheimdiensten oder den ihrer Heimatländer, zu den diplomatischen Vertretungen bzw. zu deren Gästen, zu anderen Ausländern, zu Westberlinern und zu Bürgern der DDR. Von operativem Interesse waren ebenso Reisen dieser Personen nach Westberlin.

Dabei mußte die Immunität der mit Diplomatenpässen ausgestatteten Personen gewahrt bleiben. Das erschwerte erheblich die Klärung vorhandener Verdachtsmomente. Bei hinreichenden Verdachtsgründen regte das MfS wiederholt die Einleitung von Maßnahmen über das Ministerium für Auswärtige Angelegenheiten an. Die diplomatische Immunität sollte aufgehoben oder Personen als unerwünscht (*Persona non grata*) erklärt, Reisen verhindert oder Reisesperren veranlaßt werden.

Aus politischen Erwägungen wurden jedoch die meisten Vorschläge durch »Zentrale Entscheidungen« des Generalsekretärs oder anderer Stellen im ZK der SED abgelehnt

Bis Anfang der 80er Jahre waren in der Abt. XXII umfangreiche Erkenntnisse über terroristische Organisationen, Gruppen und Kräfte sowie ihr Umfeld und ihre Sympathisanten erarbeitet und zusammengeführt worden. Mit der Dienstanweisung Nr. 1/81 vom 16. März 1981 zur Aufklärung, vorbeugenden Verhinderung, operativen Bearbeitung und Bekämpfung von Terror- und anderen operativ bedeutsamen Gewaltakten«[155] und den dazu erlassenen Durchführungsbestimmungen des Ministers wurden weitergehende Aufgaben an alle Diensteinheiten gestellt. Damit begann auch der Prozeß der weiteren Zusammenführung aller Kräfte der Terrorabwehr, der Anfang 1989 mit der Zusammenlegung der Abteilungen XXII und XXIII (hervorgegangen aus der AGM/S) seinen Abschluß fand. Ziel waren eine höhere Effizienz in der Terrorismusbekämpfung, eine Verringerung des Koordinierungsaufwandes, eine zentrale Führung und verbesserte Nutzung der personellen, materiellen, technischen und finanziellen Möglichkeiten.

Die Dienstanweisung Nr. 1/81 und die dazu erlassenen Durchführungsbestimmungen enthielten verbindliche Regelungen zur Verantwortung und Federführung der Abteilung XXII.[143] Sie war die Rechtsgrundlage für die Arbeit aller Diensteinheiten auf diesem Gebiet. Alle gegen die DDR gerichtete terroristischen Aktivitäten sollten verhindert und mögliche Gefahren vorbeugend abgewendet werden.

Daraus ergab sich für die Abteilung XXII, verstärkt Operative Vorgänge zu Terror- und anderen Gewaltakten in der DDR und zu ausgewählten terroristischen Organisationen, Gruppen und Kräften im Ausland zu entwickeln und zu bearbeiten. Aufzuklären waren Strukturen, Führungskräfte, Mitglieder und Sympathisanten sowie deren »Rekrutierungsmechanismen«, politische Ziele und Motive, die eingesetzten terroristischen Mittel und Methoden sowie die materielle und finanzielle Basis. Festzustellen waren deren Verbindungen zu gegnerischen Geheimdiensten und anderen Zentren und Institutionen. Anliegen war es auch, Fakten über internationale Verbindungen, Zusammenschlüsse und aktionsbezogene Abstimmungen terroristischer Organisationen und Gruppen zu gewinnen.

Dazu war es erforderlich, Erkenntnisse über ein- bzw. durchreisende Mitglieder und Sympathisanten von terroristischen Organisationen, Gruppen und Kräften zu erarbeiten sowie ihre Verbindungen in die DDR und andere sozialistische Staaten festzustellen. Danach wurden differenzierte operative Maßnahmen eingeleitet oder auch Einreisesperren festgelegt.

Die Aktivitäten dieser Kräfte sollten festgestellt und unter Kontrolle gehalten und operative Ansatzpunkte erarbeitet sowie, wenn möglich, Voraussetzungen für die Einstellung ihrer terroristischen Handlungen und die Auflösung bzw. Selbstauflösung ihrer Organisationen geschaffen werden. In mühevoller Kleinarbeit wurden bedeutsame Operative Vorgänge entwickelt, Inoffizielle Mitarbeiter gewonnen und andere nutzbare Kontakte hergestellt und gepflegt.

Die Abteilung XXII führte alle wichtigen Erkenntnisse zusammen, wertete sie aus, erarbeitete Einschätzungen und Vorschläge und ergriff – in Abstimmung mit anderen zuständigen Diensteinheiten – erforderliche Maßnahmen. Die Abteilung XXII koordinierte Maßnahmen der Terrorabwehr innerhalb des MfS und mit den zuständigen Diensteinheiten der Sicherheitsorgane sozialistischer Staaten.

Die Aufklärung und Bearbeitung terroristischer Organisationen erfolgte auch mit dem Ziel zu verhindern, daß sie durch »Einflußagenten« westlicher Geheimdienste gegen sozialistische Staaten instrumentalisiert werden. Es gab in diesem Kontext eine Reihe ernstzunehmender Hinweise, unter anderem vom KGB und der PLO-Sicherheit.

Eine gewisse Bestätigung – selbst wenn ihm nicht in allem zugestimmt werden kann – lieferte Andreas von Bülow in seinem Buch »Im Namen des Staates«: »Mit an Sicherheit grenzender Wahrscheinlichkeit kann man davon ausgehen, daß die Mehrzahl der TerroristInnen seit Jahren jeweils im Dienst mindestens eines, wenn nicht mehrerer Geheimdienste stehen, die wechselseitig ihre ›Quellen‹ und ›Methoden‹ voreinander schützen wie die Skatspieler ihr Blatt. Müßten … weltweit zu gleicher Zeit sämtliche Führungsoffiziere von Terroristen ihre jeweilige Quelle preisgeben, es würde sich kaum noch eine Terroristenpersönlichkeit finden lassen, die nicht im geheimdienstlichen Haupt- oder Nebenerwerb ihr Auskommen fände. Mit Sicherheit würden die geschäftstüchtigsten unter ihnen die Führung durch die Geheimdienste mehrerer Länder eingestehen müssen. Mit anderen Worten: Man muß

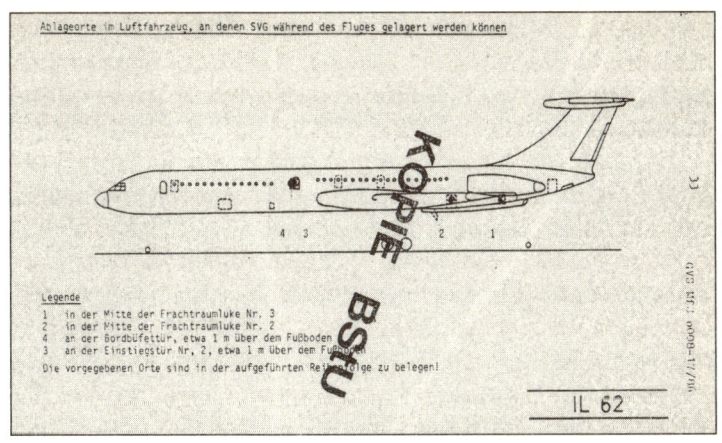

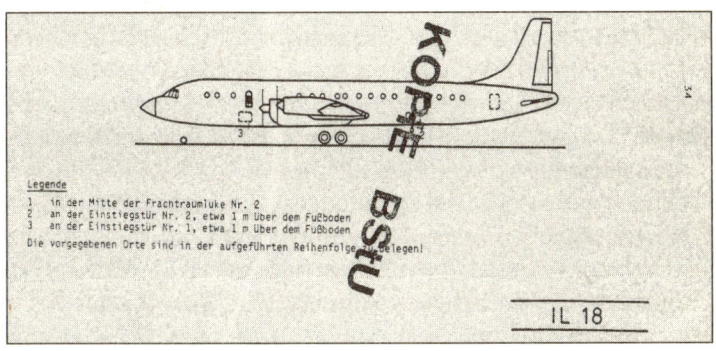

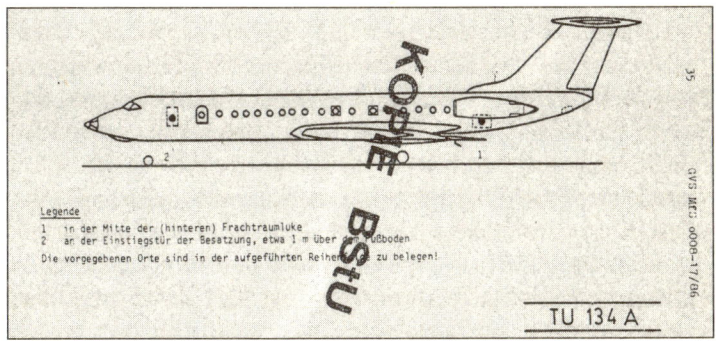

*Aus der Instruktion für Flugsicherheitsbegleiter (FSB), 10. Juni 1986.
Mit SVG war ein »sprengkörperverdächtiger Gegenstand« gemeint.
Die Skizzen zeigen die vom mitfliegenden MfS-Personal kontrollierten Punkte in den bei der INTERFLUG eingesetzten Maschinen*

von einer Art Marionettenspiel ausgehen, bei dem die verschiedensten Geheimdienste der Welt ihre jeweiligen Puppen agieren lassen, ohne daß die Globalleitung zu erkennen gibt, wer für wen spielt und einsteht.

Es erhebt sich allerdings die Frage, ob dieses Marionettenspiel[156] der nach den Zunftregeln untereinander abgeschotteten Geheimdienste letztlich wieder einer Gesamtstrategie unterliegt, indem in der weltweiten Auseinandersetzung eine Weltmacht versucht, die Supervision zu übernehmen und den Antiterroristenkampf für ihre eigenen Zwecke zu Lasten anderer Länder zu mißbrauchen.«[157]

Bei der vorbeugenden Verhinderung, Aufklärung und Bekämpfung von Terror und anderen Gewaltakten war für die Abteilung XXII die Zusammenarbeit mit anderen Diensteinheiten des MfS von großer Bedeutung. Das betraf vor allem die Zusammenarbeit mit den Diensteinheiten, die für den Schutz und die Sicherung von führenden Repräsentanten der DDR und ihren ausländischen Gästen, von wichtigen gesellschaftlichen Objekten und von Vertretungen und Einrichtungen der DDR im nichtsozialistischen Ausland oder von Vertretungen anderer Staaten, internationalen Organisationen und bevorrechteten Personen in der DDR verantwortlich waren. Wichtige Hinweise gab es aus den Aktivitäten zum Schutz der Staatsgrenze, der Grenzübergangsstellen und des grenzüberschreitenden Verkehrs, der bewaffneten Organe der DDR und ihrer Ausrüstungen. Das betraf auch die Sicherung von politisch wichtigen Höhepunkten und Großveranstaltungen, den Schutz der sich ständig oder zeitweilig in der DDR aufhaltenden Ausländer, die Gewährleistung der Sicherheit des Strafvollzuges der DDR und des Umgangs mit Schußwaffen, Sprengmitteln, Giften, radioaktiven Stoffen und anderen erlaubnispflichtigen Gegenständen. Wesentlich zur Vorbeugung beigetragen haben auch alle Diensteinheiten durch die Erfüllung ihrer Aufgaben zur Unterbindung von gewaltsamen Versuchen zum Verlassen der DDR sowie zur Aufklärung und Bekämpfung subversiver Pläne, Absichten und Maßnahmen rechtsextremistischer, pseudolinker und linksradikaler Organisationen, Gruppen und Kräfte. Vorbeugende Bedeutung erlangte auch die Bearbeitung, das heißt die Aufklärung anonymer und pseudonymer mündlicher oder schriftlicher Androhungen von Terror- und anderen Gewaltakten.

Mit Beginn der Umsetzung der DA Nr. 1/81 wurden auch in den Bezirksverwaltungen des MfS Arbeitsgruppen XXII (AG XXII) mit bis zu vier Mitarbeitern gebildet. Als operative Spezialisten wurden sie für die Terrorabwehr auf Bezirksebene beratend tätig. Sie unterstützten die Vorgangsarbeit (mit Terrorbezug) der anderen Diensteinheiten, hielten die Verbindung zur Abt. XXII und entwickelten eigene Operative Vorgänge zur vorbeugenden Verhinderung von Terror und Gewalt und waren verantwortlich für Aufklärung anonymer und pseudonymer Gewaltandrohungen im Bezirk.

Die Tatsache, daß im internationalen Rahmen immer wieder Geiselnahmen eine Rolle spielten, verlangte auch vom MfS die Vorbereitung auf solche Verbrechen. Das wurde besonders augenfällig, als Anfang der 80er Jahre Ausbrecher aus der Untersuchungshaftanstalt der Deutschen Volkspolizei in Frankfurt/Oder ihre Bewacher überwältigten, Waffen aus der Waffenkammer entwendeten, danach mehrere Personen als Geiseln nahmen und sich mit ihnen in einer Hochhauswohnung verschanzten. (Sie wurden durch den Einsatz von Kräften der Terrorabwehr überwältigt.)

Im MfS wurde, unter anderem auch in Auswertung dieses Vorkommnisses, eine nichtstrukturelle Zentrale Gruppe Verhandlungsführung (ZGV) gebildet. Ab etwa 1985 gab es diese auch in einigen Bezirksverwaltungen als *Territoriale Gruppe Verhandlungsführung* (TGV). Sie bestanden aus leitenden Mitarbeitern der Terrorabwehr und anderer Diensteinheiten des MfS, die zur Verhandlungsführung bei einer Geiselnahme oder anderen Verbrechen psychologisch vorbereitet wurden.

In einem thematischen Handbuch wurden unterschiedliche Handlungsvarianten zur Bekämpfung von Geiselnahmen und Entführungen detailliert erläutert und für die praktische Nutzung aufbereitet. Das realistische Vorgehen wurde periodisch trainiert.

Die dazu erlassene 7. Durchführungsbestimmung zur DA Nr. 1/81 enthielt Festlegungen zur Planung, Organisation und Durchführung des Bereitschaftssystems der nichtstrukturellen Zentralen Gruppe Verhandlungsführung.

Aufgaben bei der Abwehr von Terror und anderen Gewaltakten wurden im Zusammenwirken mit den Organen des MdI, der Deutschen Volkspolizei (DVP) sowie mit anderen staats- und wirtschaftsleitenden Organen der DDR realisiert. Dabei ging es

vor allem darum, bei exakter Abgrenzung der jeweiligen Verantwortung ein reibungsloses Zusammenwirken bei der Aufklärung,
vorbeugenden Verhinderung, Bearbeitung und Bekämpfung von
Terror und anderen Gewaltakten zu sichern.

Von Seiten des MdI waren durch den Befehl Nr. 67/75 des
Ministers des Innern vom 30. September 1975 »Über Vorbereitung, Organisation und Durchführung von Maßnahmen zur wir-
kungsvollen Vorbeugung, Aufdeckung, Abwehr und schnellen
Aufklärung bzw. Bekämpfung von Gewaltakten« und der Dienstanweisung Nr. 160/75 vom 6. November 1975 »Über die Aufgaben der DVP und der anderen Organe des MdI bei der Bearbeitung von Drohungen mit Gewaltakten« entsprechende Voraussetzungen geschaffen worden.

Die in eigener Verantwortung liegenden Möglichkeiten der
Deutschen Volkspolizei sowie der anderen Organe des MdI stellten für die Aufklärung und vorbeugende Verhinderung von Terror
und anderen operativ bedeutsamen Gewaltakten, besonders bei
der Fahndung nach Personen und Sachen, eine wirkungsvolle
Grundlage des Zusammenwirkens dar.

Wichtig war die zügige Bearbeitung und Aufklärung von Vorgängen, bei denen ein Bezug zu Terror und Gewalt nicht ausgeschlossen wurde. Etwa der Verlust bzw. Diebstahl von Waffen,
Munition, Sprengmitteln, Giften und Chemikalien. Das betraf
auch die umgehende Bearbeitung und Aufklärung von Überfäl-
len, Bränden oder Explosionen einschließlich der telefonischen
oder schriftlichen anonymen oder pseudonymen Androhungen
von Gewalt. Schließlich waren die Kräfte der Volkspolizei diejeni-
gen, die die sichtbare Präsenz der Sicherungskräfte und Sicherungsmaßnahmen bei Großveranstaltungen, Staatsfeierlichkeiten
und anderen gesellschaftlichen Höhepunkten sowie vor allem im
täglichen Leben in der DDR gewährleisteten. Sie waren deshalb
häufig auch die ersten, die mit den oben genannten Vorkommnissen konfrontiert wurden.

In solche Sicherheitsmaßnahmen einbezogen waren die Trans-
port- und Wasserschutzpolizei, die Kräfte zur Sicherung der Flug-
plätze, das Wachkommando Missionsschutz, das die Sicherheit an
den diplomatischen Vertretungen zu gewährleisten hatte, der
Betriebsschutz und die Feuerwehr. Darüber hinaus hab es im MdI
eine eigene Spezialeinheit zur Bekämpfung akuter Terror- und

anderer bedeutender Gewaltakte, mit der die Kräfte der Terrorabwehr des MfS zusammenwirkten. Schließlich verfügte das MdI
auch über eine Hubschrauberstaffel. Gemeinsam trainierten die
militärisch-operativen Kräfte des MfS und die Spezialeinheit des
MdI, um die Mobilität beider bei einer möglichen akuten
Bekämpfung eines Terroranschlages zu erhöhen.

Ein enges Zusammenwirken gab es ebenfalls mit der Zollverwaltung der DDR, insbesondere bei der Kontrolle des grenzüberschreitenden Verkehrs zur Verhinderung der Einschleusung von
Waffen, Sprengstoffen und anderen zur Durchführung von terroristischen Anschlägen geeigneten Materialien und bei der Fahndung nach Personen und Sachen. Mit den Grenztruppen der
DDR wurde vor allem bei der Sicherung der Grenzübergangsstellen und bei terroristischen Anschlägen gegen die Staatsgrenze
eng und vertrauensvoll zusammengewirkt.

Rückblickend auf die vom MfS erarbeiteten Erkenntnisse über
den internationalen Terrorismus und von terroristischen Organisationen, Gruppen und Kräften ausgehende Gefahren ist es dis-
kriminierend und unsachlich, wenn von der BStU-Behörde erklärt wurde, eine Gefahr durch ein Überschwappen des westlichen Terrorismus habe für die DDR nicht bestanden. Dies sei
dem paranoiden Sicherheitsdenken des MfS[158] entsprungen, was
einen übersteigerten personellen und materiellen Aufwand zur
Folge gehabt hätte.

Obwohl »es auch innerhalb der DDR bisweilen zu politisch
motivierter Gewalt« kam, sei dies »mit der terroristischen Bedrohung, der sich die westliche Welt zu erwehren hatte, […] nicht zu
vergleichen, […] denn militanter Widerstand mit revolutionärer
Zielsetzung wie im Westen war innerhalb des stark repressiven
politischen Systems der DDR undenkbar«, meinte 1995 die
BStU-Behörde.[159]

Egal, ob dem MfS in der Terrorabwehr »paranoides Sicherheitsdenken« und »übersteigerter personeller und materiellenrAufwand«
unterstellt wird: Das MfS kann jedenfalls für sich in Anspruch nehmen, daß die Terrorabwehr der DDR erfolgreich war.

Kein Staat rechtfertigt sich gegenüber einem anderen dafür,
wenn er das ihm notwendige Erscheinende für seine Sicherheit
und die seiner Bürger unternimmt. Die USA tun das nicht, auch
die Bundesrepublik handelt in dieser Hinsicht souverän.

Es ist allerdings richtig, daß es terroristische Bestrebungen im Innern der DDR nicht solchem Ausmaß und mit derart öffentlicher Wirkung wie anderenorts gegeben hat. Die Situation auf diesem Gebiet war nicht vergleichbar: Die gesellschaftlichen Verhältnisse in der DDR boten dafür auch keinen Nährboden. Die Wachsamkeit der Bürger und der gesellschaftlichen Organisationen sowie ihr Engagement für ihren Staat und dessen Sicherheitsorgane erstickten solche Bestrebungen in der Regel bereits im Keim. Diese auf der sozialistischen Entwicklung beruhende politische Reife der Bürger und Sicherheitsorgane zeigte sich selbst in der Agonie der DDR in der auf beiden Seiten realisierten Forderung »Keine Gewalt«.

Daß es aber trotzdem terroristische Absichten und Aktionen im Inneren der DDR gab, zeigen einige Vorfälle:

– In Steinach/Thüringen beabsichtigte eine Gruppe von fünf Personen Mitte der 60er Jahre, den Vorsitzenden des Staatsrates zu ermorden, um dadurch die politischen Verhältnisse in der DDR umzustürzen. Sie beschafften sich Waffen, bestimmten den Mordschützen und erkundeten Möglichkeiten, wie man danach über die Grenze kommen könnte. Bevor sie mit der unmittelbaren Ausführung des Anschlages beginnen konnten, wurden sie festgenommen und zu Freiheitsstrafen verurteilt.[160]

– In Arnstadt in Thüringen gab es Anfang der 80er Jahre eine Gruppe Jugendlicher, die sich »RAF« nannte. Mit der Rote Armee Fraktion in der BRD hatte sie aber nichts zu tun. Aus Opposition zum sozialistischen Staat wollten sie das Trinkwasser für die Stadt Erfurt mit Zyankali vergiften, einen General der in der DDR stationierten sowjetischen Streitkräfte ermorden und Sprengstoffanschläge verüben. Noch während der Vorbereitungen wurden sie festgenommen.

– Am 9. März 1980 wurde in Karl-Marx-Stadt, heute wieder Chemnitz, das Denkmal mit einem auf einem Sockel stehenden Panzer T-34 aus dem Zweiten Weltkrieg durch einen Sprengstoffanschlag beschädigt. Dieses Denkmal für die Befreiung vom Faschismus stand inmitten eines Wohnviertels. Ausgeführt hatte diesen Anschlag der DDR-Bürger Josef K. mit selbstgefertigtem Sprengstoff. Er wollte damit ein »Fanal des Widerstandes« setzen, den möglichen Tod Unschuldiger nahm er billigend in Kauf. 1981 wurde K. wegen Terror und Mordversuch zu einer lebenslangen

Freiheitsstrafe verurteilt, aber noch in den 80er er Jahren in die BRD entlassen. Die dortige Justiz rehabilitierte ihn gemäß dem »1. SED-Unrechtsbereinigungsgesetz«, für seine Haftzeit wurde er entschädigt.

– Zahlreiche Terrorakte erfolgten auch in Form gewaltsamer Grenzdurchbrüche. 1979 versuchte ein Obermaat ein Schiff der Volksmarine der DDR mit Waffengewalt zu entführen. Ebenso gab es Versuche zur Entführung von Flugzeugen. Allein von 1962 bis 1973 wurden vierzehn Versuche unternommen, Passagier- und auch Agrarflugzeuge zu entführen. Davon gelangen vier. Die Entführer gingen in der Bundesrepublik entweder völlig straffrei aus oder erhielten nur sehr milde Strafen; die in der DDR Verurteilten wurden nach 1990 rehabilitiert. Grenzdurchbrüche gab es auch mit Triebfahrzeugen der S-Bahn in Berlin und der Reichsbahn. Dabei erfolgten mitunter Geiselnahmen des Fahrpersonals.

– 1975 ermordete der Fahnenflüchtige Werner Weinhold bei seinem gewaltsamen Grenzdurchbruch zwei Grenzsoldaten. Es gab ferner Sprengstoffanschläge auf Grenzsicherungsanlagen.

– Terror- und Gewaltakte gab es auch in der Wirtschaft. So drohte beispielsweise eine Person, die in einer pharmazeutischen Fabrik in Jena tätig war, dem dort hergestellten und für den Export bestimmten Penicillinpräparat Gift beizumischen, sofern seiner Forderung nach Ausreise aus der DDR nicht nachgegeben werden sollte. Es gab ferner Versuche krimineller Menschenhändlerbanden, Kinder zu entführen, die zuvor von geflüchteten DDR-Bürgern zurückgelassen wurden.

Daß derartige Erscheinungen nicht ausuferten und zumeist ohne spektakuläre Folgen blieben, war sowohl der vorbeugenden Tätigkeit des MfS und anderer Sicherheitsorgane als auch dem wachsamen Verhalten von Bürgern und gesellschaftlichen Kräften der DDR zu verdanken.

Mit der strikten Durchsetzung der staatlichen Ordnung zum Umgang mit Waffen, Munition, Sprengmitteln, Giften wurden die Möglichkeiten des mißbräuchlichen Besitzes solcher für terroristische und andere Gewaltakte geeigneter Mittel weitgehend ausgeschlossen. Besitz und Kauf von Waffen und Munition waren genehmigungspflichtig. Jedem Verlust einer Waffe, jeder Unstimmigkeit in der Abrechnung von Munition oder von Sprengstoff wurde bis zur endgültigen Klärung konsequent nachgegangen.

Die Verbesserung der Fahndungsmaßnahmen an der Grenze einschließlich der strikten Durchsetzung von Einreisesperren erschwerten das illegale Einführen von Mitteln für terroristische Anschläge sowie die unerkannte Einreise von Personen, die im Verdacht standen, terroristischen Organisationen, Gruppen oder Kräften anzugehören.

Die Terrorabwehr des MfS erhielt zahlreiche ernstzunehmende Hinweise auf geplante Anschläge. Die Armenische Geheimarmee für die Befreiung Armeniens (ASALA) beispielsweise plante einen Anschlag auf eine Maschine der INTERFLUG. Beabsichtigt war ferner ein Mordanschlag auf den syrischen Botschafter in der DDR und auf einen Neffen des syrischen Präsidenten, der in Leipzig studierte.

Einige Botschaften, darunter die der USA und der Türkei, befanden sich im Blickfeld terroristischer Kräfte.

Wie in Bulgarien und Ungarn, wo im Ergebnis von terroristischen Anschlägen Opfer zu beklagen waren, drohte der inner-palästinensische Konflikt 1983 auch auf die DDR überzugreifen. Es gab Morddrohungen gegen Palästinenser in Leipzig, Nordhausen und Weimar sowie gegen die Botschaft und den Botschafter der PLO in der DDR. Zeitweilig wurden die Botschaft Syriens und die PLO-Vertretung besetzt.

Es gab auch einige Versuche – und Gefahren bestanden hier permanent –, das Territorium der DDR, insbesondere Berlin, als Ausgangsbasis für terroristische Anschläge in Westberlin, der BRD und im Ausland zu mißbrauchen. Viele solcher Aktivitäten, die der Terrorabwehr bekannt wurden – ob sie ernst gemeint oder nur Prahlereien von Doppel- und Mehrfachagenten waren –, wurden sorgfältig geprüft und durch entsprechende operative Maßnahmen verhindert.

Trotz umfangreicher Bemühungen wurden einige Unternehmungen jedoch nicht rechtzeitig erkannt, zum Beispiel die Anschläge in Westberlin auf das französische Kulturzentrum *Maison de France* und die Diskothek *La Belle*, ohne damit zu bewerten, ob das MfS überhaupt die Möglichkeit der Verhinderung gehabt hätte. Bei *La Belle* konnte das MfS davon ausgehen, daß diese Absichten und Aktivitäten in Vorbereitung des Anschlages westlichen Dienststellen nicht verborgen geblieben waren: Die beteiligten Personen hatten Kontakte mit westlichen Geheimdiensten und der Westberliner Polizei oder befanden sich in deren Blickfeld.

Diese Beispiele offenbarten allerdings auch, daß die Terrorabwehr des MfS nicht frei von Schwächen war und auf Teilgebieten nur über eingeschränkte Möglichkeiten verfügte.

Die zusätzliche Sicherung diplomatischer Vertretungen, Handelsmissionen, Büros der Massenmedien sowie der sich in der DDR zeitweilig aufhaltenden Ausländer und bevorrechteten Personen durch die militärisch-operativen Kräfte der Terrorabwehr verlangten über längere Zeiträume einen sehr hohen personellen und materiellen Einsatz.

Nach dem Anschlag auf die Diskothek *La Belle* in Westberlin ersuchte der Botschafter der USA die DDR-Behörden um besonderen Schutz für in Westberlin stationierte Angehörige der US-Army. Man habe – so hieß es von offizieller Seite der USA – Informationen, daß gegen Busse der US-Truppen Terroranschläge geplant seien. Die GI fuhren damals häufig mit Bussen zu Einkäufen, zum Besuch von Kulturveranstaltungen und Sehenswürdigkeiten in die DDR. Dort sollten Haftladungen an den Bussen angebracht werden, welche in Westberlin gezündet würden. Daraufhin führte das MfS etwa ein Jahr lang die Aktion »Bus« durch. Neben inoffizieller Aufklärungsarbeit wurden alle Busse mit US-Soldaten und ihren Angehörigen ununterbrochen gesichert. Fahrzeuge, besetzt mit spezifischen militärisch-operativen Kräften der Abteilung XXII, begleiteten die Busse von der Ein- bis zur Ausreise. Nach groben Schätzungen waren es etwa 37.000 Uniformierte und rund 36.000 Zivilisten, die in diesem Zeitraum besonderen Schutz durch das MfS erhielten.

Die USA-Botschaft empfand den gewährten Schutz wohl kaum als »paranoides Sicherheitsdenken« ...

Zur vorbeugenden Arbeit gehörte auch die konsequente Aufklärung anonymer und pseudonymer Drohungen in mündlicher, telefonischer oder schriftlicher Form, mit denen Attentate, Morde, Geiselnahmen, Entführungen, Erpressungen, Überfälle, Sprengstoffanschläge, Explosionen, Brände, Vergiftungen etc. demonstrativ angekündigt wurden.

Die Abteilung XXII hatte sich auch mit anonymen und pseudonymen Gewaltandrohungen aus beiden deutschen Staaten zu befassen, die sich gegen Repräsentanten oder wichtige Institutionen der DDR sowie ausländische Botschaften einschließlich der Ständigen Vertretung der BRD in der DDR, und der DDR-Botschaften im Ausland richteten.

Stets wurden mögliche akute Gefahren für Leben und Gesundheit von Personen, für die Gewährleistung der Produktion, des Verkehrs, für den Publikumverkehrs in öffentlichen Einrichtungen abgeklärt. Soweit erforderlich, wurden Objekte zweitweilig geschlossen, Gebiete gesperrt, Personen evakuiert. In vielen Fällen konnten durch schnelle Auswertung der Drohung und ihre Zuordnung zum Verursacher, verbunden mit sofortiger Absuche der gefährdeten Orte, Evakuierungen oder Produktionsunterbrechungen verhindert werden.

Darüber hinaus wurden unverzüglich die Ergebnisse von Tonaufzeichnungen, von Fangschaltungen und anderen zum Einsatz gebrachten technischen Mitteln ausgewertet. Wo diese fehlten, wurde ihre Installation veranlaßt.

Bei schriftlichen Androhungen erfolgte eine zügige Schriftenauswertung und -einschätzung sowie der Vergleich mit der Schriftensammlung von Tätern in der HA/Abt. XX und im MdI.

Von den jährlich etwa 400 bis 500 von der Abteilung XXII federführend bearbeiteten mündlichen und schriftlichen Androhungen von Gewaltakten wurden etwa 25 Prozent aufgeklärt bzw. anderen anonymen Tätern zugeordnet.

Bei den aufgeklärten Fällen konnte zum Teil eine Absicht zur Realisierung der Androhung bzw. das Hervorrufen von Angst und Unruhe nachgewiesen werden. In nur wenigen Fällen wurden bereits konkrete Vorbereitungen zur Ausführung der Androhung festgestellt. Natürlich gab es auch eine ganze Reihe von Fällen, in denen aus jugendlichem Übermut, Verärgerung oder anderen persönlichen Gründen, mitunter auch nach Alkoholgenuß gehandelt worden war. Dahinter steckten keine ernsthaften Absichten., die Androhung auch auszuführen. Aber auch das mußte erst festgestellt und aufgeklärt werden, um jedes Risiko auszuschließen.

Dem MfS wurde unterstellt, daß die Terror-Abwehrmaßnahmen »übersteigert« und die Gefahren nur fiktiv gewesen seien. Zugleich wird behauptet, daß das MfS davon den Auftrag abgeleitet habe, extremistische Gruppen und Strömungen in der ganzen Welt zu beobachten, die »der DDR kritisch bis feindlich gegenüberstanden und gleichzeitig eine militante Handlungsbereitschaft zu haben schienen«.[161]

In der Tat hatte das MfS auch Kräfte im Blick, von denen sich westliche Geheimdienste Hilfe beim Kampf gegen den Sozialismus erhofften. Eine Öffnung und Auswertung der Unterlagen des MfS über Angriffsrichtungen, Mittel und Methoden der gegen die DDR aktiven Geheimdienste beim BStU würde dies mit Fakten belegen. Bei der »Aufarbeitung« werden diese aber erstaunlicherweise immer ausgeklammert.

Die Orientierung der Terrorabwehr auf rechtsextremistische oder linksradikale Gruppierungen, die ihre Ziele mit terroristischen Mitteln und Methoden durchzusetzen versuchten, erwies sich als notwendig und richtig. Um Gefahren rechtzeitig zu erkennen, mußte das breite Spektrum rechter und linker radikaler, pseudorevolutionärer und anarchistischer Kräfte weitgehend aufgeklärt und differenziert beobachtet werden.

Die Terrorabwehr setzte im Kampf gegen Terroristen und deren Organisationen vorwiegend nachrichtendienstliche Mittel ein, um zu verhindern, daß die DDR und andere sozialistische Staaten Angriffsobjekt oder als Hinterland bzw. logistische Ausgangsbasis des Terrorismus genutzt wurden. Es mußte verhindert werden, daß vom Territorium der DDR aus terroristische Anschläge im Ausland verübt werden.

Das MfS hat alles unternommen, um mit politisch-operativen Mitteln und Methoden rechtsextremistische und linksradikale, nationalistische und religiöse Terrororganisationen beziehungsweise terroristische Gruppen und Kräfte sowie DDR-feindliche militante Kräfte festzustellen und Erkenntnisse zu gewinnen, die es ermöglichten, von ihnen ausgehende Aktivitäten zu unterbinden, einzuschränken und zu erschweren. Wo sich Ansätze ergaben, wurde versucht, Personen so zu beeinflussen, daß sie ihr terroristisches Handeln als untaugliche Methode zur Lösung gesellschaftlicher Probleme erkennen und einstellen.

Von Anfang an war Westberlin Zentrum westlicher Geheimdienste und antisozialistischer Organisationen, zugleich war es auch zum Tummelplatz für undurchsichtige Elemente aus aller Welt geworden. Hier konzentrierten sich Schieber, Waffenhändler und Spekulanten. Begünstigt wurde dies bis 1961 durch den

Schwindelkurs zwischen der D-Mark und der Mark der DDR sowie dem Preisgefälle zwischen Ost und West. Seit Ende der 60er Jahre, verstärkt durch den KSZE-Prozeß in den 70er Jahren, stieg der Transitverkehr von und nach Westberlin, von und nach Osteuropa und Nahost. Vieles lief über die DDR-Hauptstadt und ihren Flughafen in Schönefeld. Die großzügige Praxis der Genehmigung und Kontrolle bei der Grenzpassage von Diplomaten und anderen bevorrechteten Personen (Botschaftspersonal, Journalisten, Handelsvertreter etc.) führte zu stetig steigenden kurz- und längerfristigen Aufenthalten von Ausländern in Hotels der Hauptstadt. Dem MfS lagen gesicherte Erkenntnisse vor, daß derartige Aufenthalte und Kontakte zu DDR-Bürgern für kriminelle oder

Die US-Botschaft in der Neustädtischen Kirchstraße 4/5 in der DDR-Hauptstadt mußte nur durch Blumenkübel geschützt werden

politische Zwecke im Interesse gegnerischer Kräfte mißbraucht wurden beziehungsweise genutzt werden sollten.

Anfang der 80er Jahre nahm der sogenannte Polittourismus aus dem Westen zu. Auch aus dieser Entwicklung ergaben sich neue Anforderungen an die Terrorabwehr des MfS. Diesem Anliegen der vorbeugenden Terrorabwehr dienten die 2. Durchführungsbestimmung zur Dienstanweisung Nr. 3/75. Unter Punkt 2 hieß es dort: »Die Durchführung politisch-operativer Maßnahmen ist zu konzentrieren auf die vorbeugende Verhinderung von Terrorhandlungen und anderen Angriffen gegen die eingereisten Persönlichkeiten zur Vermeidung schwerwiegender politischer Folgen, die Überprüfung von in Unterkunftsobjekten abgegebenen Gepäckstücken, Briefen und anderen Gegenständen auf das Vorhandensein von Sprengstoffen und anderen gefährlichen Materialien vor der Übergabe an die Persönlichkeiten sowie die Einleitung anderer notwendiger vorbeugender Sicherungsmaßnahmen.«[162]

Die DDR unterhielt zuletzt zu 136 Staaten diplomatische Beziehungen. 74 Staaten unterhielten in Berlin eine Botschaft und eine Residenz, darunter auch viele aus sogenannten Krisengebieten, in denen die Machtverhältnisse häufig wechselten. Vertreter der aus politischen, nationalistischen oder auch religiösen Gründen rivalisierenden Gruppen dieser Länder hielten sich in einer Stadt, mitunter jeweils in Westberlin und/oder in der DDR-Hauptstadt auf. Das war latentes Konfliktpotential.

Nach Erkenntnissen des MfS befanden sich unter den ein- und durchreisenden Personen neben Mitarbeitern von Geheimdiensten und anderen gegnerischen Organisationen auch Mitglieder sowie Sympathisanten terroristischer oder militanter Organisationen, Gruppen und Kräfte. Das bestätigen etliche Quellen. »So steht fest«, schrieb Andreas von Bülow, »daß westdeutsche Terroristen zeitweilig regelmäßig über Ostberlin in die Länder des Ostblocks geflogen sind. Sie waren dabei nicht nur von der Staatssicherheit überwacht, sondern wurden zum Teil auch von V-Männern des Verfassungsschutzes oder des Bundeskriminalamtes, möglicherweise auch des BND begleitet.«[163]

Mitarbeitern der HA VI gelang es auf der Basis personifizierter Vorgaben durch zielgerichtete Fahndungsmaßnahmen und bei der Kontrolle des Ein-, Aus- und Durchreiseverkehrs substantielle

Ersthinweise zu erarbeiten, die für die vorbeugende Terrorabwehr von erheblicher Bedeutung waren und zu Operativen Vorgängen führten.

Die Tatsache, daß die Anschläge gegen die DDR, die Staatsgrenze und die Sicherungskräfte zumeist einen rechtsextremen beziehungsweise neonazistischen Bezug hatten, erforderten die Aufklärungs und Bearbeitung dieser Szene in der BRD und in Westberlin sowie in anderen Staaten durch das MfS. Anlaß der Bearbeitung waren vor allem

– bereits bestehende oder sich entwickelnde private oder entsprechend getarnte Verbindungen in die DDR;

– Feststellungen bei der Kontrolle an den Grenzübergangsstellen, die auf eine rechtsextremistische Urheberschaft und Zielstellung hinwiesen;

– entsprechende Demonstrativhandlungen oder begründete Hinweise auf vorhandene Gewaltbereitschaft, auf bereits erfolgte Gewalthandlungen oder diesbezügliche Androhungen gegen die DDR, besonders gegen ihre Staatsgrenze und die Grenzsicherungskräfte.

Im Blick hatten die zuständigen Diensteinheiten des MfS solche dem rechten Spektrum zuzurechnende Organisationen und Gruppierungen wie die »Nationalsozialistische Deutsche Arbeiterpartei, Auslands- und Aufbauorganisation« und »Ortsgruppe Berlin« (NSDAP/AO und NSDAP/OGB), die »Aktionsfront Nationaler Sozialisten/Nationale Aktivisten«, die »Kampfgruppe Priem«, welche aus der »Wehrsportgruppe Hoffmann« hervorgegangen war, die »Nottechnische Übungs- und Bereitschaftsstaffel« (NÜB), die »Wiking Jugend« sowie weitere sogenannte Wehr- und Kampfsportgruppen.

Augenmerk galt militanten Organisationen wie den »Grauen Wölfen« aus der Türkei, der kubanischen Exilantenorganisation Gruppe »Alpha 66«, der exilbulgarischen Gruppe »Bulgarische Befreiungsbewegung« (BOD) sowie Gruppen aus Kroatien und Afghanistan.

Beobachtet wurde auch das militante linksradikale Spektrum. Im Mittelpunkt der vorbeugenden Beobachtung und Bearbeitung stand dabei die Rote Armee Fraktion (RAF) aus der Bundesrepunlik Deutschland sowie der Westberliner Bewegung 2. Juni.

Aufgeklärt wurden die militanten arabischen, insbesondere auch palästinensische Organisationen sowie Splittergruppen der PLO wie die Abu-Nidal-Gruppe und der Carlos-Gruppe. In die Aufklärungstätigkeit einbezogen wurden auch die italienischen »Roten Brigaden«, die baskische ETA, die französische Organisation »Action Directe«, die japanische »Rote Armee Fraktion« und die »Armenische Geheimarmee für die Befreiung Armeniens« (ASALA).[164]

Die Sektion DDR der »Kommunistischen Partei Deutschlands/ Marxisten-Leninisten« (KPD/ML), der »Kommunistische Bund Westdeutschland« (KBW) und die Neotrotzkisten wurden vor allem wegen ihrer gegen die DDR gerichteten Tätigkeit und dabei gezeigter Gewaltbereitschaft unter Kontrolle gehalten.

Im »Befehl Nr. 17/79 zur Aufklärung, vorbeugenden Verhinderung und Bekämpfung subversiver Pläne, Absichten und Maßnahmen linksextremistischer und trotzkistischer Organisationen, Gruppen und Kräfte« des Ministers für Staatssicherheit vom 8. Dezember 1979 wurde dafür die federführende Verantwortung der Abt. XXII und damit der Terrorabwehr übertragen.[165]

Die Sektion DDR der KPD/ML entwickelte in den 70er und 80er Jahren eine ungewöhnliche politische Aktivität, Militanz und konspirative Energie gegen die DDR, die SED und besonders gegen deren Führung. Das differenzierte Vorgehen des MfS führte zu ihrer Auflösung. Im Rahmen der Identifizierung und Aufklärung ihrer Strukturen, der Mitglieder in und außerhalb der DDR, der Instrukteure, Kuriere, Deckadressen, Decktelefone, durch IM und weitere zielgerichtete Maßnahmen (politische Beeinflussung, Auswertung von Widersprüchen, zeitweilige Unterbindung der Verbindungswege durch Reisesperren und Fahndungsmaßnahmen zu KPD/ML-Mitgliedern aus der BRD bzw. Westberlin) und schließlich die Einleitung einiger Ermittlungsverfahren mit und ohne Haft nach § 106 StGB (Staatsfeindliche Hetze) brachten den Erfolg.[166]

Mit präventiver Zielstellung bearbeitete das MfS sowohl rechtsextremistische als auch linksradikale Gruppierungen auch grenzüberschreitend.[167]

Entscheidendes Kriterium dafür, daß sich die Abt./HA XXII gemeinsam mit anderen Diensteinheiten des MfS, der Aufklärung, operativen Kontrolle und Bearbeitung von Stellen und Kräften des Operationsgebietes zuwandte, war immer der Bezug zu Terror und anderen operativ bedeutsamen Gewaltakten.[168]

Das Ziel der Bearbeitung war das rechtzeitige Erkennen und Abwenden möglicher Gefahren für die DDR und andere sozialistische Staaten. Dazu dienten auch Einsatz von IM und die Nutzung entsprechender Kontakte. Terroranschläge und andere verbrecherische Handlungen gegen die DDR konnten dadurch weitgehend verhindert werden.

Die Terrorabwehr des MfS war Teil der Beziehungen der sozialistischen Sicherheitsorgane und ihres koordinierten Zusammenwirkens. Auf der Grundlage muliti- und bilateraler Verträge der DDR mit anderen sozialistischen Staaten gab es zwischen der Abteilung XXII und den zuständigen Diensteinheiten der Sicherheitsorgane auch Vereinbarungen zur Kooperation auf dem Gebiet der Terrorabwehr. Dabei ging es um den Austausch von Informationen zum internationalen Terrorismus, die Abstimmung von Maßnahmen zur Einschränkung bzw. Verhinderung terroristischer Aktivitäten (Reisesperren, Durchführung abgestimmter Kontrollmaßnahmen und einheitliches Vorgehen). Dazu wurde auch zunehmend das multinationale elektronische Informationssystem SOUD (*System der vereinigten Erfassung von Daten über den Gegner*) der Sicherheitsorgane sozialistischer Staaten genutzt.

Dort wurden Erkenntnisse über gegnerische Geheimdienste sowie über Personen, Organisationen und Institutionen, von denen reale oder potentielle Gefahren ausgingen, von allen Teilnehmerstaaten zusammengeführt und genutzt. In diesem Datenbanksystem wurden Angaben zu 15 Personenkategorien (PK) gespeichert.

In der *PK 3* standen »Mitglieder von Terrororganisationen und einzelne Terroristen, Geiselnehmer, Flugzeug- und Schiffsentführer und Diversanten sowie Personen, die Verbindung zu einer Terrororganisation verdächtigt sind bzw. sie unterstützten«. Diese waren in sechs Untergruppen gegliedert.

3.1. Mitglieder von Terrororganisationen

3.2. Einzelne Terroristen

3.3. Personen, die Terrororganisationen unterstützten

3.4. Personen, die der Verbindung zu einer Terrororganisation verdächtig sind

3.5. Diversanten, d. h. Personen, die zur Durchsetzung politischer Ziele mit Hilfe staatlicher Organe des Imperialismus, in deren Auftrag bzw. mit deren Förderung oder Duldung auf fremden Territorien Gewalt gegen Personen und Personengruppen des jeweiligen Landes anwenden

3.6. Geiselnehmer, Flugzeug- und Schiffsentführer.

In diesen Personenkategorien waren Ende 1989 durch das MfS 2.730 Personen erfaßt.[169]

Aus der Bundesrepublik waren dort gespeichert:

Aktionsfront Nationaler Sozialisten/Freiheitliche Arbeiterpartei (87 Personen); Baader-Meinhof Gruppe (9 Personen); Bewegung 2. Juni (24 Personen); Kampfgruppe gegen Unmenschlichkeit (53 Personen); Nationaldemokratische Partei Deutschlands (93 Personen); Revolutionäre Zellen (38 Personen); Rote Armee Fraktion (141 Personen); Wehrsportgruppe Hoffmann (133 Personen); Wiking Jugend (97 Personen); Einzelterroristen (503 Personen)

Aus anderen Ländern waren erfaßt:

Abu-Nidal-Organisation (66 Personen); Action Directe, Frankreich (13 Personen); algerische und tunesische Tätergruppen (198 Personen); Brigate Rosse, Italien (49 Personen); Carlos-Gruppe (22 Personen); ETA, Spanien (7 Personen); Graue Wölfe, Türkei (249 Personen); IRA, Großbritannien (7 Personen); jugoslawische Gruppen (109 Personen); kubanische Gruppe (18 Personen); libysche Terrorgruppen (36 Personen); LTTE, Sri Lanka (4 Personen); Moslem-Bruderschaft (279 Personen); PLO, Schwarzer September (95 Personen); Rote Armee, Japan (102 Personen)[170]

In der *PK 10* standen »Personen die besonders gefährliche Staatsverbrechen begangen haben, sich im Ausland verbergen und nach denen von den Teilnehmern des SOUD gefahndet wird« (Hoch- und Landesverrat, Terror- und Sabotageverbrechen usw.). Dort waren bis Ende 1989 189 Personen erfaßt.

Auch Mitarbeiter und Agenten gegnerischer Geheimdienste, Mitglieder feindlicher Emigrantenorganisationen oder Personen, die provokatorische Aktionen auf dem Territorium der Staaten der sozialistischen Gemeinschaft sowie gegen deren Vertretungen oder Bürger im Ausland planten und durchführten, waren im SOUD erfaßt und von Bedeutung für die vorbeugende Bekämpfung von Terror und anderen Gewaltakten. Der SOUD-Datenbestand wurde mit personenbezogenen Anfragen und Daueraufträgen, thematischen Recherchen sowie für monatliche Informationen zu den besonders gefährlichen Personenkategorien 3 und 10 genutzt.

Besondere Bedeutung besaßen die multilateralen Beratungen von Vertretern der Sicherheitsorgane der sozialistischen Staaten. Im Mittelpunkt der Beratungen vom 3./4. April 1979 in Prag und vom 24. bis 27. November 1987 in Varna (Bulgarien) standen die Erfahrungen des Kampfes gegen den Terrorismus, Erkenntnisse über einzelne Terrororganisationen, -gruppen und Einzeltäter. Behandelt wurden auch deren Ziele, Absichten und Gefährlichkeit, die angewandten Mittel und Methoden, ihre personelle, materielle und finanzielle Basis, ihre Unterstützer und Sympathisanten.

Je nach Aktionsradius der Terroristen wurden auch bilaterale Beratungen zu einzelnen Problemen bzw. Vorgängen durchgeführt. Beim BStU liegen die Reden der Delegationsleiter und die Protokolle der Diskussionen vor. Dazu gehören auch Thesen zur Auswertung dieser multilateralen und bilateralen Beratungen mit Schlußfolgerungen. Auch diese Materialien werden unter Verschluß gehalten und sind bislang unveröffentlicht. Über die Ursachen kann man nur Vermutungen anstellen.

Einen intensiven Informationsaustausch zwischen den Sicherheitsorganen der sozialistischen Staaten gab es 1979 zu dem damals noch nicht identifizierten Terroristen »Carlos« und seiner Gruppe. Ziel war es, die von ihnen ausgehenden Gefahren und möglichen Aktivitäten rechtzeitig zu erkennen und Maßnahmen zu ihrer Verhinderung einzuleiten. Das gelang weitgehend. An dieser Einschätzung ändert auch nichts der schwere Sprengstoffanschlag am 25. August 1983 auf das französische Kulturzentrum *Maison de France* am Kurfürstendamm in Westberlin, dessen Ausführung der »Carlos«-Gruppierung angelastet wird.[171]

Planung und Vorbereitung dieses Anschlages waren dem MfS nicht bekannt. Der Terroranschlag war vom MfS weder gewollt noch wurde er gebilligt oder gar unterstützt.

Einer der Vertrauten von »Carlos« war Johannes Weinrich. Er wurde vom Landgericht Berlin am 17. Januar 2000 wegen dieses Sprengstoffanschlages zu einer lebenslangen Haftstrafe verurteilt.[172]

Weinrich war gelegentlich Gesprächspartner von Mitarbeitern der Terrorabwehr des MfS. Hinweise auf den Anschlag lieferte er dem MfS jedoch nicht. Wahr ist auch, daß Weinrich bei seiner

Einreise in die DDR mit syrischem Diplomatenpaß im Mai 1982 Sprengstoff abgenommen bekam.

Die Herausgabe des Sprengstoffes an Weinrich im August 1983 hatte nichts mit einem angeblich durch das MfS erkannten Anschlag in Westberlin zu tun. Nur die mehrmals nachdrücklich erhobene Forderung Weinrichs, er müsse den Sprengstoff nach Syrien zurückführen, seine engen Verbindungen zur syrischen Botschaft sowie zu anderen Dienststellen in Syrien, führten zur Rückgabe.

Allerdings hätte Weinrichs Drängen nicht entsprochen werden dürfen, ganz gleich, welche Begründung dafür vorgebracht worden ist. Durch Weinrich erfolgte, wie zuverlässig überprüft, die Deponierung des Sprengstoffes in der syrischen Botschaft. Das MfS wurde getäuscht und hintergangen.

Wäre dem MfS ein beabsichtigter Anschlag in Westberlin bekannt geworden, hätten alle Beteiligten die Herausgabe des Sprengstoffes verhindert.[173]

Im Prozeß gegen Weinrich wurde nicht eindeutig geklärt, ob der von ihm der syrischen Botschaft übergebene Sprengstoff beim Anschlag auf das französische Kulturzentrum benutzt wurde. Tatortuntersuchung und Spurenauswertung erbrachten keine Erkenntnisse über die Spezifik des verwendeten Zünders und Sprengstoffes.

Offen blieb auch, *wer* den Sprengstoff nach Westberlin brachte und dort zündete.[174]

Nabil Shritah (auch Chretah), damals 3. Sekretär der syrischen Botschaft in der DDR, wollte nach eigenen Angaben den eingelagerten Sprengstoff Weinrich ausgehändigt haben. Er war, wie angenommen werden kann, über dessen geplante Verwendung informiert. Shritah wurde wegen Beihilfe zu einer Haftstrafe von zwei Jahren auf Bewährung verurteilt.[175]

Einen ehemaligen Mitarbeiter der HA XXII verurteilte das Landgericht Berlin in dieser Sache am 11. April 1994 wegen Beihilfe zur Sprengstoffexplosion und zum Mord zu einer Freiheitsstrafe von vier Jahren. Er wurde für schuldig befunden, obwohl der Beweis für seine Tatbeteiligung – insbesondere der unmittelbare Zusammenhang zwischen der Rückgabe des beschlagnahmten Sprengstoffes an Weinrich zur Deponierung in der syrischen Botschaft und dem dann angeblich mit diesem Sprengstoff erfolgten Anschlag – nicht erbracht werden konnte.

Eineige Bemerkungen zum Operativen Vorgang (OV) »Separat« gegen »Carlos« und seine Gruppe. 1979 gab es Hinweise auf Ausländer mit gültige Diplomatenpässen arabischer Staaten, die sich ohne erkennbaren Grund zeitweilig in Berlin aufhielten. Es gab weder kommerzielle Aktivitäten noch touristische Interessen. Sie stiegen im Palasthotel und anderen Interhotels ab, gaben viel Geld aus, trafen sich mit Personen aus Westberlin und dem Ausland, fuhren selbst wiederholt nach Westberlin, telefonierten häufig und lange ins Ausland, besonders in den arabischen Raum und pflegten intensive Verbindungen zu diplomatischen Vertretungen arabischer Staaten.

Auf diese Weise in den Blick des MfS geraten, begannen Überprüfung, Identifizierung sowie operative Kontrolle und Bearbeitung dieser Personen. Das MfS hatte zu jenem Zeitpunkt keine Erkenntnisse über Ilich Ramírez Sánchez, der als »Carlos« in der internationalen Terrorszene involviert war. Erst über Kontakte zur PLO und in Auswertung operativer Erkenntnisse konnten er und einige seiner Vertrauten durch das MfS identifiziert werden.[176]

Es handelte sich um Personen, die vorgaben, den antiimperialistischen Kampf der PLO zu unterstützen. Ihr Verhalten stand aber dazu im Widerspruch. Die erarbeiteten Informationen ließen den Verdacht auf mögliche terroristische Umtriebe zu. In der Abteilung XXII wurde deshalb der Operativ-Vorgang »Separat« angelegt. Dabei galt wie stets der Grundsatz, keine terroristischen Handlungen in der DDR und vom Territorium der DDR aus zuzulassen. Ergo: »Carlos« und seine Kumpane mußten daran gehindert werden, in der DDR und von hier aus aktiv zu werden. Mittelfristig sollte er aus der DDR und möglichst auch aus Zentraleuropa herausgedrängt werden.

Die Sache war insofern ambivalent, da die »Carlos«-Gruppe ihre Hauptbasis offenkundig in Damaskus hatte und eng mit Geheimdiensten im Nahen Osten verflochten war. Auf der anderen Seite hatte die DDR gute Beziehungen zu Syrien, die von derartigen Belastungen freizuhalten waren.

Andreas von Bülow machte auf die Geheimdienstverbindung von »Carlos« aufmerksam. 1973, wenige Monate nach dem Münchener Attentat, sei der zweite Mann des Kommandos »Schwarzer September«, Michel Moukharbel, in die Dienste des israelischen Mossad getreten. Nachdem der Mossad den Algerier Boudia, bis dahin Leiter des Kommandos, durch eine »Autobombe erledigt hatte, wurde Moukharbel und nicht, wie die Desinformation behauptet, dem als völlig unfähig eingeschätzten Venezolaner Carlos das Kommando über die Gruppe anvertraut. Der Mossad war folglich spätestens von da an über sämtliche Anschläge nicht nur der Gruppe Schwarzer September, sondern auch der Carlos-Gruppe bestens informiert, ja konnte sie nach Belieben steuern.«[177]

Die »Carlos«-Gruppierung unterhielt auch Kontakte zum Irak, zu Libyen, zur VDR Jemen sowie zur PLO. Zu beachten waren auch die zeitweiligen Aufenthalte der Gruppierung in Jugoslawien, Rumänien, Ungarn, der CSSR und Bulgarien.

Bei der Bearbeitung des Operativ-Vorganges »Separat« halfen auch die Kontakte des MfS zur PLO-Sicherheit. Diese lieferte Erkenntnisse über »Carlos« und dessen Rolle. Die PLO nahm nach und nach, soweit vom MfS feststellbar, Einfluß auf »Carlos« und seine Gruppe im Sinne der Zielstellung des MfS, sie vom Terrorismus abzubringen.

In den Gesprächen mit Vertretern der PLO-Sicherheit wurde stets mit Nachdruck die Haltung der DDR zum Terrorismus erläutert und verdeutlicht, daß terroristische Handlungen auch der palästinensischen Sache schadeten und die PLO kompromittierte. Zunehmend wurde das auch der PLO-Sicherheit bewußt, was zu Maßnahmen führte, die die Möglichkeiten und Aktivitäten von »Carlos« in und von Berlin aus wesentlich einzuschränken halfen. Diese erfolgte in Abstimmung mit den Sicherheitsorganen anderer sozialistischen Staaten.

Mit nachrichtendienstlichen operativen Spielen, Nutzung von Einflußmöglichkeiten über begrenzte, zeitweilige Kontakte zu Gruppenmitgliedern und repressiven Maßnahmen (Erteilung von Auflagen, Aufenthalt-, Einreise- und Durchreisesperren, Zurückweisungen, Gepäckkontrollen und Beobachtungen, Belehrungen, Einsatz von IM und operativ-technischer Mittel) wurde die Gruppe nach und nach weitgehend isoliert. Auch andere sozialistische Staaten setzten gegen sie allmählich Ein- und Durchreisesperren und weitere Maßnahmen ein. Dadurch reduzierten sich Handlungsspielraum und -fähigkeit ständig.

Auf diese Weise wurde die »Carlos«-Gruppe praktisch unschädlich gemacht. Sie erhielt in der DDR nicht die von ihr angestrebte Unterstützung und politische Aufwertung. Das Ansinnen von »Carlos«, mit Mitgliedern des Politbüros des ZK der SED Gespräche zu führen, wurde abgelehnt. Auch das MfS hatte zu keiner Zeit einen persönlichen Kontakt zu »Carlos«, es gab mit ihm keine Gespräche.

Von der DDR erhielt die Gruppe weder Waffen, Geld, Diplomatenpässe noch andere praktische Hilfe. Sie fühlte sich – durchaus begründet – in ihren Möglichkeiten durch das MfS eingeengt, behindert und kontrolliert. Deshalb erwogen Mitglieder der Gruppe ernsten Reaktionen gegen das MfS und die DDR. Dazu gab es entsprechende Feststellungen aus der operativen Arbeit und Informationen besonders von den ungarischen Sicherheitsorganen.

Jedoch: Trotz aller Bemühungen gewann das MfS über »Carlos« oder seine Vertrauten keine stichhaltigen Hinweise auf terroristische Vorhaben.

»Carlos« hielt sich letztmalig am 1. August 1980 mit einem syrischen Diplomatenpaß in Berlin auf.[178]

Weitere Einreisen wurden verweigert.

Wäre »Carlos« nicht entschieden Einhalt geboten worden, hätte er, wie von ihm beabsichtigt, sein Hauptquartier in Berlin eingerichtet und von hier aus Terroranschläge verübt.

Dem MfS blieb nicht verborgen, was in der BRD und in anderen kapitalistischen Staaten auf dem Gebiet des Terrorismus vor sich ging und welche Gefahren sich daraus für die DDR ergeben konnten. Die Maßnahmen des MfS hatten das Ziel, alle Möglichkeiten zu nutzen, um verdächtige Personen bei Reisen durch die DDR oder bei Aufenthalten auf ihrem Territorium, etwa. unter diplomatischer Abdeckung, möglichst lückenlos unter Kontrolle zu halten. Es war nötig, Einblicke in Entwicklungen der internationalen terroristischen Szene zu gewinnen, personelle Bezugspunkte und Verflechtungen zu erkennen und Gefahren von der DDR und den anderen sozialistischen Staaten abzuwenden. Zugleich sollte verhindert werden, die die DDR zum Objekt terroristischer Aktivitäten werden zu lassen.

Folgerichtig unternahm die Terrorabwehr Maßnahmen in bezug auf die in der Bundesrepublik und von deren Territorium operierende linksradikale und terroristische Organisationen. Das Interesse galt insbesondere der Roten Armee Fraktion (RAF) und ähnlichen Gruppierungen. Beabsichtigt war, deren Möglichkeiten einzuschränken, sie ruhig zu stellen und vom Terror abzubringen. Sie störten national und international den Entspannungsprozeß und schadeten damit unmittelbar der Politik der DDR.

Soweit es im Rahmen der Terrorabwehr zu einzelnen Angehörigen oder Sympathisanten dieser Gruppen zu zeitweiligen Kontakten kam, ging es stets darum, deren Wirksamwerden auf dem Territorium der DDR und anderer sozialistischer Staaten vorbeugend zu verhindern und Einfluß darauf zu nehmen, ihre terroristische Handlungen insgesamt zu unterbinden.[179]

Zusammen mit einer Vielzahl differenzierter politisch-operativer Maßnahmen wurde versucht, sie davon zu überzeugen, daß ihre Tätigkeit vom MfS nicht gebilligt würde. Hier wurde intensive Überzeugungsarbeit geleistet. Insofern hat das MfS mit dazu beigetragen, daß der Aktionsradius und die Schlagkraft der linksradikalen terroristischen Organisationen eingeschränkt und zurückgedrängt werden konnte. Die Zahl der Terroranschläge ging zurück. Viele Mitglieder wurde die Sinnlosigkeit ihres Tuns bewußt, sie lösten sich von ihren Organisationen.

Das MfS hat zu keinem Zeitpunkt terroristische Organisationen, auch nicht die RAF, gesteuert, beauftragt oder Vorhaben mit ihnen abgesprochen. Alle Versuche, dem MfS genau dies anzuhängen, sind gescheitert.

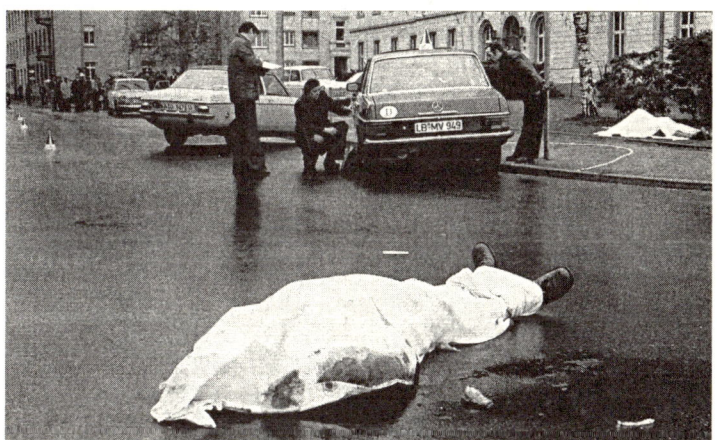

Am 7. April 1977 wurden in Stuttgart Generalbundesanwalt Buback und seine beiden Begleiter von zwei Mitgliedern der RAF ermordet. Die Terrorabwehr der DDR wurde nachhaltig sensibilisiert

Weder in den umfangreichen Akten der Terrorabwehr noch in den Prozeßunterlagen ließ sich dafür nicht einmal die Spur eines Beweises finden.[180]

Warum wird die Legende von der »Stasi-RAF-Connection« aufrechterhalten und immer wieder in den Medien aufgewärmt? Die Autoren des Buches »Das RAF-Phantom« Wisnewski, Landgraeber und Sieker gaben darauf 1992 eine Antwort: »Es liegt im Interesse bundesdeutscher Sicherheitsbehörden, von kritischen Fragen nach der Identität der sogenannten Dritten RAF-Generation und ihrem Wirken nach 1984 abzulenken. Deren spurloses Verschwinden läßt sich trefflich mit der Behauptung erklären, die Stasi stecke in Wahrheit hinter allen spektakulären Mordanschlägen auf Repräsentanten der deutschen Wirtschaft und Politik seit 1984; das geheimdienstliche Know-how der Stasi oder ihrer nach der Wende untergetauchten Agenten, von dem die RAF profitiere, verhindere jeglichen Fahndungserfolg.«[181]

Eine andere Antwort lieferten sie im Zusammenhang mit dem Mord am Chef der Treuhandanstalt, Detlef Karsten Rohwedder, am 1. April 1991. Dabei gingen sie auf die Behauptung ein, »hinter dem Mord an Treuhand-Chef Rohwedder stecke in Wahrheit die Stasi«. Diese hatte der Frankfurter »Sicherheitsexperte« und zeitweilige Mitarbeiters des Verfassungsschutzes Klaus Dieter Matschke erhoben. »Der geheimdienstliche Hintergrund der jüngsten RAF-Anschläge (*gemeint sind hier die Anschläge seit 1984 – d. Verf.*) ist nicht zu übersehen. Sind Matschke und seine Freunde deshalb so bestrebt, die Stasi zum Sündenbock zu stempeln? Desinformation war schon immer die effektivste Methode der Geheimdienste, ihre eigenen Aktionen zu vernebeln.«[182]

Neuartige molekulargenetische Analysemethoden ermöglichen inzwischen die Zuordnung ausgefallener (toter) Haare. Solche wurden am Tatort des Rohwedder-Anschlages 1991 an einem Handtuch gesichert. Die Bundesanwaltschaft teilte am 16. Mai 2001 der Öffentlichkeit mit, daß der 1993 in Bad Kleinen ums Leben gekommene Wolfgang Grams, Mitglied der RAF, an diesem Anschlag beteiligt gewesen sei. Das untersuchte Haar wurde zweifelsfrei ihm zugeordnet, und er wäre möglicherweise auch der Todesschütze.[183]

Da die überwiegende Zahl der seit 1984 der RAF zugerechneten Morde, Sprengstoffanschläge und Raubüberfälle bisher nicht aufgeklärt sind, durchforstet seit Jahren eine Sonderkommission beim BKA, die AG 80/90, die Akten von 112 Verfahren. In 19 Fällen gab es Spurenmaterial, das auch genetisch untersucht wurde. Ein Vergleich der DNS-Profile aus den Spuren des Überfalls auf einen Geldtransporter in Duisburg-Rheinhausen am 30. Juli 1999, bei dem rund 1 Million DM erbeutet worden war, mit der zentralen Datenbank des BKA führte zu der Feststellung, daß diese den RAF-Mitgliedern Ernst-Volker Staub und Daniela Klette zugeordnet werden müssen. Nach Erkenntnissen der Behörden gehörten beide mindestens seit 1990 zur RAF-Kommandoebene. Tatplanung und Tatausführung deuten nach Meinung der Bundesanwaltschaft auf »die Beschaffungstat einer Terrorvereinigung« hin – die neue Vereinigung habe sich spätestens im April 1999 konstituiert.[184]

Ob es sich tatsächlich um eine Nachfolgeorganisation der RAF handelt oder um RAF-Mitglieder im Untergrund, die für die bisher nicht geklärten Anschläge verantwortlich sind, oder um ehemalige RAF-Mitglieder, die zu »normalen« Schwerverbrechern wurden, scheint derzeit ungeklärt.

Anfang der 80er Jahre fanden einige RAF-Aussteiger auf ihren Antrag hin und nach zentraler Entscheidung Aufnahme in der DDR. Aus Sicherheitsgründen erhielten sie eine neue Identität. Das war mit der Verpflichtung verbunden, sich völlig vom Terrorismus zu lösen, keine Verbindungen in die BRD zu unterhalten und das Staatsgebiet der DDR nicht zu verlassen. Nachweislich gab es keinen einzigen Verstoß gegen diese Auflagen. Einem RAF-Aussteiger wurde aus beruflichen und familiären Gründen ein zeitweiliger Aufenthalt in der Sowjetunion gestattet.

Die Aussteiger wurden in ihrer Abkehr vom Terrorismus bestärkt. Sie stellten fortan keine Gefahr für die BRD dar. Ihre volle Resozialisierung wurde erreicht. Anhänger und Sympathisanten wurden verunsichert, vorhandene Zweifel an der Richtigkeit ihres terroristischen Handelns verstärkt. Das blieb nicht ohne Wirkung auf die Organisation und ihre Handlungen.

Damit wurde bewiesen, daß die zielgerichteten Maßnahmen richtig waren. Bekanntlich bildete in der Bundesrepublik und anderen Ländern die Inhaftierung von Terroristen vielfach nur den Ausgangspunkt für neue Anschläge – nicht selten bedeutete das eine Eskalation des Terrors.

Das Handeln des MfS war auf die Sprengung des Teufelskreises Untergrund-Anschläge-Haft-Freipressung-Untergrund gerichtet.[185] Das wurde von den Repräsentanten der DDR wie auch der BRD für richtig gehalten. In der DDR wurde danach gehandelt, und die Bundesrepublik hat davon profitiert. Obwohl offenkundig ist, daß den mit der Bekämpfung der RAF befaßten Behörden wie auch Politikern der BRD bekannt war, daß sich ein Teil ehemaliger RAF-Aktivisten in der DDR aufhielt, gab es keine Forderungen nach Rechtshilfe oder Auslieferung.

Die *Berliner Zeitung* bestätigte das 1990: »Nach Informationen der spanischen Zeitung *El Pais* soll Bonn immer auf dem laufenden über den Aufenthalt von RAF-Terroristen in der DDR gewesen sein […], daß Bonn im konkreten Fall der RAF-Terroristen einverstanden war, sie in der DDR leben zu lassen, womit sie neutralisiert waren. Man dachte, daß die Überwachung durch das kommunistische Regime die beste Garantie ihrer Demobilisierung wäre.«[186]

Ingrid Köppe, Bundestagsabgeordnete und innenpolitischen Sprecherin von Bündnis '90/Die Grünen, informierte in einer Presseerklärung am 10. März 1992 über die in Bonn beobachtete Heuchelei, »daß die CIA die Bundesregierung schon vor langer Zeit auf den Aufenthalt ehemaliger RAF-Mitglieder in der DDR hingewiesen habe, die Regierung jedoch bekanntlich weiterhin Fahndungseifer im Westen öffentlich vortäuschte«.[187]

Erich Schmidt-Eenboom schrieb dazu in seinem Buch »Der BND – die unheimliche Macht im Staate«: »Auf einer USA-Reise im März 1992 hat die Bundestagsabgeordnete Ingrid Köppe von ehemaligen US-Regierungsmitgliedern erfahren, daß die Bundesregierung schon viel früher als öffentlich zugegeben vom Untertauchen einiger RAF-Terroristen in der DDR gewußt haben muß. Der frühere CIA-Direktor William Colby und ein früherer Mitarbeiter der amerikanischen Botschaft in Bonn hätten ihr erklärt, so Köppe, daß damals sowohl das Kanzleramt als auch das Bundesamt für Verfassungsschutz und der BND über die CIA-Erkenntnisse unterrichtet waren, daß RAF-Terroristen in der DDR untergekommen seien und dort vom MfS unterstützt würden.«

Und an anderer Stelle hieß es: »Veteranen in Pullach bekennen hingegen, sie hätten Ende der 70er Jahre zu den Gesprächen zwischen Politikern der beiden deutschen Staaten den selben Kenntnisstand gehabt, möglicherweise sogar einen besseren, weil sie das

Verdienst, diese Terrororganisation zum Teil in der DDR stillgelegt zu haben, nicht allein auf das Erfolgskonto der damals regierenden sozial-liberalen Koalition buchen lassen wollten.«[188]

Also hat der BND aus politischen Gründen geschwiegen – und er schweigt noch heute.

Offiziell aktiv wurden die Behörden der BRD erst nach dem Herbst 1989.

Das BKA hatte in den Jahren 1986 bis 1988 von Besuchern aus der DDR erfahren, daß sie gesuchte RAF-Mitglieder in der DDR erkannt hätten. Im Februar 1990 überreichten Mitarbeiter des BKA dem Zentralen Kriminalamt (ZKA) der DDR Informationen über zwei gesuchte RAF-Mitglieder. Susanne Albrecht und Silke Maier-Witt sollten sich möglicherweise schon längere Zeit in der DDR aufhalten.[189]

Dem folgten ein offizielles Fahndungsmithilfeersuchen an das ZKA im März 1990 und weitere Zusammenkünfte von Mitarbeitern beider Behörden in den Monaten bis Mai 1990 in Berlin und Wiesbaden.[190] Nach offiziösen Darstellungen gelang es den mit der Aufklärung beauftragten Mitarbeitern des ZKA der DDR über die Auswertung von Personalakten des Zentralen Aufnahmeheims des MdI für Übersiedler aus der BRD in Röntgental bei Berlin und mit den Hinweisen des BKA sowie weiterer Untersuchungs- und Ermittlungshandlungen Identität und Aufenthaltsorte von zehn RAF-Aussteiger in der DDR festzustellen.

Auf Weisung des DDR-Innenministers Dr. Peter Michael Diestel (DSU) erfolgten zwischen dem 6. und 18. Juni 1990[191] die Festnahme dieser Personen und ihre Auslieferung an die BRD-Behörden.

Gegen den Minister für Staatssicherheit Erich Mielke, der sich zu jenem Zeitpunkt in Untersuchungshaft befand, und sechs Mitarbeiter des MfS wurden Ermittlungsverfahren mit Haft eröffnet. Begleitet wurde das von einer wüsten Medienhetze. Der Vorwurf lautete: »Verdacht der Beihilfe zum versuchten Mord und Herbeiführung einer Sprengstoffexplosion in Tateinheit mit Unterstützung einer terroristischen Vereinigung«.

Im Sommer 1991 mußten die Ermittlungsverfahren eingestellt werden. Drei Jahre später wurde in gleicher Sache und gegen die selben Mitarbeiter des MfS Anklage wegen Strafvereitelung erhoben.

Die Staatsanwaltschaft ging in ihrer Anklage wegen Strafvereitelung davon aus, daß sie – bei Kenntnis des Aufenthalts der RAF-Aussteiger in der DDR – zur Realisierung des Strafverfolgungsanspruches der BRD erstens ein Auslieferungsersuchen gestellt hätte und zweitens, daß diesem von der DDR auch entsprochen worden wäre. Beides ist unzutreffend. Die damalige Rechtspraxis besagte etwas völlig anderes.

Im Art. 7 des Grundlagenvertrages von 1972 war vereinbart: »Die Deutsche Demokratische Republik und die Bundesrepublik Deutschland erklären ihre Bereitschaft, im Zuge der Normalisierung ihrer Beziehungen praktische und humanitäre Fragen zu regeln. Sie werden Abkommen schließen, um auf der Grundlage dieses Vertrages und zum beiderseitigen Vorteil die Zusammenarbeit auf dem Gebiet der Wirtschaft, ... des Rechtsverkehrs ... und auf anderen Gebieten zu entwickeln und zu fördern. Einzelheiten sind in dem Zusatzprotokoll geregelt.«[192]

Im Zusatzprotokoll vereinbarten sie:

»Zu Artikel 7

4. Die Deutsche Demokratische Republik und die Bundesrepublik Deutschland erklären ihre Bereitschaft, im Interesse der Rechtsuchenden den Rechtsverkehr, insbesondere in den Bereichen des Zivil- und Strafrechts, vertraglich so einfach und zweckmäßig wie möglich zu regeln.«[193]

Im Vertrauen darauf und im Vorgriff auf den am 21. Dezember 1972 unterzeichneten Grundlagenvertrag lieferte die DDR bereits am 20. Dezember 1972 den Oberfeldwebel der Bundeswehr Hans-Jürgen Reinhardt an die Behörden der BRD aus. Reinhardt hatte am 31. Oktober 1972 in Weitensburg (BRD) ein vorsätzliches Tötungsverbrechen verübt und danach mit strukturmäßiger Bewaffnung die Staatsgrenze überschritten, um in der DDR Zuflucht zu suchen.

Mit dieser Auslieferung wurde eine entsprechende Praxis aus den 50er Jahren wiederbelebt. Entspannungsfeindliche Kräfte in der BRD und in Westberlin fürchteten, die Realisierung des Primats des Tatortes würde es künftig unmöglich machen, Täter aus der DDR, die dort schwerste Verbrechen begangen hatten und danach in den Westen geflüchtet waren, wie bisher vor Strafverfolgung durch die zuständigen Organe der DDR zu schützen.

Den Vorwand für die Abkehr von jener Ende 1972 wieder aufgenommenen Auslieferungspraxis lieferte der Fall Ingrid Brück-mann. Diese stand unter dem Verdacht, im Juli 1972 in Senzig (Kreis Königs Wusterhausen) ihren Vater getötet zu haben. Im Mai 1973 ersuchte der Generalstaatsanwalt der DDR die zuständigen Behörden der BRD, die Verdächtigte auszuliefern. Beigefügt war ein Haftbefehl des Kreisgerichtes Königs Wusterhausen.

Der Generalstaatsanwalt beim zuständigen Kammergericht prüfte das Ersuchen nach Maßgabe des Gesetzes über die innerdeutsche Rechts- und Amtshilfe in Strafsachen (Rechtshilfegesetz) vom 2. Mai 1953 und genehmigte mit Verfügung vom 26. Juni 1973 die erbetene Auslieferung.

Der 2. Senat des Bundesverfassungsgerichtes beschloß jedoch am 27. März 1974, daß Auslieferungen an die DDR faktisch nicht infrage kämen.

Im Sinne dieser Festlegung wurde das Rechtshilfegesetz am 18. Oktober 1974 geändert.

Für die Bundesrepublik hatte die Nichtanerkennung der Staatshoheit der DDR, ihrer Staatsgrenze, ihrer Staatsbürgerschaft und die Destabilisierung des Sozialismus in der DDR überragende politische Priorität. Darum weigerte sich die BRD kategorisch, mit der DDR einen völkerrechtsgemäßen Rechtshilfevertrag zu schließen. Folgerichtig weigerte sie sich auch, Straftäter wie den Doppelmörder Weinhold und andere im Zusammenhang mit vorsätzlichen Tötungshandlungen in der DDR strafrechtlich Verfolgte (Decker, Bunge, Höhne, Weißgerber) an die DDR auszuliefern – und das selbst bei Straftätern ohne jeden politischen Hintergrund.

Die BRD-Justiz hat die RAF-Aussteiger strafrechtlich nicht über ein Auslieferungsersuchen an die DDR verfolgen wollen, weil das die Zusicherung der Gegenseitigkeit vorausgesetzt hätte. Die BRD wollte diese unter keinen Umständen gewähren. Lieber ließ sie ihren Strafverfolgungsanspruch ruhen.

Zudem waren die RAF-Aussteiger wie andere in die DDR übergesiedelte BRD-Bürger aufgenommen worden: Sie hatten die DDR-Staatsbürgerschaft erhalten und besaßen damit uneingeschränkt alle in der DDR-Verfassung verbürgten Grundrechte. Die Verfassung der DDR aber verbot die Auslieferung von DDR-Bürgern. Ihr Artikel 33 Absatz 2 besagte eindeutig: »Kein Bürger der Deutschen Demokratischen Republik darf einer auswärtigen Macht ausgeliefert werden.«[194]

Und es gab noch weitere Gründe, weshalb eine Auslieferung der RAF-Aussteiger wenig oportun gewesen wäre: Auch in Bonn wußte man, daß eine neuerliche Inhaftierung in der Bundesrepublik neuen Terror zu ihrer Freipressung provoziert hätte. Die Ruhigstellung der RAF-Aussteiger in der DDR garantierte Sicherheit und Ordnung im eigenen Land.

Die Verantwortlichen in Bonn kalkulierten möglicherweise auch ein, daß die politische Führung der DDR einem Ersuchen auf Auslieferung nicht nachgekommen wäre. Das hätte die Beziehungen zusätzlich belastet, was man weder diesseits noch jenseits der Grenze wollte.

Sowohl die Aufnahme der RAF-Aussteiger in die DDR als auch der Verzicht auf ein Auslieferungsersuchen durch die BRD waren rechtlich durchaus begründete politische Entscheidungen. Daß der gegen Mitarbeiter des MfS konstruierte Vorwurf der Strafvereitelung schlicht falsch war, wurde erst sehr spät durch die Justiz eingestanden und mit entsprechenden Entscheidungen belegt.

Im Kampf gegen den Terrorismus wurden in der Bundesrepublik elektronische Datenverarbeitung und die Möglichkeiten moderner Kommunikationsmittel verstärkt genutzt. Ein hoher Fahndungsaufwand wurde betrieben, die Rasterfahndung eingeführt und immer neue spezifische Fahndungsmethoden entwickelt, verschiedene polizeiliche Informationssysteme und Dateien aufgebaut und umfassend genutzt, etwa INPOL, PIOS (*Personen, Institutionen, Objekte und Sachen*, heute APIS: *Arbeitsdatei PIOS Innere Sicherheit*), LISA (*Länderbezogene Informationssammlung*), PISA und ähnliches. Von einigen Pannen abgesehen, gab es damit bis in die Mitte der 80er Jahre unbestreitbare Erfolge.

Die Rechtsvorschriften (»Bildung terroristischer Vereinigungen« als Straftatbestand, »Kontaktsperrgesetz«) wurden präzisiert und verschärft sowie die Kronzeugenregelung eingeführt. Diese allerdings, von einigen wenigen RAF-Aussteigern abgesehen, gelangte kaum zur Anwendung und wurde Ende 1999 vorerst aufgegeben.

Sehr harte Urteile fällte die BRD-Justiz vor allem für Unterstützungshandlungen.

Was jedoch unternahmen das Bundesamt und die Landesämter für Verfassungsschutz und das Bundeskriminalamt (BKA), um die RAF zur Aufgabe und deren Mitglieder zum Aussteigen zu bewegen?

Wenn offiziellen Verlautbarungen Glauben geschenkt werden kann, dann bemühten sich der Verfassungsschutz, der BND und das BKA seit vielen Jahren intensiv über sogenannte Vertrauensleute (VL), Kontaktpersonen (KP) und verdeckte Ermittler, die Terrorszene zu überwachen.

Über sogenannte vertrauensbildende Maßnahmen wurde ebenfalls versucht, terroristische Organisationen, deren Mitglieder, von ihnen durchgeführte Anschläge sowie sonstige kriminelle Handlungen aufzuklären und beabsichtigte Aktionen rechtzeitig zu erkennen.

1978 warb der Verfassungsschutz Klaus-Dieter Loudil an, der 1974 zu zehn Jahren Freiheitsentzug verurteilt worden war. Dieser sollte gemeinsam mit dem V-Mann Manfred Berger in eine terroristische Gruppe eingeschleust werden, dafür sollten ihm die restlichen sechs Jahre Haft erlassen werden.

Leitende Kriminaldirektoren des Landesamtes für Verfassungsschutz Niedersachsens veranlaßten, daß Sprengstoffspezialisten der GSG 9 am 25. Juli 1978 ein anderthalb Quadratmeter großes Loch in die Außenmauer der Haftanstalt Celle sprengten. Loudil befand sich an jenem Tag in Hafturlaub und reklamierte anschließend den Anschlag für sich, indem er erklärte, es wäre ein Befreiungsversuch für den ebenfalls in Celle einsitzenden Sigurd Debus von der RAF gewesen.

Über V-Mann Berger, der in terroristischen Kreisen kein Unbekannter war, schrieb das Magazin *Stern* im Frühjahr 1986: »Ende der siebziger Jahre tauchte er in Hamburg und Amsterdam auf. Wenn er verschwand, erschien häufig kurz darauf die Polizei und fand in den Wohnungen Sprengstoff, den die Bewohner bis dahin noch nie gesehen hatten.«

Beide, Loudil und Berger, wurden Ende 1978 an Manfred Gürth herangeschleust. Dieser wurde verdächtigt, der »Anarcho-Szene« in Hamburg anzugehören. Wie Gürth später aussagte, bedrängte ihn Loudil mit Vorschlägen zu terroristischen Aktionen, er wollte beispielsweise die Gefängniswache in Celle sprengen, um Debus zu befreien, oder die Filiale der Hamburger Sparkasse am Altonaer Spritzenplatz überfallen, um Geld für künftige Aktionen zu besorgen. Ende Januar 1979 bedeutete Gürth Loudil, daß er kein Vertrauen zu ihm habe und nicht auf seine Vorschläge eingehen werde. Noch am gleichen Tage stürmte die Polizei die Wohnung von Gürth, verhaftete diesen – und fand dort einen mit Sprengstoff gefüllten Feuerlöscher.

Als die Sache publik wurde, hieß es, Loudil sei erfolgreich gewesen – er habe schließlich einen Mord verhindert und geholfen, in konspirativen Wohnungen Sprengstoff und geraubtes Geld aufzuspüren.

Bereits nach einem Jahr wurde er als V-Mann aus dem Verkehr gezogen.[195]

Allerdings dauerte es noch acht Jahre, bis der Öffentlichkeit bekannt wurde, daß das bis dahin der RAF oder anderen linksradikalen Kräften zugeschriebene »Celler Loch« in Wahrheit ein Terroranschlag des LfV war.

Der Leiter des Bundesamtes für Verfassungsschutz, Richard Meier, bezeichnete diesen Fall als »eine ganz normale nachrichtendienstliche Arbeit«.[196]

Auf der Sondersitzung des Innenausschusses des Deutschen Bundestages am 29. April 1986 wurde bekannt, daß Bundesinnenminister Maihofer die Planungen seinerzeit begrüßt und seine Unterstützung zugesagt hatte. »Mit anderen Worten: Das Terrorattentat auf die Gefängnismauer von Celle war auf allerhöchster Ebene abgesegnet worden«, so die Autoren des Buches »Das RAF-Phantom«.[197]

Keiner der Verantwortlichen wurde juristisch zur Rechenschaft gezogen. »So wurde das Celler Loch zum gefährlichen Präzedenzfall. Daß seine Unrechtmäßigkeit weder politisch noch juristisch festgestellt wurde, kann umgekehrt als Feststellung seiner Rechtmäßigkeit interpretiert werden«, urteilten 1992 Wisnewski, Landgraeber und Sieker und schlußfolgerten: »Es liegt daher nahe, daß vergleichbare ›ganz normale nachrichtendienstliche Arbeiten‹ wie die von Celle auch heute noch eine Rolle im Alltag der ›Sicherheitsbehörden‹ spielen.«[198]

Es muß bezweifelt werden, daß derartige provokatorische Methoden terroristische Aktionen verhindern. Das Gegenteil dürfte damit erreicht werden.

Auch kann angenommen werden, daß in und um die terroristischen Gruppen plazierte V-Leute des Verfassungsschutzes und der Polizei kaum mit dem Auftrag agierten, potentielle und tatsächliche Terroristen von ihren Vorhaben abzubringen. Bei allen enttarnten Vertrauensleuten kamen lediglich skandalöse und rechtswidrige Handlungen an die Öffentlichkeit, die eher einer Unterstützung der Terroristen denn ihrer Bekämpfung glichen. Das ließ erhebliche Zweifel an den Instruktionen der Auftraggeber dieser V-Leute aufkommen.

Von 1967 bis 1969 beschaffte der in die *Bewegung 2. Juni* eingeschleuste Vertrauensmann des (West-)Berliner Verfassungsschutzes Peter Urbach Waffen und Sprengsätze. Er spielte den Geburtshelfer der revolutionären Bewegung.[199] Mit Bezug auf den Kriminologen Fritz Sack wird im Buch »Das RAF-Phantom« dazu erklärt, »daß der frühe Einsatz von V-Leuten einige der späteren, als terroristisch verfolgten Handlungen erst ermöglichen und vorbereiten half; der Weg in den Terrorismus sei durch diese und andere Geheimeinsätze beschleunigt worden. Die gewalttätige Eskalation der Studentenbewegung könne nur unter Berücksichtigung der Verstrickung staatlichen Handelns erklärt werden.«[200]

Das ehemalige Mitglied des »2. Juni« und der RAF, Michael (»Bommi«) Baumann, bekannte in einem Interview im *Stern* auf die Frage, wie er zu einer Pistole gekommen sei: »Durch die Polizei. Zu unserem Kreis gehörte seit Jahren der arbeitslose Rohrleger Peter Urbach. Der war ein kumpeliger Typ und immer überall dabei. Er war über jeden Verdacht erhaben, weil er immer einer der Militantesten von uns allen war. Als wir noch Happenings mit Teufel und den anderen von der Kommune machten, 1967, da redete der schon immer vom bewaffneten Kampf: ›Wenn es soweit ist, daß ihr Waffen braucht, sagt es mir, ich kann da was machen, ich habe alte Verbindungen.‹« Und weiter: »1969 haben wir dann beschlossen, zum Besuch von Richard Nixon in Westberlin eine Bombe hochgehen zu lassen. An seiner Marschroute am Patentamt. Personenschaden sollte um jeden Preis vermieden werden. Da sagte Urbach, er könnte Bomben beschaffen.«[201]

Urbach hat der Gruppe »2. Juni« tatsächlich Bomben beschafft, wie später nachgewiesen werden konnte. Bezeichnenderweise trat er in einem Teilprozeß gegen Terroristen als Kronzeuge der Anklage auf.[202]

Bei dem Überfall auf die BRD-Botschaft in Stockholm soll, so wird behauptet, ebenfalls ein Spitzel des Verfassungsschutzes oder der Polizei unter den Teilnehmern gewesen sein.[203]

1998 ging nach fast sieben Jahren »intensiver Ermittlungen« und dreißig Monaten Verhandlung in Frankfurt am Main ein Prozeß gegen Monika Haas zu Ende. Ihr wurde vorgeworfen, im Oktober 1977 Waffen und Sprengstoff für die palästinensischen Entführer der Lufthansa-Maschine »Landshut« nach Palma de Mallorca transportiert und ihnen dort übergeben zu haben. Im Prozeß wurde offenkundig, daß auch diese Flugzeugentführung deutschen Geheimdiensten durch Querverbindungen vorher bekannt war, aber offensichtlich keine Gegenmaßnahmen ergriffen wurden.

»Mit meiner Verurteilung sollen all diese beunruhigenden Fragen endlich verstummen« erklärte Monika Haas in ihrem Schlußwort.

Das Frankfurter Gericht verurteilte sie zu fünf Jahren Haft wegen Beihilfe beziehungsweise »billigender Hinnahme« des Angriffs auf den Luftverkehr, der Geiselnahme und Erpressung sowie des zweifachen Mordversuches. Da sie bereits zweieinhalb Jahre in Untersuchungshaft gesessen hat, wurde die Reststrafe zur Bewährung ausgesetzt.[204]

Auch in diesem Prozeß konnte die Bundesanwaltschaft kein überzeugendes Beweismaterial vorlegen. Es blieben am Schluß zwei anonyme Quellen des Verfassungsschutzes und des BKA sowie ein ehemaliger Agent des Mossad, der in Beirut in Haft saß. Der »Beweiswert« der Aussagen wurde auch durch die Erklärung des BKA-Beamten Gollwitzer vor dem Gericht nicht größer, als er orakelte: »Eine Offenlegung solcher Vorgänge würde dem Wohl des Bundes erhebliche Nachteile bereiten.«

Andreas von Bülow machte ebenfalls auf die Kenntnisse des BKA über terroristische Anschläge aufmerksam: »Das BKA soll über alle wichtigen Terroranschläge der 70er und 80er Jahre im voraus informiert gewesen sein. Allerdings konnten vorgeblich aus Gründen des Quellenschutzes Maßnahmen zur Beseitigung der Terrorgefahr nicht rechtzeitig ergriffen werden.«[205]

Der Autor, von 1969 bis 1994 Mitglied des Bundestages und zeitweilig Mitglied der Parlamentarischen Kontrollkommission für die Geheimdienste der BRD, wird diese Vermutung nicht ohne Hintergrundwissen geäußert haben.

Der Verlauf des Verfahrens gegen Monika Haas vermittelte ungewollt Einblicke in das offenkundige Zusammenspiel zwischen Bundeskriminalamt, Bundesanwaltschaft und diversen Geheimdiensten, darunter auch dem Mossad. Quellen, Zeugen und Ermittlungsergebnisse verwiesen auf ein Geflecht geheimdienstlicher Operationen in der nationalen und internationalen Terrorszene. Bundesdeutsche Geheimdienste betrieben damit eine Art eigenständige Außen- und teilweise auch Innenpolitik.[206]

Erich Schmidt-Eenboom verwies auf das Verhalten des BND zu Überläufern und Selbstanbietern aus der Terrorszene. In einem Operativen Sicherheitshinweis des BND vom April 1983 mit dem Titel »Die Arbeit mit Überläufern« gibt es den Abschnitt »Besonderheiten auf dem Gebiet des Terrorismus (TE)«. Dort findet sich die bemerkenswerte Aussage: »Bei Selbstanbietern oder Abspringern aus der TE-Szene ist das BKA in erster Linie an aktuellen Erkenntnissen über den Aufenthalt von gesuchten Terroristen und eventuellen Kontaktpersonen/-linien interessiert, während der BND vorrangig die sich aus dieser Personengruppe ergebenden operativen Möglichkeiten im Auge hat.«

»Im Klartext heißt dies«, so schlußfolgerte Schmidt-Eenboom, »daß auch der BND sich nicht scheut, anstelle der Zuführung zur Strafgerichtsbarkeit ›Abspringer‹ aus der Terrorszene als Agenten zu nutzen. Juristisch bedeutet dies, daß der BND – lange bevor es eine Kronzeugenregelung gab – dienstintern und ohne gesetzliche Grundlage entsprechend zu agieren beabsichtigte.«[207]

Im Mai 1989 berichtete das Hamburger Magazin *Stern* unter Berufung auf zwei ranghohe Beamte deutscher Sicherheitsbehörden, daß der Jordanier Marwan Khreesat 15 Tage nach seiner Verhaftung am 26. Oktober 1988 freigelassen worden war, obwohl er im Auftrag der »Volksfront für die Befreiung Palästinas – Generalkommando« (PFLP-GC) Radiobomben für Flugzeugattentate gebaut hatte.

Er kam frei, weil er Verbindungsmann des BND war.

Am 21. Dezember 1988 detonierte eine Bombe jenes Typs, wie sie nach Darstellung des *Stern* von Khreesat in Neuss gebaut worden war, in der Pan Am-Maschine über dem schottischen Lockerbie, bei der 270 Menschen den Tod fanden. Im April 1989 fand das Bundeskriminalamt in Neuss drei weitere Bomben, die vermutlich ebenfalls von dem 44jährigen Jordanier gebaut worden waren. Eine explodierte beim Versuch, sie zu untersuchen. Ein BKA-Beamter starb, ein zweiter wurde verletzt, berichtete die *Süddeutsche Zeitung* im Mai 1989.[208]

Laut Rekonstruktion durch deutsche Ermittler soll der Bombenkoffer als unbegleitetes Gepäckstück am Morgen des 21. Dezember 1988 mit einem Zubringerflug der *Air Malta* zum Flughafen Frankfurt gelangt und dann ungeprüft in die Pan Am-Maschine verladen worden sein.

Zwei Jahre später beschuldigten amerikanische und britische Ermittlungsbehörden zwei Mitarbeiter des libyschen Geheimdienstes, auf Malta den Koffer in die Maschine geschmuggelt zu haben. Andere Hinweise deuteten auf die PFLP-GC, die 1988 angeblich mit den USA einen Drogen-Deal zur Freilassung der in Beirut festgehaltenen US-Geiseln abgeschlossen und ein doppeltes Spiel betrieben hätte oder zumindest ein solches über die PFLP-GC Gruppe in Neuss und Marwan Khreesat ermöglichte.[209]

Ein Zeuge im »Mykonos-Prozeß« (»Quelle C« alias Abolghasem Mesbahi)[210] soll ausgesagt haben, daß der Revolutionsführer Ajatollah Khomeini Auftraggeber für den Anschlag auf die Maschine der Pan Am gewesen sein soll. Damit habe Teheran Vergeltung üben wollen für den Abschuß des iranischen Airbusses durch den US-Zerstörer »Vinvennes« 1988 über der Straße von Hormuz. Auch gegenüber der Frankfurter Staatsanwaltschaft soll dieser frühere iranische Geheimdienstler Abolghasem Mesbahi eine Verwicklung Teherans bestätigt haben.[211]

Andere hingegen, so der amerikanische Journalist Pierre Salinger, waren davon überzeugt, daß der syrische Terrorist Jibril den Pan Am-Jumbo zerstört habe.[212]

Ermittlungsbehörden der USA gaben zunächst vor, daß sie angeblich erdrückende Beweise dafür festgestellt hätten, daß der iranische Geheimdienst hinter dem Attentat stünde. Wenige Wochen später machte man jedoch den syrischen Geheimdienst dafür verantwortlich.[213]

Das aus den Trümmern geborgene winzige Teilstück einer elektronischen Uhr, die zum Zünden von Sprengladungen verwandt wird, führte die Ermittler zum Hersteller – der Mebo AG in Zürich. Nach ersten Angaben von Edwin Bollier, einem der beiden Geschäftsführer dieser Firma, sollen nur etwa zwei Dutzend dieser Uhren produziert und ausschließlich an Libyen und das libysche Volksbüro in der DDR (!) verkauft worden sein.

Diese Feststellung wie auch der Umstand, daß das MfS seit Jahren von der Mebo AG elektronische Geräte bezogen haben soll, die auf der Cocom-Liste standen – darunter angeblich auch einige dieser elektronischen Uhren –, reichten den bundesdeutschen Ermittlungsbehörden aus, das MfS eine Mitwirkung beim Anschlag auf die Pan Am-Maschine zu unterstellen. Der Vorwurf lautete also Beihilfe zum vielfachen Mord.

1994 wurden ehemalige Mitarbeiter des MfS durch die Staatsanwaltschaft Frankfurt am Main vernommen. Sie wurden beschuldigt, elektronische Uhren an die Attentäter weitergegeben zu haben. Im Zuge der Ermittlungen wurde auch Egon Krenz als ehemaliger Vorsitzender des Staatsrates und des Nationalen Verteidigungsrates der DDR zu diesem Sachverhalt als Zeuge vorgeladen. Das kam der Unterstellung gleich, die DDR sei als Staat an dem Anschlag beteiligt gewesen.[214]

Krenz berichtete darüber im *Neuen Deutschland* am 2. Februar 2001: »Zur Vorgeschichte des Prozesses zählt auch, daß die bundesdeutsche Justiz das Verbrechen von Lockerbie der DDR und namentlich Honecker, Axen und mir anlasten wollte. Dies veranlaßte mich, in einem Brief vom 24. August 1994 an die Staatsanwaltschaft beim Landgericht Frankfurt (Main) gegen diese beispiellose Provokation zu protestieren. Am 6. September 1994 wurde ich dennoch in das Bundeskriminalamt, Außenstelle Berlin, beordert. Ich wurde dort entwürdigend vernommen. Als ich die Verleumdung zurückwies, die DDR sei an terroristischen Akten beteiligt gewesen und hätte etwas mit dem Absturz des Flugzeuges zu tun gehabt, wurde mir vom Staatsanwalt die Vorführung bei einem Haftrichter angedroht.

Auch das gehört zum Kapitel der Versuche der Bundesrepublik Deutschland, die DDR zu delegitimieren.«

Die Haltlosigkeit aller Unterstellungen wurde bewiesen.

Die von westlichen Ermittlungsbehörden der Tat verdächtigten Libyer Amin Chalifa Fuheima und Bassit Ali el Mekrahi wurden nach langen Verhandlungen im April 1999 durch Libyen an die niederländischen Behörden überstellt. Am 3. Mai 2000 begann in Kamp Zeist der Prozeß nach schottischem Recht und mit schottischen Richtern. Die Anklage der Staatsanwaltschaft stützte sich auf die Ermittlungsergebnisse, die die beiden libyschen Geheimdienstler belasteten. Die Verteidigung erklärte nicht nur die Unschuld ihrer Mandanten, sondern verwies in ihrer Erklärung auf die PFLP-GC und Palästinensische Volkskampffront (PPSF), nannte die Namen von neun Palästinensern und einem Iraner, die nach ihren Feststellungen als die tatsächlichen Verantwortlichen für den Anschlag galten.[215]

Im Vorfeld des Verfahrens‹ war es den Anwälten auch gelungen, wesentliche Aussagen der Staatsanwälte in Frage zu stellen. So nahm der Zeuge der Anklage seine Aussage zurück, er habe am Unglückstag gesehen, wie die beiden Libyer einen Koffer in das Flugzeug von Malta nach Frankfurt am Main geschmuggelt hätten. Die *Air Malta* konnte dokumentieren, daß sich in dem Flugzeug kein verdächtiges Gepäckstück befunden hatte.[216]

Einer der Hauptermittler, ein Mitarbeiter des FBI, erwies sich als notorischer Fälscher, weshalb er den Dienst quittieren mußte. Auch wurden dem Gericht vermutlich wichtige Protokolle der Vernehmungen des im Oktober 1988 in Neuss festgenommenen Jordaniers Marwan Khreesat vorenthalten. Damals noch Verbindungsmann des BND wurde er jetzt als mutmaßlicher palästinensisch-jordanischer Geheimdienstler bezeichnet.[217]

Nach 84 Verhandlungstagen und etwa 170 Millionen Mark Verfahrenskosten wurde am 31. Januar 2001 durch die schottischen Richter ein nur schwer nachvollziehbares Urteil gefällt. Der Libyer Bassit Ali el Mekrahi wurde für schuldig befunden und zu lebenslanger Haft wegen Mordes verurteilt. Der Mitangeklagte Amin Chalifa Fuheima wurde ohne Wenn und Aber freigesprochen und sofort auf freien Fuß gesetzt.[218]

Während des gesamten Verfahrens wurden die beiden angeklagten Libyer als Team behandelt, das gemeinsam gehandelt habe. Der Freispruch des einen – nicht einmal mit der Einschränkung »mangels Beweisen« versehen – nährte darum zusätzlich Zweifel am Schuldspruch für den anderen. Tatsächlich erbrachte das Verfahren keine klaren Beweise für die Täterschaft. Es handelte sich vielmehr um einen Indizienprozeß. Die Kette der Indizien für den Schuldspruch war schwach zu nennen.[219] Darin waren sich Prozeßbeobachter, Journalisten und auch Juristen einig. So äußerte sich Robert Black, Professor an der juristischen Fakultät der Universität Edinburgh, gegenüber der *Berliner Zeitung*: »Kaum ein Glied der Indizienkette der Anklage war an sich überzeugend. Nur in der Gesamtheit ergab sich ein meines Erachtens immer noch sehr luftiger Zusammenhang.«[220]

Der Verurteilte legte am 7. Februar 2001 Berufung ein.[221]

Die Liste der Beispiele für Terroranschläge, in die »demokratische« Geheimdienste vermutlich direkt oder indirekt verstrickt waren, läßt sich fortsetzen. Erinnert sei beispielsweise auch an den angeblichen Fememord am 5. Juni 1974 an Ullrich Schmücker, einem Mitglied der *Bewegung 2. Juni* und zugleich V-Mann des Verfassungsschutzes. Der Mitarbeiter des Verfassungsschutzes Michael Grünhagen spielte dabei eine Rolle.[222]

Es gab 1992 den Fall Siegfried Nonne[223], den angeblichen Kronzeugen des hessischen Verfassungsschutzes in Sachen Alfred Herrhausen (1989). Und es gab den Anschlag auf die Justizvollzugsanstalt Weiterstadt in Hessen im März 1993.

Alle diese Beispiele erhärten den Vedacht, daß der Verfassungsschutz, der BND und das BKA es mit der Verhinderung von terroristischen Anschlägen in einigen Fällen nicht so ernst nahmen. In der Anwendung von Mittel und Methoden waren sie nicht wählerisch, manchmal ging es nicht mit Recht und Gesetz zu. Terroristen wurden in einigen Fällen mit Hilfe von V-Leuten und Kontaktpersonen, die als *agent provocateur* auftraten, mit Waffen und Sprengstoffen ausgerüstet, statt sie konsequent von ihren Vorhaben abzubringen.

Am 30. November 1989 wurde auf den 49jährigen Vorstandssprecher der Deutschen Bank, Alfred Herrhausen, in Bad Homburg ein Attentat verübt. Bis heute ist die Täterschaft ungeklärt. Technischer Aufwand und manch anderes sprechen gegen einen RAF-Anschlag

Diesen Dienststellen und ihren Mitarbeitern wird deshalb aber keineswegs von der Justiz eine Zusammenarbeit mit Terrororganisationen und eine Unterstützung von Terroristen vorgeworfen oder gar juristisch verfolgt. Anders jedoch, wenn es sich nicht um die eigenen Dienste, sondern beispielsweise um das MfS handelte, das weder mit Terroristen kooperierte noch Terrorhandlungen gleich welcher Art unterstützte.

Entgegen öffentlichen Behauptungen und Anschuldigungen, die seit 1991 in Ermittlungsverfahren oder Strafprozessen erhoben wurden, gehörte es niemals zu den Zielen, Aufgaben und Praktiken des MfS, sich mit Terroristen ideologisch zu verbrüdern, Terror zu unterstützen oder gar selbst zu organisieren. Alle Ermittlungsverfahren und Strafprozesse mußten in der Regel mit dem Eingeständnis eingestellt werden, daß keine Beweise für die Anschuldigungen erbracht werden konnten.

Am 26. März 1991 wurden fünf ehemalige Mitarbeiter des MfS festgenommen, nach einem sechsten wurde gefahndet. Der Inhalt der Haftbefehle vom 18. März 1991 war Journalisten früher bekannt als den Beschuldigten und wurde veröffentlicht. Der Generalbundesanwalt hielt es offenbar für wichtiger, zuerst die Medien zu bedienen und erst dann die Beschuldigten zu informieren. Er wußte, wie Medien funktionieren und welche Wirkung sie erzielen. Und auf die hatte er es wohl abgesehen. So lauteten die denunziatorischen Schlagzeilen:

»Größter Schlag gegen Stasi – Mielkes Top-Leute verhaftet, einer auf der Flucht«[224]

»MfS unterstützte Attentat auf US-General und Bombenanschlag in Ramstein«[225]

»Haftbefehl gegen Mielke erwirkt – Mordanschlag auf US-General Kroesen mit Hilfe des MfS«[226]

Die *Berliner Zeitung* zitierte am 28. März 1991 in der Überschrift Bundesjustizminister Klaus Kinkel: »Stasi-Ausbildung für RAF war Beihilfe zum Mord«.

In der gleichen Zeitung hieß es am 30./31. März 1991:

»Stasi-Gehilfen der RAF bleiben weiter in Haft«.

Im Text wurde der *Spiegel* zitiert: »Unterstützung dauerte womöglich bis zur Wende«.

Der *Spiegel* selbst veröffentlichte einen längeren Artikel mit Angaben zu den Inhaftierten, zu angeblichen Aussagen von Zeugen, zu Ermittlungsergebnissen, zu den Sachverhalten sowie vermeintlichen Erwiderungen der beschuldigten Mitarbeiter des MfS auf die ihnen verkündeten Haftbefehle. »Denen trauen wir jetzt alles zu«[227], hieß die verurteilenden Überschrift.

Zum Beispiel den Mord am Treuhandchef, der anderentags starb. Am Ostermontag, dem 1. April 1991, wurde Detlef Karsten Rohwedder erschossen. Sofort hieß es in den Blättern: »Werk des MfS« und »Connection mit der RAF«

Die *SUPERillu* gab unter der Überschrift »Der Mord an Treuhand-Chef Detlef Rohwedder« vor zu wissen, wer es war: »Chef Mielke – der Pate des Terrors«. [228] BKA-Chef Zachert stimmte ihr indirekt zu, als er der Postille zuraunte: »Der Stasi traue ich alles zu«.

Die *Quick* preßte den haltlosen Vorwurf in eine vermeintlich überzeugende Wortkette: »Rohwedder – Terror – Attentat« und »Stasi – RAF – Das mörderische Bündnis«.

Und *Praline* war ganz dicht an der Gegenwart: »Menschenfeind Stasi. Die Verbrechen der Staatssicherheit nicht nur im Osten. – Die Machenschaften von gestern. Die Seilschaften von heute.«

Sieben Jahre nach dem Mord an Detlef Rohwedder strahlte die *ARD* am 19. Februar 1998 eine Sendung des *WDR* aus. Rohwedder sei nicht von der RAF, sondern von einem in der DDR ausgebildeten Präzisionsschützen im Auftrag alter Stasi-Seilschaften erschossen worden, hieß es da. Die Reporter gingen davon aus, daß die RAF seit Mitte der 80er Jahre nicht mehr aktiv gewesen sei und darum viele Anschläge auf das Konto der »Stasi-Spionagetruppe HVA« gingen. Diese hätte »zur Tarnung gefälschte RAF-Bekennerschreiben« verschickt. Entsprechende Meldungen wurden vor Ausstrahlung der Sendung in die Presse lanciert: »Neue Spuren im Fall Rohwedder. Stecken Stasi-Seilschaften hinter Mord an Treuhand-Chef?«[229] Und: »Rohwedder-Mord: War es die Stasi? Mysteriöse Spuren nach Ostdeutschland«[230]

Die mysteriösen Spuren verliefen sich im Sande.

Seit Mai 2001 hält die Bundesanwaltschaft den toten Grams von der RAF für einen möglichen Tatbeteiligten ...

Im August 1991 wurden die Haftbefehle vom 26. März 1991 gegen die fünf Mitarbeiter des MfS vom Bundesgerichtshof aufgehoben. Nach dem Stand der weitgehend abgeschlossenen Ermittlungen, so der BGH in seiner Begründung, könne der dringende Tatverdacht einer Beihilfe zum versuchten Mord und zur Herbeiführung einer Sprengstoffexplosion nicht mehr bejaht werden. Die Angeschuldigten wurden aus der Untersuchungshaft entlassen. Der Generalbundesanwalt gab keine Pressekonferenz. Die Presse schwieg.

Im August 1994, nach drei Jahren, wurde die Ermittlungsverfahren eingestellt.

Auch dazu schwiegen der Generalbundesanwalt, der Bundesgerichtshof und die Presse.

Es war üblich, Enten und Lügen, sofern sie sich aufs MfS bezogen, nicht zu dementieren. Heiße Luft wurde selten bis nie heruntergekühlt, eine sachliche Berichtigung fand nicht statt. Rufmord an einstigen inoffiziellen oder offiziellen Mitarbeitern des MfS war und ist nicht strafbar.

Die Sonderstaatsanwaltschaft II beim Landgericht Berlin glaubte 1995 einen juristischen Kunstgriff gefunden zu haben, um auf der Grundlage des ausgewerteten Materials des Generalbundesanwaltes von 1991 eine neue Anklage gegen jene Personen zu erheben, die man bereits vor vier Jahren in gleicher Sache beim Wickel hatte. Die Beschuldigung lautete nun Strafvereitelung. Weil sie von 1980 bis 1990 RAF-Aussteiger in der DDR betreut und nicht ausgeliefert hatten, sollten sie zur Verantwortung gezogen werden.

Die 22. Große Strafkammer sprach am 7. März 1997 H. D., G. J. und P. Z. eine Verwarnung mit Geldstrafenvorbehalt aus. Dieses Urteil wurde im Revisionsverfahren vom Bundesgerichtshof am 5. März 1998 aufgehoben. Die beantragte Revision der Staatsanwaltschaft wurde verworfen. Die drei ehemals leitenden Mitarbeiter des MfS wurden vom Vorwurf der Strafvereitelung freigesprochen.[231]

Mit diesem Urteil des 5. Strafsenats des BGH wurde anerkannt, daß es kein rechtswidriger Willkürakt war, als die Angeklagten »terroristisches Potential« ruhigstellten. In der Begründung seines Urteils merkte die höchstrichterliche Instanz der Bundesrepublik kritisch an, daß die Staatsanwaltschaft in politischer Absicht die DDR »so zu behandeln versucht (hätet), als sei sie ein abtrünniges Bundesland gewesen, in dem die BRD-Rechtsordnung gegolten habe.«[232] Die DDR sei aber, so der BGH – unabhängig von ihrer völkerrechtlichen Anerkennung durch die Bundesrepublik – »ein Staat im Sinne des Völkerrechts und als solcher Völkerrechtssubjekt« gewesen. Da es keine Verträge über die Auslieferung von Straftätern zwischen den beiden deutschen Staaten gegeben habe und eine »allgemeine völkergewohnheitsrechtliche Verpflichtung zur Auslieferung« nicht bestanden habe, sei die DDR auch nicht völkerrechtlich verpflichtet gewesen, der BRD den Aufenthaltsort der Gesuchten mitzuteilen.

Außerdem unterstrich der BGH »das aus der Souveränität eines jeden Staates abgeleitete Recht, die Einreise in das eigene Hoheitsgebiet ohne Rücksicht auf die Interessen anderer Staaten zu gestatten und auch die Gestaltung der Lebensverhältnisse nach erfolgter Einreise ausschließlich an innerstaatlichen Interessen auszurichten.«[233]

Rechtsanwalt Dr. Stefan König aus Berlin kommentierte in der Zeitschrift *Neue Justiz* das bemerkenswerte Urteil. »Der BGH anerkennt – im Ergebnis und eher zwischen den Zeilen – die Bemühungen des MfS, ›terroristisches Potential ruhigzustellen‹ durch die Aufnahme von RAF-Aussteigern in der DDR, die damit einen nicht zu unterschätzenden Beitrag zur Befriedung der terroristischen Szene in der Bundesrepublik geleistet hat. Auch dort wurde zwar immer wieder ein Aussteigerprogramm diskutiert, jedoch nie ernsthaft umgesetzt. Der BGH hebt zwar hervor, eine Strafverfolgung der in der Bundesrepublik begangenen Kapitalverbrechen sei aus rechtsstaatlicher Sicht geboten. Der Verzicht hierauf in der DDR sei aber kein offensichtlich rechtswidriger Willkürakt. Das ist eine sehr verhaltene, im Ergebnis – Freispruch der Angeklagten – jedoch deutliche Reverenz.«[234]

Mit Beschluß des Landgerichts Berlin vom 18. Juni 1998 in dem seit 30. März 1994 bei der Sonderstaatsanwaltschaft II anhängigen Ermittlungsverfahren gegen zwei weitere leitende Mitarbeiter des MfS wegen Strafvereitelung wurde die Eröffnung des Hauptverfahrens aus tatsächlichen und rechtlichen Gründen gemäß § 204 StPO abgelehnt.

Die Kammer schloß sich damit den Auffassungen an, die der Bundesgerichtshof in seinem Freispruch am 5. März 1998 zum Ausdruck gebrachte hatte.[235]

Abweichend von der üblichen Praxis gab es hierzu keine öffentliche Verlautbarung. Erst am 8. August 1998 meldete eine Tageszeitung den Vorgang. »Gescheitert: Justiz läßt ab von RAF-Stasi-

Legende«, titelte die *junge Welt*. Sie veröffentlichte einen ausführlichen Bericht zum Beschluß des Landgerichtes sowie ein Interview mit dem Rechtsanwalt Dr. Frank Osterloh. Daraufhin berichtete auch die *Berliner Morgenpost* und überschrieb ihren Artikel süffisant-sachlich mit: »Ein deutsch-deutsches Kapitel wird geschlossen – Strafrechtliche Aufarbeitung der Verbindung zwischen Stasi und RAF-Terroristen ist beendet«.

Und die *Berliner Zeitung* meldete am 12. August 1998: »Keine Strafe für Unterbringung von RAF-Tätern – Grundsatzurteil beendet juristische Aufarbeitung der Stasi-Verbindung zu Terroristen.«

Ein spätes, wenn auch verhaltenes Eingeständnis, daß die vorverurteilenden Schlagzeilen und Meldungen zum Thema, die man seit 1990 in die Welt gebracht hatte, falsch gewesen sein mußten.

Allein die genannten Verfahren beim BGH (2 BJs 97/90) und beim Landgericht Berlin (552/29/2Js 231/90 21/905), die Revisionsverhandlung beim BGH, die schließlich zum Freispruch führte, und das Zusammenspiel der Justiz mit den Medien bestätigten den Eindruck, daß nicht der rechtlich gebotene und geforderte objektive Tatbestand, sondern der Strafverfolgungswahn gegen Mitarbeiter des MfS und andere Funktionsträger der DDR das Handeln bestimmte. Dabei tat sich insbesondere Sonderstaatsanwaltschaft II beim Berliner Landgericht hervor, die am 30. September 1999 ausgelöst wurde. Die *Berliner Zeitung* konzedierte ihr in einem Nachruf »übertriebenen Verfolgungseifer«[236]. Unter der Zwischenüberschrift »Abenteuerliche Anklagen« hieß es: »Für Unverständnis sorgte auch die Verfolgung jener Stasi-Offiziere, die – ob mit oder ohne Wissen der Bundesregierung – die RAF-Aussteiger in der DDR mit einer neuen Existenz versorgten und unter Kontrolle hielten. Der Bundesgerichtshof sprach die MfS-Leute schließlich frei.«[237]

Allerdings traute man sich nicht, die Sache beim Namen zu nenen: Mit den Maßnahmen des MfS in bezug auf die RAF und andere Terrororganisationen wurde damals die Sicherheitslage für die Bundesrepublik und andere Staaten in Mitteleuropa verbessert. Die DDR trug nachweislich zur Befriedung der terroristischen Szene bei. Nicht grundlos hatte darum die *junge Welt* hatte am 10. Mai 1995 erklärt, »daß die mit den RAF-Aussteigern befaßten Mitarbeiter des MfS eigentlich vom Bundespräsidenten einen Verdienstorden erhalten müßten, denn sie haben dazu beigetragen, aus erbitterten Staatsfeinden angepaßte Bürger zu machen«.[238]

Es kann festgestellt werden: Das MfS hat in Erfüllung der ihm übertragenen Aufgaben den Terrorismus mit allen geeigneten legitimen Mitteln und Methoden vorbeugend bekämpft. Es hat ihn eingeschränkt, zurückgedrängt und weitgehend von der DDR und ihren Verbündeten ferngehalten. Die Anwendung nachrichtendienstlicher Mittel und Methoden hat sich dabei als richtig und zweckmäßig erwiesen. Den Bürgern der DDR blieben schreckliche Auswirkungen des Terrors erspart, sie konnten in Sicherheit leben und ihrer Arbeit nachgehen.

Die Versuche, der Terrorabwehr zu unterstellen, den Terrorismus unterstützt oder gar selbst organisiert zu haben und damit das MfS zu kriminalisieren, sind gescheitert.

Fußnoten

1 MfS, Juristische Hochschule Potsdam, 1969 und 1985: Wörterbuch für die politisch-operative Arbeit. Vollständig veröffentlicht in: Das Wörterbuch der Staatssicherheit. Definition zur »politisch-operativen Arbeit«. Hrsg. vom BstU, Abt. Bildung und Forschung, Berlin 1993 (Reihe A:1/1993) sowie in: Das Wörterbuch der Staatssicherheit. Definition zur »politisch-operativen Arbeit«. Hrsg. von Siegfried Suckut, Ch. Links Berlin 1996. Das Zitat ist entnommen aus der von Siegfried Suckut herausgegebenen Fassung, S. 364-370. Auch die nachfolgenden Verweise auf das Wörterbuch des MfS beziehen sich stets auf diese Quelle.
2 Strafrecht der DDR, Kommentar zum Strafgesetzbuch, Staatsverlag der DDR, Berlin 1981, S. 294.
3 Ebenda, S. 294.
4 Ebenda, S. 295.
5 Wörterbuch für die politisch-operative Arbeit ... a. a. O. S. 369.
6 Wörterbuch für die politisch-operative Arbeit ... a. a. O. S. 147.
7 Wörterbuch für die politisch-operative Arbeit ... a. a. O. S. 147.
8 Wörterbuch für die politisch-operative Arbeit ... a. a. O. S. 369.
9 Wörterbuch für die politisch-operative Arbeit ... a. a. O. S. 369.
10 Brockhaus, Band XXII, Brockhaus Verlag, Mannheim 1993, S. 21.
11 Ebenda, S. 23.
12 Bundesakademie für Sicherheitspolitik Schriftenreihe zur Neuen Sicherheitspolitik, Band 18: Terrorismus als weltweites Phänomen. Berlin Verlag A. Spitz, Berlin 2000, S. 254.
13 Bruce Hoffmann: Terrorismus – Der unerklärte Krieg, S. Fischer Verlag, Frankfurt am Main 1999, S. 56.
14 Karl Marx: Das Kapital. Band 1, Dietz Verlag, Berlin, 1953 S. 801.
15 Wörterbuch für die politisch-operative Arbeit, ... a. a. O. S. 369 - 370

16 Klaus Steiniger: Tops und Flops – Die Geschäfte der US-Geheimdienste. Elefanten Press, Berlin 1998, S. 79.

17 Andreas von Bülow: Im Namen des Staates – CIA, BND und die kriminellen Machenschaften der Geheimdienste. Piper Verlag, München 1998, S. 196.

18 W. I. Lenin: Gesammelte Werke. Band 6, Dietz Verlag, Berlin 1956, S. 473.

19 Clara Zetkin: Ausgewählte Reden und Schriften. Band II, Berlin 1960, S. 344.

20 Wörterbuch für die politisch-operative Arbeit ... a. a. O. S. 369-370.

21 Andreas von Bülow: Im Namen des Staates ... a. a. O. S. 407f.

22 Klaus Steiniger: Tops und Flops ... a. a. O. S. 38f., zitiert nach N. N. Jakovlev: CIA contra UdSSR. VEB Deutscher Verlag der Wissenschaften, Berlin 1985, S. 72f.

23 N. N. Jakovlev: CIA contra UdSSR ... a. a. O. S. 73.

24 Klaus Steiniger: Tops und Flops ... a. a. O. S. 39.

25 Ebenda, S. 42 bis 46.

26 Ebenda, S. 53 bis 56.

27 *junge Welt*, 21. Juni 2000, S. 4 und *junge Welt*, 4. Juli 2000, S. 14.

28 Andreas von Bülow: Im Namen des Staates ... a. a. O. S. 216-220. Siehe auch: Gotthold Schramm (Hrsg.): Flucht vor der Junta. Die DDR und der 11. September, edition ost, Berlin 2003.

29 *Kurier*, 3. Juli 1997.

30 *Neues Deutschland*, 15. Juli 1999.

31 *Neues Deutschland*, 10. August 1999 und junge Welt, 10. August 1999.

32 *Neues Deutschland*, 15. Juli 1999 und *Berliner Morgenpost*, 28. Juli 1999.

33 Gerhard Feldbauer: Agenten, Terror, Staatskomplott: Der Mord an Aldo Moro, Rote Brigaden, und CIA. PapyRossa Verlag, Köln 2000 S. 33.

34 Andreas von Bülow: Im Namen des Staates ... a. a. O. S. 318.

35 Ebenda, S. 433.

36 Gerhard Feldbauer: Agenten, Terror, Staatskomplott ... a. a. O. S. 157.

37 Andreas von Bülow: Im Namen des Staates ... a. a. O. S. 306.

38 Gerhard Feldbauer: Agenten, Terror, Staatskomplott ... a. a. O. S. 117.

39 Ebenda, S. 33f.

40 Gerhard Feldbauer: Von Mussolini bis Fini, die extreme Rechte in Italien. Espresso Verlag, Berlin 1996, S. 57 bis 86 und 94 bis 116, sowie *junge Welt*, 11. bis 14. Mai 1998, Serie, Aldo Moros Tod und die Geheimdienste.

41 Gerhard Feldbauer: Agenten, Terror, Staatskomplott ... a. a. O. S. 65.

42 Andreas von Bülow: Im Namen des Staates ... a. a. O. S. 321/322.

43 Ebenda, S. 317.

44 *Berliner Zeitung*, 7. Dezember 2001, S. 11.

45 Peter Kaiser/Norbert Moc/Heinz-Peter Zierholz: Schüsse in Dallas, politische Morde 1948-1984. Dietz Verlag, Berlin 1988, S. 8-11.

46 S. Schröder: Bomben, Blut und Bitterkeit. Militärverlag DDR, Berlin 1987, S. 245-246.

47 Marx/Engels: Ausgewählte Schriften. Band I, Dietz Verlag, Berlin 1959, S. 512.

48 Andreas von Bülow: Im Namen des Staates ... a. a. O S. 436f.

49 *Berliner Zeitung*, 22./23. April 2000.

50 *junge Welt*, 25. August 1998 und 29./30. August 1998 sowie *Berliner Zeitung*, 25. August 1998.

51 *Berliner Zeitung*, 13. August 1998; *Bild*, 22. August 1998; *Neues Deutschland*, 29./30. August und 6. November 1998.

52 *Berliner Zeitung*, 6. Februar 2001.

53 *Spiegel Online*, 22. Oktober 2001.

54 *Berliner Zeitung*, 17. Mai 1999.

55 *junge Welt*, 28./29. August 1999.

56 *Neues Deutschland*, 22./23. August 1998.

57 In dem Buch: Die Wahrheit über den NATO-Krieg gegen Jugoslawien , einer Schrift des Internationalen Vorbereitungskomitees für ein Europäisches Tribunal über den NATO-Krieg gegen Jugoslawien, herausgegeben von Wolfgang Richter, Elmar Schmähling und Eckart Spoo im Schkeuditzer Buchverlag 2000, werden die Zusammenhänge, Hintergründe und Folgen dieses verbrecherischen Krieges und die sich daraus ergebenden Schlußfolgerungen aufschlußreich und überzeugend dargestellt. Verwiesen sei in diesem Zusammenhang besonders auf die Ausführungen von Ramsey Clark, des ehemaligen Justizministers der USA, zum Thema »Es ist notwendig, anzuklagen«, Anklageschrift der Unabhängigen Untersuchungskommission zur Erforschung der Kriegsverbrechen der USA und der NATO gegen das Volk von Jugoslawien auf den Seiten 18 bis 32; »Die Anklage« von dem Historiker Stanislaw Pateidl von der Tschechischen Friedensgesellschaft in Prag auf den Seiten 248 bis 253 und die Darlegungen von Klaus Eichner von der Gesellschaft zum Schutz von Bürgerrecht und Menschenwürde (GBM), Berlin, und Erich Schmidt-Eenbohm, Leiter des Forschungsinstituts für Friedenspolitik in Weilheim, über »Die Rolle der Geheimdienste bei der Vorbereitung und Durchführung des Krieges« auf den Seiten 157 bis 174.

58 *Neues Deutschland*, 12./13. Juni 1999, S. 2.

59 *Berliner Zeitung*, 13./14. Oktober 2001, S.6.

60 *ARD*, Sendung Monitor, 20. Dezember 2001, 21 Uhr.

61 *Neues Deutschland*, 6./7. Oktober 2001 und 21. Dezember 2001.

62 Gegenüber dem *Time-Magazin*, nach *junge Welt*, 11. Oktober 2001 und gegenüber dem Fernsehsender *Al-Dschasira*, nach *Berliner Zeitung*, 8/9. Oktober 2001 und *Neues Deutschland*, 9. Oktober 2001.

63 *ARD*, Sendung Monitor, 20. Dezember 2001, 21 Uhr.

64 *junge Welt*, 24./25. November 2001.

65 *Neues Deutschland*, 1./2. Dezember 2001.

66 *junge Welt*, 23. Oktober 2001, S. 8, und *Neues Deutschland*, 22. Oktober 2001 S. 1 und 6.

67 *Berliner Zeitung*, 26. Oktober 2001, S. 8.

68 *Neues Deutschland*, 3./4. November 2001, S. 3.

69 *Die Welt*, 7. Dezember 2001, S. 1 und 3.

70 *junge Welt*, 11. Oktober 2001, S. 11.

71 *Neues Deutschland*, 1./2. Dezember 2001.

72 *Neues Deutschland*, 8./9. Dezember 2001.

73 Bruce Hoffman: Terrorismus – Der unerklärte Krieg ... a. a. O. S. 257 ff.

74 Bundesakademie für Sicherheitspolitik. Schriftenreihe zur Neuen Sicherheitspolitik, Band 18: Terrorismus als weltweites Phänomen ... a. a. O., S. 260.

75 *Neues Deutschland*, 3. Juli 2000, S. 7.

76 *Neues Deutschland*, 2. Januar 2001, S. 6. Bis zum Dezember 2007 hatten 105
Staaten das Rom-Statut zum Internationalen Strafgerichtshof (IStGH) ratifiziert. 41 weitere Staaten unterzeichneten den Vertrag, ratifizierten ihn aber
bis dato nicht, unter anderem: USA, Rußland, Indien, Pakistan, China, Israel,
Iran. Die Grundlage des IStGH ist das sogenannte Rom-Statut. Der Gerichtshof kann nur über Individuen und nicht über Staaten zu Gericht sitzen. Ausführliche Definitionen der Tatbestände Völkermord, Verbrechen gegen die
Menschlichkeit und Kriegsverbrechen sind in Artikel 6f. im Statut aufgeführt.
Auf eine Definition des Tatbestands des Angriffskriegs konnte sich die Grün-
dungskonferenz nicht einigen. Bis diese vorliegt, was laut IStGH nicht vor
2009 zu erwarten ist, übt der IStGH seine Gerichtsbarkeit über das »Verbrechen der Aggression« nicht aus. Zudem konnte die Forderung nach univer-
seller Zuständigkeit nicht durchgesetzt werden. Zur Rechenschaft gezogen
werden kann ein Täter grundsätzlich nur dann, wenn er einem Staat angehört,
der das Statut ratifiziert hat oder wenn die Verbrechen auf dem Territorium
eines solchen Vertragsstaates begangen wurden. Härtester Opponent des
IStGH sind die USA. Die US-Regierung hat im Jahr 2000 das Statut des
IStGH unterzeichnet, aber schon 2002 die völkerrechtlich unübliche, aber
zulässige Rücknahme der Unterzeichnung erklärt. Durch den Abschluß bilateraler Verträge mit IStGH-Vertragsparteien und anderen Staaten versuchen
die USA, eine Überstellung von US-Staatsangehörigen an den IStGH vor-
sorglich auszuschließen. 2002 wurde der *American Service-Members' Protec-
tion Act* rechtskräftig, der den US-Präsidenten implizit dazu ermächtigt, eine
militärische Befreiung von US-Staatsbürgern vorzunehmen, die sich in Den
Haag vor dem IStGH verantworten müßten. Eine Zusammenarbeit mit dem
Gericht wird US-Behörden verboten. Zudem kann allen Staaten, die nicht
Mitglied der NATO sind und das Statut ratifizieren, die US-Militärhilfe
gestrichen werden.

77 *Neues Deutschland*, 3. Juli 2000, S. 7.

78 *Neues Deutschland*, 2. Januar 2001, S. 6.

79 *Neues Deutschland*, 9. Januar 2001, S. 7.

80 Die Kampfmethoden des antifaschistischen Widerstandes und der Partisa-
nenbewegungen wurden bewußt hier nicht behandelt, da nach Auffassung
der Autoren diese nicht als Terror bezeichnet werden können.

81 *junge Welt*, 21. Juni 2000, S. 3. »Schurkenstaat« ist die allgemein übliche deutsche Übersetzung des englischen Begriffs *Rogue State*. Diese Übersetzung vermag nicht ganz den Inhalt des Originals zu transportieren, da im Englischen

mit *Rogue* nicht nur eine allgemein boshafte Person bezeichnet wird, sondern darüber hinaus ein unberechenbarer und irrational handelnder Einzelgänger, der eine schwer einzuschätzende Gefahr für andere darstellt. Als typisches Erkennungsmerkmal, das die Bush-Regierung den Schurkenstaaten gibt, gelten die Unterstützung des Terrorismus und das Streben nach Massenvernichtungswaffen, vor allem nuklearen. Nach den US-amerikanisch geführten Interventionen in Afghanistan 2002 und im Irak 2003, die zur Beendigung der Herrschaft der Taliban und zum Sturz sowie zur späteren Gefangennahme Saddam Husseins führten, verloren beide Staaten diesen »Status«. Mit der Erklärung Libyens 2004, die Unterstützung des Terrorismus aufzugeben und die Entwicklung von Massenvernichtungswaffen einstellen zu wollen, wurde der Weg für eine Aufhebung der internationalen Sanktionen und eine Rückkehr in die Staatengemeinschaft geebnet.

82 *junge Welt*, 25. Februar 2000, S. 7

83 Bundesakademie für Sicherheitspolitik. Schriftenreihe zur Neuen Sicherheitspolitik, Band 18: Terrorismus als weltweites Phänomen ... a. a. O., S. 218.

84 Resolution des Sicherheitsrates der UNO Nr. 1269 (1999) vom 19. Oktober 1999 S. 1.

85 *Neues Deutschland*, 7. Dezember 2001, Zum Jahrestreffen der OSZE-Außenminister in Bukarest.

86 Wörterbuch für die politisch-operative Arbeit ... a. a. O., S. 148.

87 Wörterbuch für die politisch-operative Arbeit ... a. a. O., S. 365-368.

88 »Das Regime an einer Grenze richtet sich immer nach den Beziehungen zwischen den Staaten, die sie trennt«, erklärte das ZK der SED in den 60er Jahren. »Sind diese Beziehungen freundschaftlicher Natur, dann kann auch das Regime an der Grenze freundschaftlich und großzügig sein. Wird dagegen, wie es von Westdeutschland und Westberlin aus geschieht, immer wieder der Versuch gemacht unsere Grenze zu negieren, sie und unsere Gesetzlichkeit zu mißachten, dann ist es selbstverständlich notwendig, daß die DDR entsprechende Maßnahmen trifft. Sie schützen unseren Staat, unser Volk, und verhindern gefährliche Konflikte.« (Vergl. Antwort des ZK der SED auf die »Offene Antwort« des Parteivorstandes der SPD vom 23. März 1966, in Dokumente zum nationalen Dialog, Dietz Verlag, Berlin 1966, S. 28)

89 Gerhard Keiderling/Percy Stulz: Berlin 1945-1968. Dietz Verlag, Berlin 1970, S. 172.

90 *Junge Welt*, 9. März 1951. Siehe auch W. Hanisch: Grenzsicherung und Grenzpolizei der DDR. Militärgeschichtliches Institut der DDR, Potsdam 1974, S. 100 und 304.

91 W. Hanisch: Grenzsicherung und Grenzpolizei der DDR ... a. a. O., S. 101, 304.

92 *Junge Welt*, 10. Juni 1952.

93 Gerhard Keiderlin/Percy Stulz: Berlin 1945 – 1968 ... a. a. O., S. 309 und *Junge Welt*, 3. Januar 1953. Siehe auch W. Hanisch: Grenzsicherung und Grenzpolizei der DDR ... a. a. O., S. 305.

94 Gerhard Keiderlin/Percy Stulz: Berlin 1945-1968 ... a. a. O., S. 304-307.

95 Ebenda, S. 307, und Fernsehsendungen des *WDR* zur KGU, u. a. am 12. Mai 1996. Siehe auch Urteil des 1. Strafsenats des Obersten Gerichts der DDR vom 8./9. August 1952, 1 Zst (I) 11/52.

96 Gerhard Keiderling/Percy Stulz: Berlin 1945-1968 ... a. a. O., S. 307.

97 Urteil des Obersten Gerichts der DDR vom 29. Februar 1952 zu Günther Herrmann und 14 weitere, 1 Zst (I) 1/52, I/1 – 595/51.

98 Unmenschlichkeit als System. Kongreß Verlag, Berlin 1957, S. 11-16 und S. 34.

99 Ebenda, S. 34-35.

100 Tatsachen über Westberlin. Kongreß Verlag, Berlin 1962, S. 81 bis 84, sowie *Junge Welt*, 24. Mai 1952 und Heinrich/Ullrich: Befehdet seit dem ersten Tag. Dietz Verlag, Berlin 1981, S. 134 ff., und Prozesse vor dem Obersten Gericht der DDR, Heft 1, Strafsache gegen Burianek u. a., VEB Deutscher Zentralverlag, Berlin 1953 sowie aus dem Urteil des Obersten Gerichtes der DDR, 1. Strafsenat, 1 Zst (I) 6/52.

101 Aus dem Urteil des Obersten Gerichtes der DDR, 1. Strafsenat, 1 Zst (I) 4/55.

102 Tatsachen über Westberlin ... a. a. O., S. 81 bis 84 sowie *Junge Welt*, 24. Mai 1952 und Heinrich/Ullrich: Befehdet seit dem ersten Tag ... a. a. O., S. 134ff.

103 *Neues Deutschland*, 4./5. August 2001, S.10.

104 Urteil des Obersten Gerichtes der DDR gegen Hoese, Metz und andere vom 13./14. Mai 1952, -1Zst (I) 5/52-, -I – 1 – 224/52.

105 Fernsehsendungen des *WDR* zur KgU, u. a. am 12. Mai 1996.

106 *Thüringer Allgemeine*, 27. Juni 1998.

107 Tatsachen über Westberlin ... a. a. O., S. 99.

108 Braunbuch, Kriegs- und Naziverbrecher in der Bundesrepublik. Staatsverlag der DDR, Berlin 1965.

109 Bernt Engelman:, Die unsichtbare Tradition. Band II: Rechtsverfall, Justizterror und das schwere Erbe, Pahl-Rugenstein Verlag, Köln 1989, S. 327-328. Siehe auch: Klaus Eichner und Gotthold Schramm (Hrsg.): Angriff und Abwehr. Die deutschen Geheimdienste nach 1945. Berlin 2007.

110 Tatsachen über Westberlin ... a. a. O., S. 99.

111 *Neues Deutschland*, 7. Oktober 1998, Klaus-Dieter Baumgarten: Schlußwort vor dem Landgericht Berlin am 30. August 1996.

112 Charisius/Mader: Nicht länger Geheim. Deutscher Militärverlag, Berlin 1969, S. 483.

113 *Berliner Zeitung*, 15. Dezember 1998.

114 *junge Welt*, 19./20. Dezember 1998.

115 Deutsches Historisches Museum, München, über Internet. Document Tagesfakten, Westberlin 1962.

116 *Neues Deutschland*, 9./10. Januar 1999.

117 Tatsachen über Westberlin ... a. a. O., S. 99.

118 *Berliner Zeitung*, 15. Dezember 1998.

119 *Berliner Zeitung*, 6./7. Februar 1999.

120 Peter Kirschey: Der Tod des Gefreiten Reinhold Huhn. Berlin 1999, S. 3.

121 Ebenda, S. 75.

122 *Neues Deutschland,* 24./25. April 1999.

123 Dieses Urteil hat zu empörten Stellungnahmen und Meinungsäußerungen in den Medien geführt, die hier ausgewählt und zusammengefaßt dargestellt werden: Im § 49 StGB heißt es: »An die Stelle von lebenslanger Freiheitsstrafe tritt Freiheitsstrafe nicht unter drei Jahren«. Ein Jahr Gefängnis auf Bewährung wegen Mordes ist ein Hohn auf den Rechtsstaat! Ist ein Menschenleben nicht viel wert, wenn dieses Leben mit einem DDR-Paß versehen war? Warum findet sich niemand, der die verantwortlichen Richter wegen Rechtsbeugung anzeigt? »Alle Menschen sind vor dem Gesetz gleich«, heißt es im Artikel 3 des Grundgesetzes. Muß man nicht auch angesichts dieser Urteile daran zweifeln? Klassenjustiz gilt heute vielen als überholter ideologischer Kampfbegriff, obwohl seit der Urgesellschaft jegliche Justiz ein Instrument der Interessendurchsetzung und Machtsicherung der jeweils Herrschenden war und ist. Dem Ziel der Delegitimierung der DDR ist noch jedes Urteil verpflichtet. (*Neues Deutschland,* 7., 12. und 19. Juli 2000)

124 Tödliche Schüsse. Filmdokumentation von Rea Karen und Gernot Steinweg, Köln, gezeigt am 9. Juli 2000 im Sender *B 1,* 22 Uhr, und ausführliche Rezension in *Neues Deutschland,* 7. Juli 2000, S. 5 und 11.

125 *Neues Deutschland,* 13./14 Januar 2001, S. 6.

126 *Märkische Oderzeitung,* 26. Januar 2001, S. 7.

127 *Neues Deutschland,* 19/20 Mai 2001.

128 Brockhaus, Band XXII, Brockhaus Verlag, Mannheim 1993, S. 22.

129 Walter Laqueur: Die globale Bedrohung. Aus dem Englischen von Bernd Rullkötter, Propyläen Verlag, Berlin 1998, S. 54-55.

130 *Bild,* 17. Juni 1963.

131 Nachtdepesche, 18. Juni 1963.

132 Heinrich/Ullrich: Befehdet seit dem ersten Tag ... a. a. O., S. 139 ff., und Urteil des Obersten Gerichts der DDR vom 18. März 1964 sowie Beschluß des Obersten Gerichts der DDR vom 12. Dezember 1974, (BStU 000250).

133 *Neues Deutschland,* 8. April 1999.

134 Urteil des Landgerichtes Berlin vom 5. Mai 1999, Geschäftsnummer (506) 28 Js 48/97 Kls (25/98).

135 *Berliner Zeitung,* 1. April 1999, *Die Welt,* 7. April 1999, *Focus,* Nr. 14/1999.

136 Thomas Auerbach: Einsatzkommandos an der unsichtbaren Front. Ch. Links Verlag, Berlin 1999, S. 57.

137 Ebenda, S. 54.

138 Ebenda, Untertitel der Studie.

139 Ebenda, S. 33f.

140 *Neues Deutschland,* 9. Juli 1999.

141 Aus dem Urteil des Amtsgerichtes Düsseldorf vom 9. März 1999, Geschäftsnummer: 402 I Ls/810 Js 413/94 S. 2-4.

142 *Neues Deutschland,* 11. März 1999.

143 Aus dem Urteil des Amtsgerichtes Düsseldorf vom 9. März 1999, Geschäftsnummer: 402 I Ls/810 Js 413/94, S. 8.

144 Klaus Eichner/Andreas Dobbert: Headquarters Germany. edition ost, Berlin 1997, S. 42-47.

145 Ebenda, S. 46.

146 Ebenda, S. 47.

147 Ebenda, S. 148-150.

148 Ebenda, S. 46.

149 Ebenda, S. 151.

150 Gerhard Feldbauer: Agenten, Terror, Staatskomplott ... a. a. O., S. 157.

151 Ebenda, S. 7.

152 Jens Mecklenburg (HG.): GLADIO, die geheime Terrororganisation der NATO. Elefanten Press, Berlin 1997, S. 61.

153 Klaus Eichner/Andreas Dobbert: Headquarters Germany ... a. a. O., S. 151f.

154 Aus der Präambel der Dienstanweisung Nr.1/81 vom 16. März 1981 zur Aufklärung,vorbeugenden Verhinderung, operativen Bearbeitung und Bekämpfung von Terror- und anderen operativ bedeutsamen Gewaltakten. (BStU, ZA, DSt 102735).

155 Ebenda.

156 Das MfS und die Sicherheitsorgane der anderen sozialistischen Staaten haben kein »Marionettenspiel« betrieben.

157 Andreas von Bülow: Im Naman des Staates ... a. a. O., S. 274.

158 Anatomie der Staatssicherheit. MfS Handbuch Teil III/16, HA XXII Terrorabwehr, (BStU, 1995), S. 8.

159 Ebenda, S. 7f.

160 Urteil des 1. Strafsenats des Obersten Gerichtes der DDR vom 11. April 1972, 1 Zst (I) 1/72.

161 Anatomie der Staatssicherheit ... a. a. O., S. 6.

162 2. Durchführungsbestimmung zur Dienstanweisung Nr. 3/75: Politisch-operative Sicherung privater touristischer Einreisen von Persönlichkeiten des politischen und gesellschaftlichen Lebens der BRD und Westberlins. (BStU, ZA, DSt 101498). Siehe auch Hubertus Knabe: West-Arbeit des MfS. Ch. Links Verlag, Berlin 1999, S. 388-393.

163 Andreas von Bülow: Im Naman des Staates ... a. a. O., S. 448.

164 Siehe auch die Weisung des Ministers für Staatssicherheit vom 15.2.1985 zur »Bekämpfung feindlicher Stellen und Kräfte im Operationsgebiet, die subversiv gegen die DDR und andere sozialistische Staaten tätig sind (außer imperialistische Geheimdienste und kriminelle Menschenhändlerbanden)«, deren Anlage 1 die durch das MfS zielgerichtet aufzuklärenden und offensiv zu bekämpfenden feindlichen Stellen und Kräfte des Operationsgebietes sowie die jeweils dafür verantwortlichen Diensteinheiten festlegt. (Aus: Peter Siebenmorgen: Staatssicherheit der DDR. Bouvier Verlag, Bonn 1993, S. 367ff).

165 BStU, ZA, DSt 102619, Siehe auch Hubertus Knabe: West-Arbeit des MfS ... a. a. O., S. 383.

166 Tobias Wunschik: Die maoistische KPD/ML und die Zerschlagung ihrer Sektion DDR durch das MfS. Aus: *BF informiert* 18 (1997) BstU.

167 Die derzeitig verbreiteten Lügen über die Ursachen des Rechtsextremismus im Sozialismus stellen die Tatsachen auf den Kopf, verschleiern und vertuschen die tatsächliche Situation in Deutschland, insbesondere in den neuen Bundesländern und erschweren damit seine Bekämpfung. Waren es nicht die Geheimdienste und der Verfassungsschutz der BRD, die sich seit ihrer Bildung vorrangig auf »linksextremistische Kräfte« konzentrierten, die rechte Szene gewähren ließen und sich zeigende Tendenzen im Rechtsradikalismus lange Zeit unterschätzten und verharmlosten? In diesem Zusammenhang ist es bezeichnend, wenn der Geheimdienstkoordinator der Bundesregierung, Ernst Uhrlau, einschätzt: »Unsere Vorstellung von Terrorismus orientiert sich zu stark am Terrorismus von links. Sicherlich ist die Bedrohung von rechts bisher nicht mit dem Terrorismus der RAF vergleichbar. Allerdings braucht rechtsextremistischer Terror, der Angst und Schrecken verbreitet, nicht unbedingt tiefe logistische Strukturen.« Ins Visier von Neonazis sind Uhrlau zufolge nicht nur Ausländer und jüdische Mitbürger geraten, sondern in gleichem Maße der politische Gegner, Behinderte oder Obdachlose. Nach Uhrlau hätten die Sicherheitsbehörden bisher gute Einblicke in die rechtsextremistischen Organisationsstrukturen gehabt: »Die Entwicklung oder Ansätze zu einem systematisch einsetzenden Terrorismus konnten rechtzeitig vor ihrer Umsetzung unterbunden werden.« Und stellte weiter fest: »Ich sehe keinen Raum für einen klassischen Untergrund der rechten Szene.« (*Welt am Sonntag*, 13. August 2000, S. 6) Die Entwicklung der Lage, die sich häufenden schweren Vorkommnisse und neonazistischen Anschläge, z. B. auf Synagogen und andere jüdische Einrichtungen, Überfälle auf Ausländer mit Todesfolge, die zunehmende Ausländerfeindlichkeit und die mangelnde Aufklärungsquote dieser Verbrechen lassen an der im August 2000 durch den Geheimdienstkoordinator Ernst Uhrlau getroffenen Einschätzung berechtigt Zweifel aufkommen. Die Bürger der BRD sind beunruhigt.

168 Thesen zur Auswertung der multilateralen Beratung zu Problemen des Internationalen Terrorismus in Varna/Bulgarien im Dezember 1987 (BStU, ZA, HA XXII, 18118, Bl 28.).

169 Die Aufzählung erfolgte in alphabetischer Reihenfolge und stellt keine Wertung dar.

170 BStU: SOUD das geheimdienstliche Datennetz des östlichen Bündnissystems. Reihe B:Analysen und Berichte Nr. 1/1996, S. 24,48,49.

171 Weißbuch: Unfrieden in Deutschland – Unrecht im Rechtsstaat. GNN-Verlag, Schkeuditz 1995, S. 340-342.

172 *Neues Deutschland*, 18. Januar 2000, S. 5.

173 Weißbuch: Unfrieden in Deutschland ... a. a. O., S. 340 –342.

174 *Berliner Zeitung*, 18. Januar 2000, S. 4.

175 Ebenda, S. 4 .

176 In der Literatur und den Medien werden verschiedene Schreibweisen des Vornamen Illias, z. B. Iljitsch oder Illich bzw. Ilias, verwendet.

177 Andreas von Bülow: Im Namen des Staates ... a. a. O., S. 276.

178 Wilhelm Dietl: Carlos, das Ende eines Mythos. Gustav Lübbe Verlag, Bergisch Gladbach 1995, S. 122.

179 *Der Spiegel*, Nr. 36/1992, S. 50/51. Interview mit dem Minister für Staatssicherheit, Erich Mielke.

180 Siehe dazu auch Gerhard Wisnewski, Wolfgang Landgraeber, Ekkehard Sieker: Das RAF-Phantom. Droemersche Verlagsanstalt, München 1993 S. 388f.

181 Ebenda, S. 391.

182 Ebenda, 93 S. 392f.

183 *Der Spiegel*, 21/2001, S. 32-36, *Neues Deutschland*, 17. Mai 2001, S. 1 und 3.

184 *Der Spiegel*, 21/2001, S. 32-36, *Berliner Zeitung*, 21. Mai 2001, S. 6 sowie *Die Welt*, 20. Mai 2001. – Ernst Volker Wilhelm Staub (* 1954 in Hamburg) wird der dritten RAF-Generation zugerechnet. Er wurde erstmals 1984 in Frankfurt am Main gemeinsam mit gesuchten RAF-Mitgliedern in einer konspirativen Wohnung verhaftet und später verurteilt. Nach dem Ende der Haftstrafe tauchte er 1990 unter und schloß sich erneut der RAF an. Seit 1991 wurde daher wieder nach Staub gefahndet. Damals wurden laut Bundeskriminalamt Haarreste von ihm an einem Motorradhelm gefunden. Nach einer Analyse von Fingerabdrücken war Ernst Volker Staub neben Daniela Klette und Birgit Hogefeld auch während des GSG-9-Einsatzes in Bad Kleinen 1993, bei dem Wolfgang Grams ums Leben kam, anwesend. Staub gilt als eines der letzten sicheren Mitglieder der Kommandoebene der RAF. Im November 2000 wurde der Haftbefehl gegen Staub und Klette vom Bundesgerichtshof um Bildung einer neuen terroristischen Vereinigung und schweren Raub erweitert, nachdem die beiden am 20. Juli 1999 einen Geldtransport in Duisburg mit einer Panzerfaust und einem Schnellfeuergewehr überfallen und dabei mindestens 1 Million D-Mark erbeutet hatten. Die beiden Täter wurden anhand von Speichelresten an zurückgelassenen Masken und im Fluchtauto identifiziert. Am 6. Februar 2001 leitete die Bundesanwaltschaft ein Ermittlungsverfahren wegen der erneuten Gründung einer terroristischen Vereinigung gegen Staub und Klette ein. Es bestünden Anhaltspunkte für die Gründung dieser Gruppe im Jahre 1999. Diese Gruppe könne noch auf Infrastrukturen der alten RAF, insbesondere Waffenverstecke und konspirative Wohnungen zurückgreifen. Seit der Mitteilung über die Eröffnung des Strafverfahrens wegen der Neugründung einer terroristischen Vereinigung 2001 wurde in der Öffentlichkeit nichts über den weiteren Verlauf oder weitere Hinweise auf das Bestehen dieser neuen Organisation bekannt. Wie bereits das nordrhein-westfälische Landesamt für Verfassungsschutz 2000 halten es Pressevertreter daher für möglich, daß der Überfall auf den Geldtransport lediglich der Geldbeschaffung für den Lebensabend gedient haben könnte. Staub wird allerdings noch immer vom Bundeskriminalamts wegen der Mitgliedschaft in einer terroristischen Vereinigung gesucht. Im Oktober 2007 bestätigte die Bundesanwaltschaft, daß Staub zusammen mit den Gesuchten Daniela Klette und Burkhard Garweg

den Sprengstoffanschlag gegen die JVA Weiterstadt im Jahr 1993 verübten. Alle drei Tatverdächtigen wurden anhand von DNS-Spuren identifiziert.

185 *Neues Deutschland*, 23./24. Juni 1990. Interview mit Gerhard Neiber.

186 *Berliner Zeitung*, 22./23. Juni 1990.

187 Presseerklärung Ingrid Köppe, 10. März 1992.

188 Erich Schmidt-Eenboom: Der BND – die unheimlich Macht im Staate. ECON Verlag, Düsseldorf 1993, S. 136.

189 Butz Peters: RAF-Terrorismus in Deutschland. Droemersche Verlagsanstalt, München 1993, S. 19-23.

190 Ebenda, S. 22.

191 Ebenda, S. 47.

192 Vertrag über die Grundlagen der Beziehungen zwischen der Deutschen Demokratischen Republik und der Bundesrepublik Deutschland vom 21. Dezember 1972. In: Für Entspannung und dauerhaften Frieden in Europa, Dokumente. Herausgegeben vom Ministerium für Auswärtige Angelegenheiten der DDR. Staatsverlag der DDR, Berlin 1976, S. 100f.

193 Zusatzprotokoll zum Vertrag über die Grundlagen der Beziehungen der Deutschen Demokratischen Republik und der Bundesrepublik Deutschland. In: Für Entspannung und dauerhaften Frieden in Europa, Dokumente... a .a. O., S. 102.

194 Verfassung der DDR vom 6. April 1968 i. d. F. vom 7. Oktober 1974. GBl. der DDR I/1968, Nr. 8, S. 199; GBl. der DDR I/1974, Nr. 47, S. 43.

195 S. Schröder: Bomben, Blut und Bitterkeit ... a. a. O., S. 5-9.

196 Gerhard Wisnewski, Wolfgang Landgraeber, Ekkehard Sieker: Das RAF-Phantom ... a. a. O., S. 315.

197 Ebenda, S. 317.

198 Ebenda, S. 319.

199 Ebenda, S. 304/305.

200 Ebenda, S. 305/306.

201 *Stern*, Hamburg, Nr. 23/78, S. 21.

202 S. Schröder: Bomben, Blut und Bitterkeit ... a. a. O., S. 249-250.

203 Ebenda, S. 250.

204 *Neues Deutschland*, 17. und 19. November 1998.

205 Andreas von Bülow: Im Namen des Staates ... a. a. O., S. 447.

206 *Neues Deutschland*, 17. und 19. November 1998.

207 Erich Schmidt-Eenboom: Der BND – die unheimlich Macht im Staate ... a. a. O., S. 134.

208 Ebenda, S. 134/135.

209 *junge Welt*, 6. März 1995. Gekürzter Vorabdruck aus *Sozialistische Zeitung* Köln.

210 *junge Welt*, 28. Juni 2000. Das Mykonos-Attentat fand in einem griechischen Restaurant in der Prager Straße in Berlin-Wilmersdorf statt. Dort wurden am 17. September 1992 vier kurdische Exilpolitiker im Auftrag des iranischen Geheimdienstes VEVAK erschossen. Der Wirt und ein weiterer

Gast wurden schwer verletzt. Drahtzieher des Attentats war der seit Beginn der 1980er Jahre in Deutschland lebende Iraner Kazem Darabi. Er spähte Gegner des Teheraner Regimes in Deutschland aus und leitete die Berliner Filiale der Hisbollah. Im April 1997 wurden Darabi und der Libanese Abbas Rhayel wegen Mordes mit besonderer Schwere der Schuld zu lebenslanger Freiheitsstrafe verurteilt, die Libanesen Youssef Amin und Mohamed Atris wegen Beihilfe zum Mord ins Gefängnis geschickt. Am 11. Oktober 2007 entschied der Generalbundesanwalt beim Bundesgerichtshof als Vollstreckungsbehörde nach § 456a StPO, daß der zu lebenslanger Haft verurteilte Attentäter und Hauptdrahtzieher Kazem Darabi im Dezember 2007 nach 15 Jahren Haft freigelassen wird. Seine Abschiebung erfolgte am 10. Dezember 2007. Am Tag danach beteuerte er in Teheran erneut seine Unschuld.

211 *Berliner Zeitung*, 7. Juli 1997.

212 Ebenda.

213 *Berliner Zeitung*, 20. Juni 1994.

214 *Der Spiegel*, Nr. 16/1994, S. 92 ff.

215 *Berliner Zeitung*, 4. Mai 2000 S. 8.

216 *Berliner Zeitung*, 3. Mai 200 S. 8.

217 *Berliner Zeitung*, 6. März 2000, S. 4.

218 *Neues Deutschland*, 1. Februar 2001, S. 1.

219 *Berliner Zeitung*, 1,. Februar 2001, S. 4.

220 Ebenda, S. 2

221 *Neues Deutschland*, 8. Februar 2001, S. 6

222 Gerhard Wisnewski, Wolfgang Landgraeber, Ekkehard Sieker: Das RAF-Phantom ... a.a. O., S. 306/307.

223 Ebenda, S. 341-667.

224 *Bild*, 27. März 1991.

225 *Stuttgarter Nachrichten*, 27. März 1991.

226 Ebenda.

227 *Der Spiegel*, Nr. 14/91, 1. April 1991, S. 22 ff.

228 *SUPERillu*, Nr. 16/91, vom 11. April 1991.

229 *Die Welt*, 17. Februar 1998.

230 *SUPERillu*, Nr. 9/98, 18. Februar 1998.

231 Urteil des BGH vom 5. März 1998 – 5 StR 494/97.

232 *junge Welt*, 8./9. August 1998. Interview mit Rechtsanwalt Frank Osterloh.

233 *junge Welt*, 8./9. August 1998 . Interview mit Rechtsanwalt Frank Osterloh sowie Urteil des BGH vom 5. März 1998 in der Strafsache gegen H. D. u. a.

234 Neue Justiz, Nr. 6/98, S. 327.

235 Beschluß des Landgerichtes Berlin vom 18. Juni 1998.

236 *Berliner Zeitung*, 1. Oktober 1999.

237 Ebenda.

238 *junge Welt*, 10. Mai 1995.

Es gab Absprachen zwischen Berlin und Bonn

Gespräch mit Rechtsanwalt Dr. Frank Osterloh, der Gerhard Neiber vor Gericht verteidigte. Der Berliner Anwalt vertrat nach 1990 erfolgreich viele Mandatsträger der DDR.
Das Interview erfolgte nach dem juristischen Finale: Mit dem Freispruch vorm Bundesgerichtshof und der Einstellung von Verfahren in Berlin endeten die jahrelangen erfolglosen Versuche der Justiz, ehemalige Mitarbeiter des MfS dafür zu bestrafen, daß sie in den 80er Jahren zehn Mitgliedern der RAF halfen, sich aus der Terrorszene zu lösen und in der DDR unterzutauchen.

Das Berliner Landgericht hat es abgelehnt, ein Hauptverfahren gegen Herrn Neiber und Herrn Franz wegen des Vorwurfs der Strafvereitelung zu eröffnen. Die Staatsanwaltschaft wollte beide wegen der Aufnahme von RAF-Aussteigern in der DDR verurteilt sehen. Die Ablehnung des Gerichts erfolgte aus »tatsächlichen und rechtlichen Gründen«. Was heißt das?

Die Ablehnung hat das Urteil des 5. Strafsenats des Bundesgerichtshofs (BGH) vom 5. März 1998 zur Grundlage. Dort wurde festgestellt, daß die Verurteilung von Harry Dahl und weiteren Angehörigen der MfS-Terrorabwehr zu Unrecht erfolgt war. Sie wurden freigesprochen. Die Begründung des BGH mußte durchschlagen auf das Verfahren gegen Gerhard Neiber und Horst Franz. Es war tatsächlich nicht beweisbar, daß sie Strafvereitelung begangen haben. Und es kann die Aufnahme der RAF-Aussteiger rechtlich nicht als Strafvereitelung bewertet werden. Im Strafrecht ist die Strafvereitelung ein Inlandsdelikt. Ansonsten müßte man davon ausgehen, daß international ständig Strafvereitelung erfolgt, weil Staaten Menschen Asyl gewähren, die in anderen Ländern strafrechtlich verfolgt werden. Kein Staat geht aber gegen den anderen dagegen mit dem Vorwurf der Strafvereitelung vor.

*Das hat die Bundesrepublik ja auch nicht mit der DDR getan,
solange die bestand.*

Die DDR tat es nicht mit der Bundesrepublik und die Bundesrepublik nicht mit der DDR. Wenn die DDR Kundschafter aus dem Westen abzog und mit ihnen sogar noch Pressekonferenzen veranstaltete, dann hat Karlsruhe deshalb kein Verfahren gegen den DDR-Generalstaatsanwalt, den Justizminister oder sonst wen eingeleitet, obwohl objektiv eine Strafverfolgung der BRD wegen Spionage vereitelt worden ist. Andersherum hat die DDR nichts dergleichen getan, als zum Beispiel der Mörder von zwei Grenzsoldaten, Werner Weinhold, im Westen Schutz erhielt und so dem gesetzlichen Richter in der DDR entzogen wurde.

Der Ermittlungsrichter
des Bundesgerichtshofes
2 BJs 97/90-1
1 BGs 202/91

7500 Karlsruhe 1, den 19. August 1991
Herrenstraße 45 a
Postfach 1661
Fernsprecher (0721) 159-0
Durchwahl 159-_____

B E S C H L U S S

In dem Ermittlungsverfahren

g e g e n

Gerhard Plomann, geboren am 11. September 1935 in Berlin,
z.Zt. in Untersuchungshaft in der Vollzugsanstalt Freiburg,

w e g e n

Verdachts der Beihilfe zum versuchten Mord und Herbeiführens
einer Sprengstoffexplosion in Tateinheit mit Unterstützung
einer terroristischen Vereinigung.

Der Haftbefehl des Ermittlungsrichters
des Bundesgerichtshofs vom 18. März 1991
wird aufgehoben.

G r ü n d e :

I.

Der Haftbefehl vom 18. März 1991 war aufzuheben, weil nach
dem gegenwärtigen Stand der inzwischen weitgehend abgeschlossenen Ermittlungen der dringende Tatverdacht einer

Oder nehmen wir einen immer noch aktuellen Fall: In Rußland lebt der Ex-Verfassungsschützer Tiedge, der in die DDR übergelaufen war und nach deren Ende nach Moskau floh. Ermittelt ein deutscher Staatsanwalt deshalb gegen russische Stellen?

Das BGH-Urteil beruft sich also in seinem Kern auf das Völkerrecht. Daß es das Völkerrecht gibt, hätte der Staatsanwaltschaft aber vorher klar sein können.

Sie ging offenbar politisch von dem Gedanken innerdeutscher Sonderbeziehungen aus. Nachträglich wird die DDR von den Staatsanwälten heute so behandelt, als sei sie ein abtrünniges Bundesland gewesen, in dem die BRD-Rechtsordnung gegolten habe.

Beihilfe zum versuchten Mord und zur Herbeiführung einer Sprengstoffexplosion nicht mehr bejaht werden kann (§§ 112, 120 Abs. 1 StPO).

Tatvorwurf und Haftbefehl gründen sich auf die Annahme, daß der Beschuldigte Plomann in seiner Funktion als Mitarbeiter des stellvertretenden Ministers für Staatssicherheit der ehemaligen DDR, des Beschuldigten Dr. Neiber, im Frühjahr 1981 bei einer Ausbildungsmaßnahme für Mitglieder der "Rote Armee Fraktion" ("RAF") mitgewirkt haben soll. Die Ausbildung umfaßte insbesondere den Umgang mit Sprengstoffen sowie das Schießen mit einer Panzerabwehrwaffe des sowjetischen Typs RPG 7 auf einen Pkw "Mercedes". Die Übungen sollen der Vorbereitung auf den Sprengstoffanschlag auf den Flughafen Ramstein vom 31. August 1981 und den Anschlag auf das Fahrzeug des amerikanischen Generals Kroesen vom 15. September 1981 gedient haben.

II.

1. Nach dem derzeitigen Stand der Ermittlungen steht lediglich fest, daß eine solche Ausbildungsmaßnahme in der ehemaligen DDR unter Mitwirkung des Beschuldigten Plomann und der übrigen Beschuldigten stattgefunden hat. Weitgehend ungeklärt ist jedoch der Zeitpunkt, auf den es für die Annahme einer Beihilfehandlung entscheidend ankommt.

Der Mordvorwurf auch gegen Gerhard Plomann war haltlos

Die Staatsanwaltschaft geht seit 1991 gegen Gerhard Neiber in Sachen RAF vor. Sie ist schon mit dem Vorwurf der Beihilfe zum Mord und zur Herbeiführung einer Sprengstoffexplosion kläglich gescheitert. Warum wurde weitergemacht?

Generell gibt es zwischen Vorwürfen gegen ehemalige MfS-Angehörige – die Anschuldigungen reichen ja bis zu Mord – und dem, was am Ende bleibt, ein riesiges Mißverhältnis. Aber aus politischen Gründen ist an dieser Linie der Verfolgung festgehalten worden. Die Zentrale Ermittlungsstelle für Regierungs- und Vereinigungskriminalität (ZERV) hat es über ihren Leiter und gegen den Willen des Berliner Generalstaatsanwalts Schaefgen durchgesetzt, daß es zum dritten Verjährungsgesetz kam. Damit wurde die Verjährung für die sogenannte mittelschwere Kriminalität von DDR-Bürgern bis zum 2. Oktober 2000 verlängert. Der Justizsenator von Berlin soll, wenn ich richtig informiert bin, gesagt haben, dies sei eine Arbeitsbeschaffungsmaßnahme für die ZERV.

Wie sehen die Erfahrungen des Verteidigers mit den Ermittlungen der Staatsanwaltschaft aus, die ja verpflichtet ist, Belastendes wie Entlastendes zusammenzutragen?

Es ist eine von vielen Strafverteidigern beklagte Tendenz – und das betrifft nicht nur politische Strafverfahren –, daß die Staatsanwaltschaft entgegen ihrer Pflicht nach Paragraph 160 Absatz 2 der Strafprozeßordnung oft genug nur belastend ermittelt. Das verstößt nicht nur gegen ihren gesetzlichen Auftrag, es ist auch politischer Wille.

Beim Thema RAF und MfS waren die meisten Medien schnell am Start ...

Es gab eine massive Beeinflussung der öffentlichen Meinung, vielfach bis hin zur Vorverurteilung. Sobald die Verfahren dann eine Richtung nahmen, die sich schlecht verkaufen läßt, weil sie zur Verteufelung der DDR wenig geeignet ist, sank sofort das Interesse.

Sie haben vor dem BGH gesagt, zur Unterbringung der RAF-Aussteiger habe es eine Absprache zwischen Erich Honecker und Helmut Schmidt gegeben. Der Überbringer der Botschaft sei Hans-Jürgen Wischnewski gewesen.

Es hat tatsächlich Absprachen zwischen der DDR-Führung und der Bundesregierung gegeben. Die Sache war politisch viel zu brisant für einen Alleingang der DDR. Dafür war die DDR viel zu verletzbar. Die Beziehungen zur BRD waren Erich Honecker sehr wichtig, und deshalb gab es die Absprache. Die Bundesrepublik hatte ja auch einen erheblichen Nutzen von dieser Lösung. Es läßt sich auch beweisen, wie die Informationen übermittelt wurden. Während des Verfahrens wurde das nicht im Detail erörtert. Die Verteidigung hat im Hinblick auf das Ergebnis darauf verzichtet, das offenzulegen. Nun ist das Problem vom Tisch.

Das Gespräch führte Holger Becker für die *junge Welt*, wo es am 8. August 1998 erschien. Dr. Frank Osterloh, Jahrgang 1941, verstarb im Jahr 2006

»Protest ist, wenn ich sage, das und das paßt mir nicht. Widerstand ist, wenn ich dafür sorge, daß das, was mir nicht paßt, nicht länger geschieht«

Die Zentralfigur ist zweifellos Ulrike Meinhof. Und so überrascht es nicht, daß sie als erstes den Zentralrat der FDJ in Berlin aufsucht, als sie in die DDR einreist. Das geschieht am 17. August 1970. Sie kommt aus Amman, aus dem Ausbildungscamp der Palästinenser. Zwei Wochen zuvor, wir entsinnen uns, ist Jürgen Bäcker in Schönefeld gelandet, vom MfS vernommen und nach Westberlin abgeschoben worden. Er war der Minenhund der Gruppe, der den Weg für die Rückkehr erkunden sollte. Er kam durch.

Die 35jährige Journalistin Meinhof, die Ende der 50er Jahre der verbotenen KPD beigetreten war, hat bis vor kurzem für die linke Zeitschrift *konkret* gearbeitet. Sie ist Mutter von Zwillingen, Regine und Bettina, geschieden und lebt in Westberlin. Illegal. Seit dem 14. Mai 1970 wird sie steckbrieflich gesucht. An jenem Tag hat sie mit anderen Andreas Baader befreit. Dieser war am 4. April nach Verbüßung einer Haftstrafe wegen Brandstiftung in zwei Frankfurter Kaufhäusern neuerlich festgenommen worden. Die Feuer waren als Fanal gegen den Vietnamkrieg der Amerikaner gedacht gewesen. Nach einem Hinweis des V-Mannes Peter Urbach (sic!) wurde Baader bei einer fingierten Verkehrskontrolle in Westberlin gestellt und in die JVA Tegel verbracht. Klaus Wagenbach, Ulrike Meinhofs Verleger, beantragte über Baaders Anwalt Horst Mahler schon bald dessen »Ausführung zum Quellenstudium« in das Deutsche Zentralinstitut für soziale Fragen, um Unterlagen für ein geplantes Buchprojekt einzusehen. Drei Stunden Zeitschriftenstudium wurden ihm von der Anstaltsleitung zugestanden. In jener Zeit, als Meinhof und Baader nebeneinander rauchend im Lesesaal saßen, stürmten die

19jährige Irene Goergens und Ingrid Schubert sowie zwei weitere Personen, deren Identität bis heute ungeklärt ist, in den Raum. Es kam zu einem Handgemenge mit dem Wachpersonal. Einer der maskierten Personen schoß, was nicht geplant war, auf einen Institutsangestellten und verletzte diesen lebensgefährlich. Sodann flüchteten alle sechs durchs Fenster.

Die *ARD* setzte die am 24. Mai geplante Ausstrahlung des Fernsehspiels »Bambule«, für das Ulrike Meinhof das Drehbuch geschrieben und das sie selbst produziert hatte, sofort ab. Darin hatte sie ihre Heim-Erfahrungen verarbeitet. Nichts Politisches also.

Jener Tag, an dem Andreas Baader befreit wurde, ist nicht nur der Beginn der Illegalität der daran beteiligten Personen. Er gilt auch als Geburtsstunde der RAF. Die Überlegung, eine Vereinigung nach dem Vorbild der lateinamerikanischen Guerilleros zu bilden und wie diese mit Waffen gegen das imperialistische Ausbeutungs- und Unterdrückungssystem zu kämpfen, ist älteren Datums. Doch die Umstände haben die Entwicklung beschleunigt. Die Quasi-Konstituierung als terroristische Vereinigung besorgten Polizei und Justiz: Von nun an wurde nach der Baader-Meinhof-Gruppe und nicht mehr nach Einzeltätern gefahndet.

»Protest ist, wenn ich sage, das und das paßt mir nicht. Widerstand ist, wenn ich dafür sorge, daß das, was mir nicht paßt, nicht länger geschieht«, hatte Ulrike Meinhof nach dem Attentat auf Rudi Dutschke in einem Kommentar in der *konkret* am 11. April 1968 geschrieben. Das ist ein Schlüsselsatz, der vieles erklärt. Ulrike Meinhof war also spätestens am 14. Mai 1970 zur militanten Widerstandskämpferin geworden.

Nun steht sie, drei Monate später, an der Wache im Zentralrat der Freien Deutschen« Jugend, damals Unter den Linden 34/35, heute »Zollernhof« und Sitz des Hauptstadtstudios des *ZDF*.[1] Ohne sich vorzustellen, verlangt sie den Genossen Günther Jahn zu sprechen.

Der Mann an der Schleuse mustert die Unbekannte, die auch auf Nachfrage ihren Namen verschweigt. Wenn eine »Genosse« sagt, muß sie nicht selber einer sein. Schon gar nicht, wenn sie sagt, sie käme aus Westberlin. Und dann noch, sie müsse den Genossen 1. Sekretär in einer »vertraulichen Angelegenheit« sprechen … Da muß man doch wachsam sein.

»Bist du angemeldet, Genossin?«, fragt der Pförtner.

Nein, das sei sie nicht, gibt sie leicht patzig zurück. Irgendwie scheint ihr das betuliche Prozedere, diese Mischung aus biederer Bürokratie und übertriebenem Mißtrauen, spürbar zu mißfallen. Der Wachmann greift zum Hörer. Sie hört nicht, was er hinter der Glasscheibe spricht.

»Es kommt gleich jemand«, sagt der, nachdem er aufgelegt hat.

Hm, grummelt sie und fingert sich eine Zigarette aus der Schachtel, die sie aus der Manteltasche zieht. Noch ehe sie aufgeraucht hat, erscheint eine junge Frau im Blauhemd im Portal.

»Frau Meinhof?«

Sie nickt.

»Kommen Sie bitte mit.«

Schweigend steigen sie nebeneinander auf der breiten Treppe ins Obergeschoß. Da sitzen die Sekretäre. Wie im Zentralkomitee. Die 2. Etage ist der angestammte Platz fürs Sekretariat. Nicht mehr zu ebener Erde und auch noch nicht so hoch, daß man beim Stufensteigen Kurzatmigkeit offenbaren müßte. Vorn, mit Blick auf die Straße, sitzt der 1. Sekretär. Sie biegen nach links, in die entgegengesetzte Richtung. Ein langer, dunkler Flur mit vielen Türen. Eine davon öffnet die junge Frau. Dann klopft sie schon an eine nächste. Ohne den Ruf von drinnen abzuwarten, drückt sie die Klinke.

»Bitte.«

Ulrike Meinhof folgt der einladenden Geste und tritt ein. Ein Mann schraubt sich hinter seinem Schreibtisch empor, kommt ihr entgegen und reicht die Hand. »Erich Rau, Sekretär des Zentralrats. Was kann ich für dich tun?«

»Ich wollte eigentlich …«

»Ja, ich weiß. Günther Jahn ist aber nicht im Hause. Ich bin der für die Westarbeit zuständige Sekretär. Du kommst ja wohl von drüben.«

Ulrike Meinhof nickt. Was bleibt ihr also übrig, zunächst mit einem subalternen Berufsjugendlichen zu sprechen.

»Kaffee?«

Sie winkt ab. »Zigarette genügt.«

Rau erhebt sich vom Tisch und geht zu seinem Schreibtisch, wo die F 6 liegt. Er reicht ihr die Schachtel. Meinhof winkt ab und zieht ihre HB aus dem Paletot. Nun ist es an Rau abzulehnen. Keine Fraternisierung. Auch nicht beim Qualm.

»Nun, Genossin, was hast du auf dem Herzen?«

206

Es gehe ihr um einen politischen Meinungsaustausch, eröffnet sie das Gespräch wie ein Schachspiel. Es wird sich einige Zeit hinziehen und dessen schriftliche Wiedergabe Rau erhebliche Kopfschmerzen bereiten. Das ist so aberwitzig. Er kennt die Frau nur dem Namen nach aus der *konkret*. Über ihrer monatlichen Kolumne hatte auch immer ihr Foto gestanden. Insofern sind sie und ihre Ansichten ihm nicht völlig fremd, sie sind ihm punktuell sogar sympathisch. Das mit der APO, der Außerparlamentarischen Opposition, jene insbesondere von rebellischen Studenten 1967/68 getragene Bewegung, fand er politisch richtig und sinnvoll. Der Sozialistische Deutsche Studentenbund war deren Spiritus rector und Motor, sein materieller und ideeller Treibstoff kam zu großen Teilen aus der DDR. Im März '70 aber war der SDS endgültig auseinandergeflogen. Zu groß waren die Unterschiede zwischen sogenannten antiautoritären, unorthodoxen, anarchistischen und marxistischen Kräften geworden. Tempi passati, diese ungestüme Phase war vorüber. Jetzt werden die Karten neu gemischt.

Ulrike Meinhof ist eine intelligente Frau. Nur: Ihr Konterfei ist, rot umrandet, seit geraumer Zeit an Litfaßsäulen zu besichtigen. »Gesucht wird …« Rau ist informiert. Er ist der Westsekretär. Er verfügt über diverse Informationskanäle.

»Meinungsaustausch worüber?«

»Wie man kollektiven Widerstand in Westberlin, in der Bundesrepublik, im imperialistischen Westen organisiert.«

Rau bleibt gelassen. Er kennt genug Spinner von drüben. Die langhaarigen Weltverbesserer, diese Salonbolschewisten, die mit dem goldenen Löffel im Mund geboren wurden und nie Dreck fressen mußten, wie die meisten Menschen auf dieser Erde es gezwungen sind zu tun, damit eine winzige Oberschicht immer satter, fetter und reicher wird. Diese Revoluzzer, die alles besser wissen. Vor allem, wie man richtigen Sozialismus machen müsse. Solche Klugscheißer aus bürgerlichen Hause haben keine Ahnung, wie schwer das ist, täglich 17 Millionen Menschen satt zu machen und eine Perspektive zu bieten, indem man ihnen sagt, daß ihnen nichts geschenkt oder vererbt wird, daß sie sich erst alles hart erarbeiten und auf manches verzichten müssen. Die Werkbank ist hierzulande die Barrikade. Hau ran oder hau ab, heißt die Devise, nicht »Hau drauf!« Vom Scheiß-Sozialismus in der DDR hat der Dutschke gesprochen. Was alles bei uns Scheiße ist, wissen wir selbst am besten. Solche Ratschläger können uns gestohlen bleiben.

Ulrike Meinhof sieht, wie sich Raus Augen verengt haben. Ihr ist klar, das ist der falsche Mann.

»Gut, ihr wollt also Meinungen mit uns austauschen, wie man Revolution macht.« Rau steckt sich nun auch eine F6 an, um Zeit zu gewinnen. »Auch, wie man schießt?«

Meinhof begreift sofort, was er meint. Er ist im Bilde, was am 14. Mai drüben in Westberlin geschah, und was sie danach in ein Mikrofon gesprochen hatte. Sie wiederholt: »Wir sagen natürlich, die Bullen sind Schweine. Wir sagen, der Typ in Uniform ist ein Schwein, kein Mensch. Und so haben wir uns mit ihnen auseinanderzusetzen. Das heißt, wir haben nicht mit ihm zu reden, und es ist falsch, überhaupt mit diesen Leuten zu reden. Und natürlich kann geschossen werden.«[2]

»Hm«, macht Rau, »das ist ein interessanter Standpunkt. Auch bei uns gibt es Uniformen.« Und nach einer Pause fügt er an: »Und darüber sollen wir miteinander reden?«

Sie macht eine ausweichende Handbewegung, die alles und nichts bedeuten kann. »Nicht wir beide. Meine Freunde und ich würden sich ganz gern mit Genossen von der Staatssicherheit und der Parteiführung austauschen. Es geht um praktische Handreichungen, um Hinweise. Nicht nur um Kämpfe auf Phantasiebarrikaden, sondern um tatsächliche Auseinandersetzungen. Und wie man die Massen mobilisiert.«

Rau schaut belustigt. Der Blick sagt: Hast du's nicht 'ne Nummer kleiner, Mädel? Diese anmaßende, selbstherrliche, sich selbst überschätzende Art muß den Westdeutschen inzwischen in den genetischen Code eingegangen sein. Egal, aus welchem politischen Lager sie kommen: Sie halten sich stets für den Nabel der Welt und wissen immer genau, wo es langgeht und was sie wollen.

»Du willst also einen Termin beim Genossen Mielke?«

»Ja. Warum nicht?«

»Und im Zentralkomitee ein Treffen mit einem oder mehreren Politbüromitgliedern?« Rau läßt sich auf das Spielchen ein. Sein Gegenüber scheint die Ironie nicht zu bemerken. Und die Logik scheint der Frau auch abhanden gekommen. Es wäre politischer Selbstmord für die DDR, würde sich jemand aus der Führung mit einer steckbrieflich gesuchten Westberlinerin treffen. Das könnte man nicht unter antiimperialistischer Solidarität verkaufen, wenn das publik würde. Die gesuchten Frauen und Männer gehörten nicht zu einer nationalen Befreiungsbewegung, die man mit Worten und Waffen unterstützen müßte.

Es geht seit Jahren um die Herstellung normaler, gutnachbarlicher Beziehungen zwischen der DDR, der BRD und auch zu Westberlin, man steht vor einem Durchbruch. Da würde eine solche Verbindung, bekäme jemand davon Wind, wie ein Streichholz an einem offenen Benzinkanister wirken. Finger weg, sagt sich Rau. Das ginge nicht nur ins Auge, sondern an die Substanz. Um Jahre würde uns das zurückwerfen. Nicht auszudenken.

»Gut«, sagt Rau und drückt seine Kippe in den gläsernen Aschenbecher. »Ich werde sehen, was sich machen läßt, Genossin Meinhof.«

»Wann?«

Erich Rau hebt die Schultern. »Keine Ahnung, ich weiß nicht, wie schnell das durchgestellt wird.«

»Ich komme morgen um die gleiche Zeit wieder. Vielleicht kannst du mir dann schon etwas sagen.«

»Ja, komm einfach unverbindlich vorbei.«

Unmittelbar danach macht sich Erich Rau über ein Blatt Papier her. Er notiert, was ihm soeben widerfuhr und was in diesem Raum geäußert wurde. »Ulrike M. sprach sich abfällig über die ›intellektuellen Linken‹ aus und sagte, diese würden nur ›theoretische Linien‹ ausarbeiten, aber nicht bereit sein, den Kampf mitzuführen«, schreibt er. Er amüsiert sich noch einmal im stillen über diese Bemerkungen, als die intellektuelle Linke Meinhof sich über ihresgleichen mokierte. Sie war doch, um mit Engels zu sprechen, Bein von ihrem Beine, und schien dies nicht wahrhaben zu wollen.

Wenig später bringt ein Kurier den versiegelten Umschlag hinüber zum Friedrichwerderschen Markt.

Fast zeitgleich wird auch der Minister informiert.

Als der nächste Tag anbricht, liegt an allen Grenzübergangsstellen die Weisung vor: Einreiseverbot für die Westberliner Bürgerin Ulrike Meinhof. Die Genossen am Bahnhof Friedrichstraße haben am Nachmittag kein Problem, die nämliche zurückzuweisen. »Die Einreise in die Hauptstadt der Deutschen Demokratischen Republik ist nur mit gültigen Personaldokumenten gestattet«, sagt der Grenzer freundlich und reicht den gefälschten Paß zurück.

»Natürlich ist der gefälscht, du Hornochse. Ich werde schließlich unter meinem richtigen Namen gesucht.«

»Tut mir leid, dafür kann ich nichts. Bei uns muß alles seine Ordnung haben. Guten Tag.«

Ulrike Meinhof, das ist bezeugt, unternimmt später nie wieder einen Versuch, in die DDR einzureisen. Vom »Scheiß-Sozialismus« in der DDR hat sie und mit ihr wohl die gesamte 1. RAF-Generation die Nase voll.

Wie tief der ideologische Graben zwischen diesen Frauen und Männern – bei allem Verständnis für ihre Intentionen – und den ostdeutschen Kommunisten ist, zeigt die 1972 im Auftrag des Mielke-Stellvertreters Markus Wolf erarbeitete »Einschätzung der Baader-Meinhof-Gruppe und ihrer objektiven Funktion im Kampf der herrschenden Kreise der BRD gegen alle demokratischen Kräfte«. Das Papier enthält eine Argumentationslinie, die, von Mitarbeitern der HV A mit Sachkenntnis fomuliert, nicht nur zum Gemeingut des MfS werden wird. Darin werden, nach genauer Analyse der vorliegenden RAF-Papiere, deren Autoren als kleinbürgerliche Intellektuelle bezeichnet, die ein »abstrakt-humanistisches Gesellschaftsideal« anstrebten. Diese linksextremistisch-anarchistische Kräfte hätten mit der revolutionären Arbeiterbewegung nichts zu tun.

Und jenen Genossen, die ein gewisses Verständnis für die angebliche revolutionäre Ungeduld der RAF-Mitglieder aufbringen und gleichsam zur Entschuldigung vortragen, daß diese Frauen und Männer alles aufgegeben hätten: Beruf, Familie, Kinder, ihre ganze bürgerliche Existenz, und das einzig zu dem Zweck, die kapitalistische Gesellschaft grundlegend zu verändern, wozu man ja auch selbst angetreten ist, denen hält man entgegen: »Sie negieren den Kampf um demokratische, antimonopolistische Reformen und praktizieren ein fruchtloses Sektierertum«. Marxismus und individueller Terror schließen sich aus.

Ulrike Meinhof hatte völlig recht, wenn sie mit Bezug auf den imperialistische Staat feststellte: »Protest ist, wenn ich sage, das und das paßt mir nicht. Widerstand ist, wenn ich dafür sorge, daß das, was mir nicht paßt, nicht länger geschieht.« Die sich daran anschließenden Gretchenfrage aber, an deren Beantwortung sich die Geister schieden, lautete: *Wie* wird dafür gesorgt, daß das, was mir nicht paßt, nicht länger geschieht?

Indem man für demokratische Mehrheiten streitet und, sofern die Macht bereits erobert ist, sich für deren Behauptung engagiert – oder ob man mit Waffen und individuellen Terror den bürgerlich-kapitalistischen Staat, in welchem sich die Mehrheit seiner Bewohner eingerichtet hat, sich gar mit diesem identifiziert, gewaltsam zu stürzen versucht?

Für die SED-Spitze und das MfS ist das keine Frage mehr, das ist in der DDR längst entschieden. Und darum gibt es zwischen den beiden zufälligen Begegnungen mit der RAF im Sommer 1970 in Berlin bis Ende 1978, dem Erstkontakt mit Inge Viett, keinerlei Verbindung zwischen Institutionen der DDR und der Roten Armee Fraktion. Schon gar keine »deutsche-deutsche Waffenbrüderschaft«.

Als die Aussteiger der 2. RAF-Generation in der DDR sind, gibt es mit deren Hilfe auch ein kurzzeitiges Tête-à-tête mit Christian Klar und Helmut Pohl, das aber aufgrund ihrer Verhaftung (Pohl im Juli 1984, Klar im November 1982) zwangsläufig endet. Danach herrscht totale Funkstille.

Die sogenannte 3. RAF-Generation, die angeblich zwischen 1985 und 1993 aktiv wird, ist sowohl im Osten wie im Westen ein Phantom. Nur der Verfassungsschutz spricht von zwanzig Aktivisten und 250 Unterstützern. Von den der RAF in jener Zeit angelasteten zehn Morden ermittelt man nur einen einzigen Täter.

Die Bundesanwaltschaft räumt ein, nicht einmal die Hälfte der angeblich zwanzig Mitglieder der 3. RAF-Generation namentlich zu kennen. Und von diesen sind es Wolfgang Grams († 1993, Bad Kleinen) und Birgit Hogefeld (bis 2011 in Haft), die man der Kommandoebene zurechnet.

Die Journalisten Gerhard Wisnewski, Wolfgang Landgraeber und Ekkehard Sieker vertreten seit 1992 die Auffassung[3], daß diese 3. RAF-Generation nie existiert habe. Die ihr zugeschriebenen Taten seien von Geheimdiensten ausgeführt worden.

1998 erklärt die RAF mit einem Schreiben, das am 20. April im Kölner Büro der Nachrichtenagentur *Reuters* eingeht, ihre Selbstauflösung. »Vor fast 28 Jahren, am 14. Mai 1970, entstand in einer Befreiungsaktion die RAF. Heute beenden wir dieses Projekt. Die Stadtguerilla in Form der RAF ist nun Geschichte.«

Doch seit 2001 (!) kursiert das Gerücht, die RAF habe sich neu konstituiert. Belege gibt es keine. Vermutlich ist diese 4. RAF-Generation das selbe wie die Vorgängergeneration: ein Pantom, ein innenpolitischer Popanz, den man braucht, um die bürgerlichen Rechte und Freiheiten einzuschränken. »Daß bundesdeutsche ›Sicherheitspolitiker‹ sich besonders gern mit den ›totalitären Eingriffen‹ der ›Stasi‹ in den Alltag der DDR-Bürger beschäftigen, mag daran liegen, daß sie von vergleichbaren Angriffen der eigenen ›Dienste‹ auf die Bürger ablenken wollen«, meinten Gerhard Wisnewski, Wolfgang Landgraeber, Ekkehard Sieker schon 1992. Die Nachrichten- und Spitzeldienste hätten den Alltag der Bundesrepublik unmerklich unterwandert und durchwirkt. »In der Bundesrepublik leben und konspirieren weitaus mehr Staatsbeamte im Untergrund als irgendwelche ›Terroristen‹.

Ohne es zu wissen, sind die DDR-Bürger mit ihrer Eingemeindung in die Bundesrepublik geheimdienstlich vom Regen in die Traufe geraten.«[4]

Fußnoten

1 Das Gebäude, 1911 als Bürohaus errichtet, gehörte in der Nazizeit zum Firmenimperium Alfred Hugenbergs, einem Finanzier der Nazipartei und Gönner Hitlers, und wurde während des Krieges stark zerstört. Die Sowjetische Militäradministration ließ es instandsetzen und übergab es der Freien Deutschen Jugend, die es bis 1990 nutzte. Erich Honecker arbeitete dort bis 1955, und Egon Krenz als 1. Sekretär des Zentralrates der FDJ von 1974 bis 1984. Aber auch die heutige Vizepräsidentin des Deutschen Bundestages, Petra Pau, hatte dort ihr Büro als Mitarbeiterin der Pionierorganisation »Ernst Thälmann«, deren Führung ebenfalls dort arbeitete. Die ehemalige Freundschaftspionierleiterin zog dort 1988 nach einem dreijährigen Studium an der Parteihochschule »Karl Marx« ein. Nach dem Ende der DDR verkaufte die Treuhandanstalt das Haus an eine Bauherrengemeinschaft von ZDF und e.on, die es umbaute.
2 Aus einem Tonbandinterview mit der französischen Journalistin Michèle Ray, das der *Spiegel* am 15. Juni 1970, S. 74f. unter der Überschrift »Natürlich kann geschossen werden« veröffentlichte. Ulrike Meinhofs gefälschter französischer Paß lautete auf eben diesen Namen. Und mit diesem war sie auch in die DDR eingereist.
3 Gerhard Wisnewski, Wolfgang Landgraeber, Ekkehard Sieker: Das RAF-Phantom. Wozu Politik und Wirtschaft Terroristen brauchen. Droemersche Verlangsanstalt Th. Knaur Nachf., München 1992 und 1997
4 Ebenda, S. 442f.

Nachwort und Nachruf

Es war das Herz. 1948 wurde der 19jährige Grenzpolizist Gerhard Neiber aus der thüringischen Grenzkommandantur Gudersleben wegen eines Herzfehlers zum Innendienst abkommandiert. So kam der einstige Landarbeiter dorthin, wohin er ursprünglich wollte: zur Kriminalpolizei nach Erfurt … War er da noch bei der Verwaltung zum Schutz der Volkswirtschaft Thüringens, oder hieß es da schon Ministerium für Staatssicherheit?

Die Musik vom Band ist laut, wir müssen unsere Köpfe über der Tischplatte zusammenstecken. Ich wiederhole meine Frage.

Neiber nickt. Es ist der Abend eines 7. Februar, rein zufällig der Vorabend des Gründungstages jenes übel beleumdeten Ministeriums, das es schon lange nicht mehr gibt. Anlaß der Zusammenkunft ist die bemerkenswerte Resonanz auf ihr zweibändiges Buch. Zwar ist es hierzulande nicht verboten, wenn sich aktive oder ehemalige Vertreter einer Zunft treffen, doch wenn es sich dabei um welche von »der Stasi« handelt, kennt man keine Nachsicht. Die einstige Führungscrew steht noch immer unter operativer Kontrolle. Der mächtige Staat fürchtet sich offensichtlich vor schwachen Greisen. Deshalb stand die Einladung zum Treffen auch nicht in der Zeitung. Sicher ist sicher.

Der Umgang mit ihnen ist nicht nur albern, sondern gelegentlich, wie heute etwa, auch provokativ. Er weckt sportiven und noch vorhandenen Ehrgeiz im Umgang mit dem Klassenfeind. Die Feier findet absichtsvoll in der einstigen Schule der Hauptverwaltung Aufklärung in Gosen statt, in jenem Objekt, das Neiber fürs MfS an Land zog, als er in den 70er Jahren die Bezirksverwaltung in Frankfurt/Oder leitete. Das weitläufige Areal am Seddin-See südlich von Berlin, etwa 30 Hektar groß, mit kasernenartigen Wohnblöcken, Turnhalle und Kantine, liegt nach der Jahrtausendwende weitgehend brach und steht zum Verkauf. Ein Teil wird als Erholungszentrum genutzt. Schon bald, im April 2005, wird der Berliner Liegenschaftsfonds bekanntgeben, daß der erhoffte Eigentümerwechsel gescheitert sei, Berlin müsse weiter die Betriebskosten zahlen.

Bei Ebay kann man inzwischen »Bierdeckel aus der MfS-Kantine in Gosen« ersteigern, das Eingangsgebot für sechs Stück liegt bei 6,99 Euro. Die Pappdeckel zeigen Karikaturen von Erich Schmitt, der Bezug zum MfS ist nur Insidern erkennbar. Die Masse kann die Bildchen nicht entschlüsseln, kein Schaudern stellt sich ein. So ist das Angebot uninteressant.

Ehemalige Generale und höhere Offiziere des MfS sind also unbemerkt an historischer Stätte zu einer heimlichen Feier zusammengekommen. Mit Frauen und Freunden mögen es vielleicht an die sechzig, siebzig Personen sein, denen die aktuellen Betreiber des Restaurants ein üppiges Büfett und auf Wunsch auch Logis bieten – wohl wissend, wen sie da beherbergen. Wüßten es auch die beutehungrigen Medien, wäre dies ein gefundenes Fressen. Die Knabes, Birthlers & Staadts würden sich nicht wieder einkriegen in ihrer Entrüstung, daß ungehindert betagte Männer, die früher mal Uniform und einen »Unrechtsstaat« trugen, sich munter und ungestört zu Bier und Wein und Tanzmusik zusammenfinden.

Was, sagt mein Gegenüber, ich verstehe dich so schlecht. Die Musik ist so laut.

Neiber, der Generalleutnant a. D., tanzt nicht. Er ist schon lange nicht mehr gesund. Der Zufall ließ ihn mir gegenüber Platz nehmen, es gab keine vorgeschriebene Sitzordnung. Auch das hat sich

1966: Gerhard Neiber (links) mit dem Funker von Richard Sorge, Max Christiansen-Clausen (1899-1979) und Horst Männchen (r.) (1935-2008), letzter Chef der Funkaufklärung und Mitautor der zweibändigen Werkes »Zur Abwehrarbeit des MfS«

1971: Ernennung zum Generalmajor durch Walter Ulbricht

erledigt. Er beugt sich wieder über den Tisch, was ihm sichtlich Mühe bereitet. Er ist schmallippig, ernsthaft-grüblerisch wie meist, das Gesicht von tiefen Falten zerfurcht, an die 25 Kilo leichter als auf jenem Foto in seinem Arbeitszimmer daheim, das ihn mit Ulbricht bei seiner Ernennung zum General zeigt.

Ein biologisches Wrack, wie er selbstironisch konstatiert. Das ist keine Koketterie. Zwölf Pillen nimmt er täglich. Muß er nehmen. Er wäre unlängst, dem Tode näher als dem Leben, in ein Krankenhaus im Westteil der Stadt eingeliefert worden, berichtet er, als er meinen besorgten Blick registriert. Nach einer Visite sei der Chefarzt zurückgeblieben und habe ihn gefragt, ob er der *berühmte* Neiber sei. Nein, der *berüchtigte*, habe er ihm trotzig geantwortet, weil er zu erkennen meinte, was sich hinter der Frage verbarg. Für manche Medien war Mielkes Stellvertreter der »Mörder vom Dienst«.

Da hätte der Mediziner erklärt, er sei Arzt, nicht Richter. Worauf er, Neiber, ihm geantwortet hätte, er habe auch ohne Urteil mehrere Monate in Stuttgart-Stammheim in Untersuchungshaft zugebracht. Er wäre dort eingesperrt gewesen, wo einst die Mitglieder der RAF einsaßen und wäre noch nachträglich froh gewesen, daß er das zumindest einigen von ihnen erspart habe.

In der Folgezeit hätte es sehr viele interessante, freundliche Gespräche nicht nur mit diesem Arzt gegeben. Neiber wertet sie als

Indiz für eine wachsende Versachlichung im Umgang mit dem Thema MfS: jenseits von Hysterie, Stereotypen und Vorurteilen.

Ich zeige meine Zweifel, wiewohl auch ich spüre, daß die Rendite der Betroffenheitsindustrie stetig magerer wird. Ihr Aktienkurs fällt. Zu laut, zu verlogen ist die Werbung. Wenn Propaganda als solche erkennbar wird, ist die Glaubwürdigkeit dahin. Das haben wir in der DDR erfahren, das bekommen die heutigen Machthaber und Meinungsmacher zunehmend zu spüren. Trotzdem. Die Jahre des Trommelfeuers sind nicht ohne Wirkung geblieben, und sei es nur, daß die Nachwachsenden inzwischen gar nichts mehr wissen, weil sie überhaupt nichts mehr glauben.

Neibers Haar ist erstaunlich voll und dunkel. Seinen optimistischen Kommentar im Ohr, daß es inzwischen weniger hysterisch zugehe, sahe ich: »Es ist doch erst wenige Monate her, daß sie dich wieder angemistet haben. Schon vergessen?« Ich frage in das fröhliche Auf und Nieder der Nachbarn, die mit ausgelassenem Singsang die Nachricht begleiten, daß der alte Holzmichel noch lebe.

Neiber nickt. Im Spätsommer hatte man mal wieder den alten Brei von »Mielkes Killerkommandos« aufgewärmt, einen vermeintlichen Auftragsmörder aus Templin festgenommen, dann aber laufen lassen, weil alles heiße Luft war, natürlich. In diesem geheimdienstlichen Geraune und Gegrummel war auch sein Name eingestreut worden. Die *Frankfurter Allgemeine Zeitung* orakelte am 25. September 2003: »Stasi-Vize Gerhard Neiber soll Anfang der achtziger Jahre den Inoffiziellen Mitarbeiter ›Karat‹ aufgefordert haben, eine Bombe am Auto des Fluchthelfers in Hamburg anzubringen.« Hubertus Knabe wußte es, wie erwartet, ganz genau: »Die Akten sind da schon sehr deutlich«, zitierte ihn die *FAZ*.

Offensichtlich waren sie es dann doch nicht. Sonst hätte man sofort und liebend gern Neiber für immer weggesperrt.

Ob sein Gesundheitszustand darunter besonders gelitten habe, erkundige ich mich. Menschen jenseits der 70, selbst wenn sie auf Psychostress trainiert sind, verarbeiten öffentliche Attacken anders als jüngere. Vor allem wenn sie aus dem Osten kommen. Die bürokratischen Mühlen des bürgerlichen Rechtsstaates und seine formalen Spielregeln werden ihnen auf immer fremd bleiben. Diese sind zwar auf ihre Art logisch, aber trotzdem unsinnig.

Neiber wirkt erstaunlich milde. Das wird noch durch diesen schleifenden Akzent verstärkt, die Lautfärbung ist nicht hiesigen

Ursprungs. Die Herzgeschichte begleite ihn zeitlebens, sagte er, als teile er die Uhrzeit mit. Der Blutdruck ist zu schwach, das Wasser steigt in die Beine bis hoch zur Lunge mitunter. Dagegen nehme er Pillen, die ihm die Nieren ruinierten. Jetzt muß er dreimal in der Woche zur Dialyse. Es gibt Tage, an denen er sich kaum bewegen kann, sagt er. Hinzu kommt der Zucker, gegen den er seit Jahren mit der Spritze vorgeht …

Und trotzdem gehörte er zu jenen, die seit Mitte der 90er Jahre die Idee engagiert verfolgten, in einem Buch über die Abwehrarbeit des MfS zu berichten. Darin schrieb er über die Abwehr von Terror und anderen Gewaltakten. An den zahlreichen Lesungen und Diskussionen, die es seit dem Erscheinen gab, nahm er aus verständlichen Gründen nicht mehr teil. Gleichwohl verfolgt er das lebhafte Echo. Es ist beachtlicher als erhofft.

Meine Frage nach der Gesundheit hat er noch im Ohr. Er sei selber erstaunt, sagte er, daß es ihm heute so gut gehe, und nippt verstohlen am Rotwein. Vielleicht läge es daran, daß es eben doch noch eine Reihe von Menschen gibt, die das geblieben seien, wofür er sie damals gehalten habe – für Genossen. Ihre Zahl hat sich nach 1990 sukzessive verringert. Es hängt mit merkwürdigen Veränderungen zusammen, die auch Inge Viett in einer Kolumne im *Neuen Deutschland* am 1. März 1997 kritisch bemerkte. Sie selbst war im Januar nach fast sechs Jahren aus der Haft entlassen worden und meinte lakonisch zu einigen ehemaligen Tschekisten, die wie sie vor Gericht gestanden hatten: »Wer den Erklärungen ehemaliger sozialistischer Geheimdienstoffiziere zuhört, muß sich unwillkürlich fragen: Sozialismus, Kapitalismus – gab's überhaupt mal einen Unterschied? Ein ›ordentliches Leben‹ führen kann man schließlich überall. – Die Ordentlichkeit der Arbeits- und Sozialämter im Kapitalismus erfahre ich gerade …«

Trotz des Verständnisses, daß es legitim sei, mit allen Mitteln darum zu streiten, in Freiheit zu bleiben, befremdete nicht nur Inge Viett »der hingebende Eifer, mit dem ehemalige Tschekisten heute die Nützlichkeit ihres Tuns für den ehemaligen Gegner zu beweisen suchen. Ist die BRD ein besserer Staat geworden, weil es die DDR (und die eigene Macht) nicht mehr gibt? […] Warum drängt es ehemalige Offiziere eines sozialistischen Geheimdienstes, sich in ihrer Unterlegenheit mit den Interessen des ehemaligen Gegners gemein zu machen?« Auch wenn in nachvollziehbarer Verbitterung ihr

Urteil überzogen schien: In der Tendenz hatte sie recht, selbst wenn, auch das war verständlich, Neiber neben den Text am Zeitungsrand eine Wellenlinie mit Fragezeichen gesetzt hatte. Das hieß bei ihm: nicht einverstanden. Die Grenze zwischen Anpassung und Beharren auf Überzeugungen, die ihre Gründe haben, begann sich zunehmend aufzulösen. Man sei müde vom Kämpfen, sagten einige. Andere erklärten resignativ, es habe ja doch keinen Zweck mehr. Und mancher warf auch aus Feigheit die Flinte ins Korn und kehrte dorthin zurück, woher er einst gekommen war: ins Kleinbürgertum. So trennte sich denn in den 90er Jahren der Weizen von der Spreu.

Neiber erzählt offen aus seinem Leben, frei von jener wichtigtuerischen Zurückhaltung, die mancher aus dieser Zunft meisterlich beherrscht. Doch er ist keineswegs geschwätzig: Er setzt jedes Urteil mit Bedacht und äußert sogar Verständnis für jene, die er einst kritisierte, und denen man eigentlich das absprechen muß, was er ganz offenkundig besitzt: Charakter. Kein Harm wohnt in seiner Seele.

Der alte Holzmichel lebt noch immer, die Stimmung steigt, Neiber lächelt. Plötzlich ist es 0.00 Uhr. Vom Band kommt die Nationalhymne. Alle erheben sich, fassen sich an den Händen, wie ich es früher auf Kirchentagen oder bei den Rüstzeiten der Jungen Gemeinde erlebte. Die meisten zeigen sich bemerkenswert textsicher, in die Gosener Nacht fliegt hinaus:

Auferstanden aus Ruinen
Und der Zukunft zugewandt,
Laß uns dir zum Guten dienen,
Deutschland, einig Vaterland.
Alte Not gilt es zu zwingen,
Und wir zwingen sie vereint,
Denn es muß uns doch gelingen,
Daß die Sonne schön wie nie
I: Über Deutschland scheint. :I

Glück und Frieden sei beschieden
Deutschland, unserm Vaterland.
Alle Welt sehnt sich nach Frieden,
Reicht den Völkern eure Hand.
Wenn wir brüderlich uns einen,

Schlagen wir des Volkes Feind!
Laßt das Licht des Friedens scheinen,
Daß nie eine Mutter mehr
|: Ihren Sohn beweint. :|

Laßt uns pflügen, laßt uns bauen,
Lernt und schafft wie nie zuvor,
Und der eignen Kraft vertrauend,
Steigt ein frei Geschlecht empor.
Deutsche Jugend, bestes Streben
Unsres Volks in dir vereint,
Wirst du Deutschlands neues Leben,
Und die Sonne schon wie nie
|: Über Deutschland scheint. :|

Ob ich wisse, fragt Gerhard Neiber, nachdem er sich verstohlen
eine Fliege aus dem Augwinkel gewischt habe, daß Lothar de Maizière bei den Verhandlungen zum Einigungsvertrag vorgeschlagen
habe, das Deutschlandlied, von dem man aus verständlichen Gründen nur die dritte Strophe singe, mit der ersten der Becher-Hymne
zu ergänzen? Als Musiker habe der begriffen, daß die Metrik stim-
me, und als Ostdeutscher, daß wir Selbstbewußtsein bekunden
müßten. Was wäre das für eine Einheit, wenn man auch bei den
Symbolen nichts aus dem Osten übernähme?

Ich schaue Neiber skeptisch an.

Dochdoch, was wahr ist, sollte auch gesagt sein. Er blinzelt aus
schmalen Augen. Aber es war klar, daß sie das nie und nimmer
gemacht hätten.

Meinst du, daß de Maizière darauf gesetzt hat?

Nein, sagt Neiber, der nach dem Krieg seine Geburtsstadt Neu-
titschein in den Sudeten verlassen mußte und 1990 zum zweiten
Male seine Heimat verlor. »De Maizière war damals vielleicht so
naiv wie die meisten Ostdeutschen. Das haben sie uns aber bald
ausgetrieben. So blöd waren die«, sagt Neiber. »Und so heuchlerisch
und verlogen. Sie tun noch immer so, als hätten sie 1990 zum
ersten Mal gehört, daß wir die RAF-Aussteiger aufgenommen hatten. Bonn hat es gewußt, Pullach hat es gewußt, Meckenheim hat
es gewußt, Köln hat es gewußt. Wir haben es sie wissen lassen.«

Neiber sieht, wie ich zum Protest anheben will.

»Nein, kein Verrat, kein hochmütiger Triumph. Sondern Politik auf Augenhöhe. Wir haben ihnen zu verstehen gegeben: Terror ist ein internationales Problem. Er bedroht Bundesbürger wie DDR-Bürger. Wir haben einen Weg gefunden, eine Bombe zu entschärfen. Davon profitiert ihr, davon profitieren wir. Das war die Absprache. Und an diese haben sich beide Seiten gehalten und geschwiegen. Bis es uns, die DDR, nicht mehr gab.« Die Ausnahmen wüßten, warum sie unverändert schweigen. Helmut Schmidt zum Beispiel sei nach Honeckers Ableben 1994 noch einmal gefragt worden, was er mit diesem unter vier Augen am Werbellinsee im Dezember 1981 besprochen habe. Darauf hätte der Alt-Bundeskanzler geantwortet, daß die vereinbarte Vertraulichkeit unverändert gelte. Vermutlich, so Neiber grienend, wird Schmidts Schweigen nicht ausschließlich seiner hanseatischen Noblesse geschuldet gewesen sein.

Und Anfang '97 erinnerte sich Helmut Schmidts Genosse Frank Hofmann, der, bevor er für die SPD in den Bundestag einzog, als Zielfahnder im Bundeskriminalamt gearbeitet hat, an diesbezügliche Hinweise. Der Kriminaloberrat a. D. meinte damals, es habe zu den RAF-Aussteigern konkrete Anhaltspunkte »wie Aufenthaltsorte, Anschriften und Namen« gegeben.

Als Honecker im September 1987 nach Bonn gefahren sei, und nun kriegt Neiber doch noch diesen verschwörerisch-wissenden Zug um den Mund, war die Sache definitiv geklärt. »Du glaubst doch nicht im Ernst, daß der nach Bonn geflogen wäre, wenn es auch nur einen offenen Punkt auf der Check-Liste gegeben hätte? Bei jedem Staatsbesuch wurden vorher alle Fragen durchgegangen, die ihm dort gestellt werden könnten. Das wurde stets vorab aus der Welt geschafft, damit nicht der Anflug eines Schattens auf die Visite fiele.«

Das leuchte ein, sage ich. Aber die Liste für Bonn werde wohl besonders lang gewesen sein.

»Wie man's nimmt«, sagt der Generalleutnant a. D., »die harten Themen waren überschaubar und geklärt. Und beim Thema RAF-Aussteiger mußte ja auch nichts geklärt werden, nicht wahr. – Bis auf jene subalterne Knallcharge, die keine Ahnung hatte, stellte in Bonn folglich niemand eine Frage zur RAF. Warum wohl?«

»Welche Knallcharge?«

Neiber macht eine wegwerfende Handbewegung. Irgendeiner von diesen Amateuren aus dem BKA oder Verfassungsschutz, so genau wisse er das auch nicht mehr. Der habe doch tatsächlich einen von unseren mitreisenden Genossen angehauen und mitgeteilt, man habe so einen vagen Verdacht, daß eventuell Leute von der RAF in der DDR wären. Ob wir etwas davon wüßten? Unser Mann versprach, sich kundig zu machen.

»Wir waren«, setzt Gerhard Neiber, das Thema wechselnd, nach einer Pause fort, in der einer einen Toast auf die ordentliche Arbeit des Hauses ausbringt, »in bezug auf die Eindämmung des Terrorismus erheblich erfolgreicher als die Westseite. Auch das wollen sie uns nicht zugestehen. Das Aussteigerprogramm des Bundesamtes für Verfassungsschutz funktionierte nicht, weil es weder von Law-and-order-Politikern noch vom Bundeskriminalamt unterstützt wurde. Und der Kollektivgrundsatz, nach dem die westdeutsche Justiz urteilte, tat ein übriges. Wer bei der RAF war, büßte für alles und alle.« Nach diesem Prinzip verfahre man ja auch bei der öffentlichen Verurteilung von offiziellen und inoffiziellen Mitarbeitern des Ministeriums. Die Frage nach individueller Schuld oder Verantwortung wird nicht gestellt. Es gehe zu wie bei Lessing im »Nathan der Weise«: »Tut nichts! Der Jude wird verbrannt.«

Im übrigen wäre die Vorhaltung der Strafvereitelung mehr als hanebüchen. Das ist ein sogenanntes Inlanddelikt. War die DDR vielleicht Inland? In ihrem »Rechtsverständnis« fielen sie in der Bundesrepublik seit 1990 hinter den Grundlagenvertrag zurück.

Und in ihrem sozialen Verständnis noch hinter Bismarck.

1974: Fliegerkosmonaut W. A. Schatalow, Neiber und Mielke

Neiber lächelt, auch wenn er erkennbar nicht auch noch über die Strafrente reden will. Nicht heute.

Ich kann nachvollziehen, weshalb Menschen wie ihn die Vergangenheit stärker beschäftigt als die Gegenwart, denn die heutigen Konflikte zwingen dazu. Ein souveräner, ehrlicher Umgang mit der Vergangenheit hätte auch mehr Gelassenheit zur Folge und machte den Kopf frei für die Zukunft. Stattdessen aber versuchen die vermeintlichen Sieger der Geschichte ihre Sicht als die einzig zulässige in allen Bereichen und auf allen Ebenen durchzusetzen. Wer die verflossenen Vorgänge anders sieht, sie in ihren historischen Kontext stellt und nicht nur anrührende Einzelschicksale ohne gesellschaftlichen Bezug betrachten möchte, wird mit dem Bannfluch »Geschichtsklitterer« an den öffentlichen Pranger gestellt. Die herrschenden Kreise und ihre dienstbaren Geister in Redaktionen und Institutionen forcieren fortgesetzt die Anstrengungen, ihr Meinungsmonopol zu begründen und zu behaupten. Aber kann das überraschen in einem Staat, der es nach 1990 für anrüchig hielt, wenn man ihn kapitalistisch nannte? Man pflege, hieß es seinerzeit strafend, die soziale Marktwirtschaft. Seit Jahren ist die Tünche ab, jetzt spricht man offen, daß es sich um Kapitalismus handele, und von Heuschrecken und Ausbeutern geht die Rede, die man selbst in den offiziellen Verlautbarungen inzwischen als Landplage geißelt.

Wir kommen der Wahrheit immer näher. Eines wohl nicht allzu fernen Tages wird man auch wieder vom Monopol-Kapitalismus sprechen, der auch Imperialismus heißt, und seine Charakteristiken aufzählen, die seit über hundert Jahren bekannt sind. Und der Grundwiderspruch wird neuerlich mit Macht auf Lösung drängen. Wie diese Lösung aussehen wird?

Doch zunächst schlagen wir uns um die Deutung der Vergangenheit. Die Forderung der heutigen Meinungsmonopolisten nach Ausschließlichkeit hat etwas Archaisches. Man lese die Lutherbibel von 1912, in denen es um die 10 Gebote geht. »Ich bin der HERR, dein Gott, der dich aus Ägyptenland geführt hat, aus dem Diensthause«, heißt es da im im 2. Buch Mose, Kapitel 20, Vers 1 – und man ersetze spaßeshalber Äypten durch DDR. »Du sollst keine andern Götter haben vor mir«, steht dann wiederholt an anderen Stellen. »Denn ich bin der HERR, dein Gott, bin ein eifriger Gott, der die Missetat der Väter heimsucht über die Kinder ins dritte und vierte Glied, die mich hassen.«

Die vermeintlichen Missetaten der »Väter« der DDR werden mit juristischen, politischen, sozialen, propagandistischen und sonstigen Mitteln heimgesucht, und das wird wohl auch bis ins dritte und vierte Glied so weitergehen, sofern wir nicht zu Kreuze kriechen und diesen Staat in seiner Verfaßtheit nicht als jenen Götzen betrachten und anbeten, wie dieser es wünscht: Ich bin der Herr, dein Gott. Du sollst keine Götter haben neben mir.

Ein solches Staats- und Politikverständnis, apodiktisch eingefordert, hat wenig bis nichts mit Demokratie zu tun.

Zur Demokratie gehört der Widerspruch. Nicht die unkritische Hinnahme jeglicher Vorgabe. Und vor allem dort sind Einwände nötig, wo nachweislich Wahrheit gebeugt, verzerrt oder entstellt wird. Wo die Lüge als Wahrheit ausgegeben wird.

Gerhard Neiber und andere wurden der Strafvereitelung beschuldigt, weil sie RAF-Aussteigern Umkehr und Rückkehr ins bürgerliche Leben ermöglichten. Das Landgericht Berlin aber lehnte am 18. Juni 1998 die Eröffnung eines Hauptverfahren »aus tatsächlichen und rechtlichen Gründen« ab.

Die tatsächlichen Gründe breiteten die Richter auf zehn Seiten aus. »Als Angehörige des Ministeriums für Staatssicherheit waren sie (*die Angeklagten – R. A.*) aufgrund von Beschlüssen des Nationalen Verteidigungsrates der DDR Personen, die Wehrdienst ableisteten, gleichgestellt und damit Militärpersonen im Sinne des § 251 Abs. 2 StGB-DDR (Kommentar zum StGB-DDR 1987 § 251 Rn. 2). Als solche wären sie gemäß § 258 Abs 1 StGB-DDR für die Handlungen, die sie aufgrund der ihnen von Minister Mielke erteilten Befehle im Zusammenhang mit der Aufnahme der RAF-Aussteiger in der DDR begangen haben, nur dann strafrechtlich verantwortlich, wenn die Ausführung der Befehle offensichtlich gegen die anerkannten Regeln des Völkerrechts oder gegen Strafgesetze verstoßen hätte. Diese Voraussetzung ist nicht erfüllt.«

Mit anderen Worten: Das Handeln des MfS im Umgang mit den RAF-Aussteigern (und gewiß auch in anderen Angelegenheiten) war von den anerkannten Regeln des Völkerrechts und dem geltenden nationalen Recht gedeckt.

Und weiter: Das Landgericht werde darum nach »rechtsfehlerfrei getroffenen Feststellungen« keine Strafverfolgung vornehmen, weil die seinerzeit getroffene Maßnahme »geeignet war, der künftigen Begehung vergleichbar schwerer Straftaten im In- und Ausland zum Freipressen inhaftierter Gesinnungsgenossen entgegenzuwirken und terroristisches Potential ruhigzustellen«.

Kurzum: Die Strategie des MfS, insbesondere seiner Terrorabwehr, war nicht nur rechtens, sondern auch richtig.

Für diese Einsicht – eine offenkundige Tatsache, die aber aus ideologischer Blindheit und Rachsucht bestritten wurde – mußte der Steuerzahler zahlen. »Die Landeskasse Berlin trägt die notwendigen Auslagen der Angeschuldigten.«

Die Angeschuldigten selbst zahlten mit Kraft, Zeit, Nerven und Gesundheit.

Diese hätten sie gewiß gern in die Gegenwart investiert, was ihnen jedoch verweigert wurde und wird …`

Am Morgen, nach dem Frühstück, ziehen die meisten aus der Feier-Runde zur Thälmann-Gedenkstätte in Ziegenhals, der die Abwicklung droht. An anderslautende Zusagen mag man nicht mehr glauben. Heute nicht mehr. Und niemandem von den Regierenden. So kämpft man denn um die Geschichte, um ihre Behauptung und um ihre annähernd objektive Interpretation. Das nämlich ist man sich und seinem Leben und dem Leben der anderen schuldig.

Beim nächsten Treffen werden wieder einige fehlen.

Seit dem 13. Februar 2008 auch Gerhard Neiber.

An der Seite seiner Familie trauern wir um unseren Genossen

Generalleutnant a. D.

Dr. Gerhard Neiber

(1929 - 2008)

Er stellte sein Leben in den Dienst der DDR, des Sozialismus und des Friedens. Selbst Rache und Demütigung konnten ihn nicht brechen. Eine schwere Krankheit war stärker.

Seine Freunde und Kampfgefährten

Die Trauerfeier findet am 8. März 2008, 11.00 Uhr, auf dem Zentralfriedhof Berlin-Friedrichsfelde statt. Entsprechend dem Wunsch der Familie wird darum gebeten, von Blumenspenden Abstand zu nehmen und stattdessen für das Cuba sí-Projekt „Milch für Kubas Kinder" zu spenden.

Traueranzeige aus dem Neuen Deutschland